Vertauschtes LEBEN

FOLINE ULLRICH

Vertauschtes LEBEN

hansanord

IMPRESSUM

1. Auflage 2011

ISBN: 978-3-940873-05-7

Gesamtbearbeitung: Stephanie Endemann
Korrektorat: Petra Holzmann
Druck: AZ Druck und Datentechnik GmbH, Kempten
Printed in Germany

Für Fragen und Anregungen:
info@hansanord-verlag.de

Fordern Sie unser Verlagsprogramm an:
vp@hansanord-verlag.de

hansanord Verlag – ein Imprint des IMAGINE Verlag
Johann-Biersack-Str. 9 • 82340 Feldafing
Tel. +49 (0) 8157 59 69 48
info@hansanord-verlag.de
www.hansanord-verlag.de

hansanord

Kapitel 1

Frau Siebeck wartete schon. Regungslos stand sie im Vorgarten vor dem grauen Reihenhaus und sah Gabi entgegen. Die Hände hatte sie in die Taschen ihrer blauen Strickweste gesteckt. Gabi winkte ihr vom Fahrrad aus zu. Frau Siebeck antwortete mit einem kurzen, stummen Nicken.

Es war ein warmer Spätsommertag, dieser letzte Samstag im September 1996, und es war der Tag, der Gabis Leben für immer verändern sollte.

Sie stieg von ihrem Fahrrad und lehnte es an die Hecke. Frau Siebeck beobachtete jede ihrer Bewegungen. Gabi nahm ihre Handtasche vom Lenker und ging am Jägerzaun entlang auf die kleine Gartentür zu. Sie zog den Riegel an der Innenseite hoch und sah, wie ihre Hände zitterten.

Die ganze Nacht hatte sie kein Auge zugetan, hatte sich stundenlang im Bett hin und her gewälzt. Schließlich war sie aufgestanden und ins Wohnzimmer gegangen. Die letzten Stunden bis zum Morgengrauen hatte sie dort in eine Decke gehüllt auf dem Sofa gesessen und gegrübelt.

›War es wirklich richtig, was sie heute vorhatte? Wenn sie sich nun irrte mit ihrem Verdacht? Wie würde sie dann dastehen?

Und was, wenn sie wirklich recht hatte? Wie sollte es denn dann weitergehen? Sie würden doch nicht einfach so weitermachen können wie bisher.?‹

Gegessen hatte sie heute auch noch nichts; schon nach dem ersten Bissen hatte sie dasr Brötchen über den Küchentisch zu ihrem Mann geschoben. Der hatte nur stumm den Kopf über sie geschüttelt. Er brauchte auch nichts zu sagen, sie kannte seine Meinung schließlich. »Doch, ich fahr da jetzt hin«, hatte sie auf sein Schweigen geantwortet, »ich muss es endlich wissen.«

Gabi schob die Gartentür auf und ging den gepflasterten Weg entlang auf Frau Siebeck zu, die noch immer an derselben Stelle stand.

Mit ihrer rauen Stimme sagte Frau Siebeck: »Hallo Gabi«, und Gabi sagte: »Hallo Frau Siebeck«, und sie gaben sich die Hand. Dann sahen sie sich an.

Warum sagte Frau Siebeck denn jetzt nichts? So etwas wie: »Schön, dass du da bist. Wir haben uns ja so lange nicht mehr gesehen. Komm doch rein, ich mach´ uns einen Kaffee.«

So in der Art hatte Gabi es sich Gabi vorgestellt. Doch Frau Siebeck blieb stumm. Sie schien darauf zu warten, dass Gabi den Anfang machte.

Also gut. Aber auf keinen Fall würde sie gleich mit der Tür ins Haus fallen, das hatte sich Gabi fest vorgenommen. Erst einmal ein bisschen plaudern wollte sie mit der Nachbarin aus ihren Kindertagen, sie fragen, wie es ihr ginge nach all den Jahren.

Sehr verändert hatte sich Frau Siebeck nicht seit damals; vielleicht hatte sie noch etwas zugenommen und vielleicht waren da auch ein paar neue Falten, doch sie wirkte sehr gepflegt, und das kurze Haar war noch immer hellblond und sorgfältig frisiert. Gabi überlegtewar nahe daran, ihr ein Kompliment für das gute Aussehen zu machen. Aber vielleicht sollte sie besser erst einmal mit einer Bemerkung über das schöne Spätsommerwetter anfangen, das war noch unverfänglicher. Oder sie könnte etwas Nettes über die Blumenpracht hier im Garten sagen.

Gabi holte Luft.

»Wissen Sie, warum ich hier bin, Frau Siebeck?«, hörte sie sich im selben Moment herausplatzen. »Wissen Sie, warum ich mit Ihnen reden will?«

Hilde Siebeck sah Gabi noch immer ausdruckslos an. Eine gefühlte Ewigkeit lang. Dann stieß sie einen langen Seufzer aus.

»Ja«, sagte sie. »Weil du meine Tochter bist.«

Kapitel 2

Der 21. November 1959 war ein Samstag, und es lag Schnee. Detlef Siebeck rutschte unruhig in der Schulbank hin und her. Die drei Schulstunden erschienen dem Siebenjährigen wie eine Ewigkeit. Er konnte es kaum abwarten, endlich nach draußen zu kommen. Vor drei Tagen hatte er zusammen mit seinem Freund Hans begonnen, ein Iglu zu bauen, und heute wollten sie unbedingt damit fertig werden. Und Doch nun musste er hier sitzen und Buchstaben in sein Heft schreiben!

Dabei wusste er doch sowieso schon das meiste von dem, was die Lehrerin erzählte. Seine Mutter Hilde übte so oft und ausgiebig mit ihm, dass er seinen Mitschülern immer ein kleines Stück voraus war. Er sollte unbedingt ein guter Schüler sein und später im Leben etwas erreichen, das predigte sie ihm fast jeden Tag, und vor allem sollte er nie so schwer arbeiten müssen wie sein Vater.

Nach der dritten Stunde war die Schule endlich aus. Detlef und Hans schnallten ihre Tornister auf und liefen in die Junkerstraße. Bei dem Haus mit der Nummer 27 hielten sie an. Es war ein graues Zechenhaus, genau wie alle anderen Häuser in der Junkerstraße. Hier wohnte Detlef mit seinen Eltern, und genau gegenüber, auf einem freien Grundstück, stand das halbfertige Iglu.

Detlef zog seinen Tornister vom Rücken, ging schnell die paar Schritte zur Haustür und legte ihn dort ab. Hans war schon über die Straße gelaufen, und als Detlef ihm folgte, empfing ihn der Freund mit einem Hagel von Schneebällen.

»Uff«, stöhnte Detlef, als ihm eines der Geschosse direkt gegen die Brust flog, und Hans jubelte: »Volltreffer«.

Hinter ihnen ging ein Fenster auf.

»DEEEtlef!«, rief eine Männerstimme.

Detlef drehte sich nicht um. Schließlich kannte er diesen Ruf nur zu gut, und er konnte nur eines bedeuten: Er sollte reinkommen. Aber das sah er überhaupt nicht ein. Es war doch schließlich noch nicht Mittagszeit. Essen gab es immer genau um zwölf Uhr, und das war erst in mehr als einer Stunde. Bis dahin wollten sie doch noch richtig gut vorankommen mit ihrem Iglu. Und vor allem musste er Hans jetzt erst einmal Revanche geben. Er bückte sich, nahm eine Handvoll Schnee und begann eine Kugel zu formen.

»DEEEtlef! Aber sofort!«, ertönte die Stimme wieder, und es war klar, dass sie keinen Widerspruch duldete. Detlef ließ den Schneeball enttäuscht fallen, winkte seinem Freund kurz zu und trottete über die Straße auf das graue Haus zu.

Er nahm seinen Tornister, drückte die Eingangstür auf und ging durch das enge Treppenhaus eine Etage hoch. Die Tür zu ihrer Wohnung stand schon offen. Im Flur stolperte er beinahe über einen kleinen braunen Koffer. Der gehörte doch seiner Mutter. Was war denn hier los?

»Mensch, Junge, beeil dich doch«, rief sein Vater, der aus dem Schlafzimmer auf ihn zukam. In der Hand hielt er die blaue Sporttasche, in der Detlef sonst seine Fußballsachen transportierte.

»Hier, nimm, die hat die Mama für dich gepackt. Du gehst jetzt sofort zur Oma Wilma rüber. Deine Mama muss ins Krankenhaus. Sie ist für ein paar Tage weg, und so lange musst du bei Oma und Opa bleiben.«

»Kurt! Was machst du denn so lange!?«, hörte Detlef seine Mutter aus dem Schlafzimmer rufen.

»Ja, Hilde, Moment noch, geht gleich los. Hier, Junge.«

Kurt Siebeck drückte seinem Sohn die Tasche in die Hand und strich ihm verlegen über die kurzen blonden Haare.

»Nun lauf schnell los.«

Die ganze Situation machte Detlef Angst, aber er traute sich nicht, irgendetwas zu fragen. Stumm nahm er die Tasche, zog die Tür hinter sich zu und machte sich auf den Weg zu Oma Wilma und Opa Erwin, den Eltern seines Vaters.

Eigentlich hätte er auch bei seiner anderen Großmutter bleiben können, bei Oma Johanna. Sie war die Mutter seiner Mutter und wohnte im selben Haus wie Detlef und seine Eltern, unten im Erdgeschoss. Aber Oma Johannas zweiter Ehemann, Herr Manske, mochte keine Kinder. Wenn Detlef mit seinen Freunden vor dem Haus oder hinten im Hof spielte, dauerte es keine zwei Minuten, und Herr Manske klopfte an die Fensterscheibe und drohte ihnen mit der Faust. Und Oma Johanna hielt im Zweifel immer zu Herrn Manske und nicht zu Detlef, ihrem Enkel.

Aber auch zu Oma Wilma und Opa Erwin war es nicht weit, sie wohnten nur ein paar Straßen weiter. Nach fünf Minuten stand Detlef vor der Tür und klingelte. Oma Wilma öffnete die Tür.

»Ach, Detlef, Junge, du bist das. Na, dann ist es ja wohl so weit. Nun kriegst du endlich ein Geschwisterchen. Was für ein Glück, dass es doch noch geklappt hat nach all den Jahren.«

Detlef war völlig überrascht. Niemand hatte ihn darauf vorbereitet. Schlagartig wurde ihm nun so einiges klar: Warum die Mutter immer dicker geworden war, warum sie Detlefs alte Babysachen wieder herausgeholt und gewaschen hatte, warum der Vater das kleine Kinderbett aus dem Keller geholt und im Schlafzimmer aufgestellt hatte. Vielleicht hatten die Eltern gedacht, er würde sich die Dinge schon selbst zusammenreimen können. Aber zu ihm gesagt hatten sie nichts, nicht einmal eine Andeutung gemacht. Und Detlef hatte auch nicht gefragt. Sowieso redete er nicht allzu viel. Das hätte er vom Vater, sagten immer alle. Vater Kurt und sein Sohn Detlef, die beiden ruhigen Vertreter.

Oma Wilma legte den Arm um seine Schultern.

»Na, dann komm mal rein, mein Junge. Nun bist du für ein paar Tage bei uns, da machen wir uns eine schöne Zeit. Und wenn du wieder nach Hause darfst, wartet schon ein Brüderchen oder Schwesterchen auf dich.«

Das Marienkrankenhaus war ein großer düsterer Bau aus dem Jahr 1875, und es war das einzige Krankenhaus in Hürthen. Es stand unter der Leitung der katholischen Kirche, und auf den Stationen führten strenge Nonnen das Regiment. Die Einhaltung moralischer Grundsätze stand für sie an oberster Stelle, und den von ihnen aufgestellten Regeln und Anweisungen hatte sich jeder in der Klinik widerspruchslos zu fügen.

Selbst der kleine Detlef hatte schon seine eigenen Erfahrungen mit den unnachgiebigen Ordensschwestern gemacht. Seine Mutter hatte dafür gesorgt, dass er sich in der Kinder- und Jugendgruppe beim Roten Kreuz engagierte. Er sollte so früh wie möglich lernen, wie wichtig es ist, sich um andere Menschen zu kümmern. Zu seinen Aufgaben gehörte es, regelmäßig an den Wochenenden Krankenhausdienste im Marienkrankenhaus abzuleisten, zusammen mit anderen Kindern. Die Nonnen fürchteten jedoch um deren Moral und verboten den Jungen und Mädchen, in ihren Pausen in der Cafeteria zusammenzusitzen oder auch nur irgendwo miteinander zu reden. Besonders scharf bewacht wurden sie von einer Furcht einflößenden Nonne, die die Kinder hinter vorgehaltener Hand »Schwester Rabiata« nannten. Als Schwester Rabiata dann einmal trotz strengster Anweisung ein Mädchen und einen Jungen miteinander im Gang reden sah, ordnete sie umgehend getrennte Pausen an. Niemand sollte mehr die Gelegenheit dazu haben, ihre Anordnungen missachten zu können.

Als Hilde Siebeck am späten Samstagvormittag im Marienkrankenhaus ankam, gab es nicht mehr viel Zeit zu verlieren. Am Eingang verabschiedete sie sich schnell von ihrem Mann, der gleich wieder zurück nach Hause fuhr. Bald fing seine Schicht in der Zeche an, und er hatte ohnehin im Krankenhaus jetzt nichts mehr verloren. Das Kinderkriegen war schließlich reine Frauenangelegenheit.

Die Wehen kamen schon in kurzen Abständen, und so brachte man Hilde Siebeck gleich in den Kreißsaal. Hier ging alles schnell und ohne Probleme. Nach weniger als zwei Stunden hatte es Hilde geschafft.

»Sie haben ein gesundes Mädchen!«, sagte man ihr.

Es war ein kräftiges Kind, das sie auf die Welt gebracht hatte, mit einem runden Gesicht und kaum einem Haar auf dem Kopf. Nur ein Hauch von hellem Flaum ließ vermuten, dass das Mädchen einmal blond werden würde – genau wie seine Mutter, sein Vater und sein Bruder.

Nachdem man es gewogen, vermessen und in warme Tücher gepackt hatte, brachte man das Neugeborene auf die Säuglingsstation. Die junge Mutter sollte sich nun erst einmal ausgiebig von den Strapazen der Geburt erholen.

Hilde Siebeck wurde auf die Wöchnerinnenstation gebracht. In einem Sechsbettzimmer lagen bereits vier Mütter, mit Hildes Ankunft waren sie zu fünft. Am späten Abend des nächsten Tages war schließlich auch noch das letzte freie Bett belegt.

Der Neuzugang hieß Margot Knappe. Sie war eine kleine zierliche Frau mit schwarzem Haar. An diesem Sonntag, den 22. November 1959, hatte sie um kurz nach zehn Uhr abends ebenfalls ein Mädchen geboren. Es war ein zartes Kind, das sie auf die Welt gebracht hatte, und es hatte dichtes schwarzes Haar – genau wie seine Mutter, sein Vater und sein Bruder.

Natürlich verband alle sechs Frauen in diesem Zimmer vor allem das eine große Thema: Die Geburt ihrer Kinder mit allem, was an Freud und Leid dazugehörte.

Doch Hilde Siebeck und Margot Knappe hatten darüber hinaus noch mehr Gemeinsamkeiten. Beide hatten schon einen Sohn, beide Ehemänner arbeiteten im selben Steinkohlebergwerk, und beide Familien wohnten sogar in derselben Straße, nicht viel weiter als zweihundert200 Meter voneinander entfernt. Die Knappes lebten am Anfang der Junkerstraße, im Haus Nummer 6. Allerdings waren sie erst zu Beginn des Jahres dort hingezogen. Vorher hatten sie im Nachbarort gelebt.

In den ersten Tagen nach der Geburt hatten die Frauen viel Zeit, um sich auszutauschen. Ihre Babys bekamen sie nicht allzu oft zu Gesicht. Die Säuglinge wurden von den Nonnen nur zu genau festgelegten Zeiten zum Füttern ans Bett gebracht; so sollten die Kinder schon früh an feste Essenszeiten gewöhnt werden. Die übrige Zeit verbrachten die Kleinen auf der Säuglingsstation. Gebadet, gecremt, gepudert und gewickelt wurden sie von den Schwestern – und in Ausnahmefällen vielleicht auch einmal tröstend auf den Arm genommen, wenn sie allzu sehr weinten. Die Mütter sollten mit alldem noch nichts zu tun haben, sie sollten sich schonen und wieder zu Kräften kommen, um nach gut einer Woche dann wieder voll und ganz der Familie und dem Haushalt zur Verfügung stehen zu können.

Die Kinder wurden auch dann nicht in das Zimmer der Mütter geholt, wenn Besuch da war. Die Verwandten konnten Glück haben und das Kind durch reinen Zufall kurz vor oder nach dem Füttern im Zimmer antreffen – ansonsten mussten sie sich mit einem Blick durch die Scheibe vor der Säuglingsstation begnügen.

Dort stand ein paar Tage nach der Geburt auch Detlef gemeinsam mit seiner Oma Wilma. Durch die große Glasscheibe sah er zu, wie die Nonne ein Bündel aus einem der Bettchen nahm und mit dem Gesicht in seine Richtung hob. Näher als durch diese Scheibe getrennt durfte Detlef seiner neuen Schwester nicht kommen. Für Kinder war die gesamte Geburtsstation tabu – man fürchtete die erhöhte Ansteckungsgefahr, die von ihnen ausgeht. Auch seine Mutter durfte er nicht besuchen.

»Das ist nun also deine kleine Schwester«, sagte Oma Wilma.

Detlef schwieg. Er konnte kaum etwas erkennen, dieses Baby war so dick eingemummelt. Außerdem fiel ihm zu der ganzen Sache sowieso nichts ein.

Oma Wilma sah ihn von der Seite an und legte den Arm um ihn.

»Na, wenn die Kleine erst bei euch zu Hause ist, dann wird es schon gehen mit euch beiden. Wirst sehen, mein Junge.«

Ein paar Tage später holte Kurt Siebeck seinen Sohn Detlef von den Großeltern wieder ab und ging mit ihm nach Hause. Der kleine Koffer von Hilde Siebeck stand noch unausgepackt im Flur. Kurt Siebeck hatte seine Frau gerade erst aus dem Krankenhaus abgeholt.

Sie saß im Wohnzimmer auf dem Sofa und schaute auf das Baby in ihrem Arm. Als Detlef das Zimmer betrat, sah sie hoch und lächelte.

»Komm mal her zu mir, mein Großer.«

Detlef setzte sich mit ein bisschen Abstand vorsichtig neben seine Mutter. Er sah seinen Vater an, der im Türrahmen stehen geblieben war und ihm nun aufmunternd zunickte. Dann drehte sich Detlef zu seiner Mutter um und warf einen schnellen Blick auf das Baby.

Ganz dichtes schwarzes Haar hatte es, das fiel Detlef als Erstes auf. Ansonsten gab es für ihn nicht viel Interessantes zu entdecken. Das Baby hatte die Augen geschlossen, es schlief wohl gerade. Detlef war ziemlich enttäuscht von diesem Familienzuwachs. Er hatte nicht erwartet, dass das neue Kind so klein sein würde – und so schwächlich.

»Das ist deine kleine Schwester Monika. Du bist nun ihr großer Bruder, und du musst sie ganz, ganz lieb haben. Und immer schön auf sie aufpassen und sie beschützen. Versprichst du das deiner Mama?«

Detlef nickte stumm, und seine Eltern lächelten sich zu.

Einige Tage später ging Detlef mit seiner Mutter und dem Baby spazieren. Eigentlich konnte er Spaziergänge überhaupt nicht leiden, aber die Mutter hatte ihm versprochen, dass er den Kinderwagen schieben dürfe.

Sie gingen die Junkerstraße entlang. Plötzlich blieb seine Mutter stehen.

»Du, in dem Haus hier gegenüber, da wohnt die Frau Knappe. Sie hat auch ein Baby bekommen, wir waren zusammen im Krankenhaus. Lass uns mal eben nachsehen, ob sie da ist, dann sagen wir kurz Guten Tag.«

Sie lief über die Straße, ging den kleinen Weg vor dem grauen Haus entlang zur Eingangstür und klingelte. Detlef hatte Mühe, mit dem Kinderwagen hinterherzukommen, die Räder blieben auf dem unebenen Pflaster ständig hängen.

Die Tür ging auf, und eine kleine schwarzhaarige Frau mit einem Baby auf dem Arm trat einen Schritt nach draußen.

»Guten Tag, Frau Knappe. Störe ich?«, fragte Hilde Siebeck.

»Ja, also, ehrlich gesagt, mein Mann ist gerade von der Schicht nach Hause gekommen …«, sagte Frau Knappe und warf einen hektischen Blick über ihre Schulter nach hinten.

»Ach, schade. Dann gehen wir gleich weiter. Wir sind ja auch nur zufällig vorbeigekommen. Detlef, komm doch mal schnell her, das hier ist die kleine Gabi.«

Dieses fremde Baby interessierte Detlef nun wirklich nicht im Geringsten, aber er wollte nicht ungehorsam sein. Er ließ den Kinderwagen stehen und ging auf die beiden Frauen zu.

Frau Knappe beugte sich ein wenig zu ihm nach unten, damit er besser sehen konnte. Das Kind, das sie auf dem Arm trug, war viel molliger als Monika. Und es hatte so gut wie gar keine Haare. Nur ein bisschen hellen Flaum.

Detlef musste ein Grinsen unterdrücken. Irgendwie sah dieses Baby lustig aus mit seinem beinahe kahlen Kopf.

»Kommen Sie doch bald mal wieder vorbei, Frau Siebeck«, sagte Frau Knappe und richtete sich wieder auf.

»Ja, das mache ich bestimmt«, sagte Detlefs Mutter, »und der Detlef kommt dann auch gern mit, um die kleine Gabi zu besuchen.«

Wozu das nun wieder gut sein sollte, konnte sich Detlef beim besten Willen nicht vorstellen. Aber Widerworte waren zwecklos, das wusste er nur zu genau. Wenn seine Mutter einmal etwas beschlossen hatte, dann wurde es auch so gemacht.

Kapitel 3

Detlefs Mutter Hilde war eine resolute, kleine Frau, die das Geschehen zu Hause beherrschte. Sie steckte voller Energie und kümmerte sich nebenbei gern auch noch um die Sorgen und Probleme anderer Leute.

Dabei hatte sie selbst in ihrem Leben nicht allzu viel Fürsorge erfahren. Hilde Siebecks Kindheit war alles andere als glücklich und unbeschwert gewesen. Es war vor allem das Schicksal ihres Vaters Heinrich, das auf der ganzen Familie lastete und alles überschattete.

Heinrich war als ältestes von acht Kindern in einem kleinen Dorf im ostpreußischen Masuren aufgewachsen. Unter eher ärmlichen Umständen lebte die Familie dort auf einem Hof und versorgte aus dessen Erträgen in erster Linie sich selbst. Als der Erste Weltkrieg ausbrach und der Vater einberufen wurde, musste Heinrich an seine Stelle treten und für den Hof und alle seine Geschwister sorgen.

Dann geschah ein Unglück: Beim Holzsammeln im Wald wurde Heinrich vom Blitz getroffen. Rein körperlich trug er keine erkennbaren Schäden davon, doch alle sagten, er hätte sich irgendwie verändert. Ob nun dieser Blitzschlag tatsächlich der Auslöser war für das, was später mit ihm geschah, vermochte aber niemand zu sagen.

Zuerst liefen die Dinge noch gut. Heinrich lernte eine junge Frau namens Johanna kennen und die beiden heirateten bald. Doch in ihrer Heimat Masuren sahen sie für sich keine Zukunft, zu schlecht war die Arbeitslage. Und so folgte Heinrich dem »Ruf der Kohle« aus dem Westen. Gemeinsam mit seiner jungen Ehefrau verließ er die

Heimat, um sich im Ruhrgebiet niederzulassen, und fand schnell in dem kleinen Städtchen Hürthen eine Stelle als Bergmann. Heinrich und Johanna bekamen zwei Töchter: zuerst Gisela, zwei Jahre später Hilde.

Dann begann der Abstieg. Heinrich verfiel in eine Art religiösen Wahn. Er verlangte, dass zu Hause alle Spiegel verhängt und die Kreuze von den Wänden abgenommen wurden. Immerzu segnete er seine beiden Töchter und weinte dabei bitterlich. Und er betete ohne Unterlass.

Dass ihm seine Frau Johanna in seinem religiösen Eifer nicht folgen wollte und das ständige gemeinsame Gebet verweigerte, konnte er einfach nicht begreifen. Also zwang er sie auf Umwegen dazu. Als die kleine Hilde einmal etwas getan hatte, was nicht in Heinrichs Sinn war, sperrte er das Mädchen in den Keller. Hilde weinte und bettelte darum, wieder nach oben ins Helle gelassen zu werden. Doch der Vater blieb hart.

»Nicht, bevor deine Mama vor der Tür laut gebetet hat.«

Und so fand Hilde ihre Mutter zitternd vor Wut auf den Knien vor einem Kreuz, als der Vater die Tür endlich wieder aufschloss.

Heinrich geriet auch immer wieder in unerklärliche Wut. So nahm er vor den Augen seiner verängstigten Familie das Brot vom Tisch und trampelte wild darauf herum. Einen erkennbaren Anlass dafür gab es nicht.

An geregelte Arbeit war längst nicht mehr zu denken. Heinrich vernachlässigte sogar die Tiere, die er nebenbei hielt. Hilde und ihre Schwester Gisela hörten die Schweine unten im Hof schreien vor Hunger.

Schließlich wurde Heinrich ins Krankenhaus eingeliefert. Als Hilde ihren Vater dort besuchte, umklammerte er seine kleine Tochter heftig und wollte sie nicht mehr loslassen.

»Bleib bei mir, mein Engel!«, schrie er.

Drei Pfleger mussten kommen und das verstörte Kind von ihm losreißen. Es war das letzte Mal, dass Hilde ihren Vater sah.

Die Ärzte diagnostizierten: Schizophrenie, unheilbar. Eine Diagnose, die zu dieser Zeit, im Jahr 1937, schwerwiegende Folgen hatte. Man brachte Heinrich in eine psychiatrische Klinik, die nichts anderes war als eine Euthanasieanstalt, wo man ihn zunächst vor sich hinvegetieren ließ. Dann wurde er weiterverlegt und landete schließlich in einem Hungerlager bei München, wo er im Alter von nur zweiundvierzig Jahren elendig starb.

Zu diesem Zeitpunkt hatte sich seine Frau Johanna längst schon von ihm scheiden lassen. An ihr Ehegelübde von einst fühlte sie sich nicht mehr gebunden. Sie musste vor allem an sich und die Kinder denken und suchte deshalb nach einem Mann, der sie alle versorgen konnte.

Den Richtigen hierfür glaubte sie zunächst in einem Nachbarn gefunden zu haben. Er wohnte ein paar Häuser weiter und war mit einer älteren Frau verheiratet – unglücklich verheiratet, wie er sagte. Johanna fing eine Affäre mit ihm an und wurde schnell schwanger. Sie brachte ein Mädchen zur Welt und nannte es Rosemarie.

Gisela und Hilde hatten nun eine kleine Halbschwester, doch noch immer keinen neuen Vater, denn der Nachbar hatte sich entgegen seiner ständigen Beteuerungen noch nicht von seiner Frau getrennt.

Dann starb Rosemarie plötzlich. Kurze Zeit später wurde der Nachbar schwer krank. Johanna löste die Verbindung kurzerhand auf und beschloss, die Suche nach einem Mann und Versorger nun strategisch anzugehen. In der Tageszeitung gab sie eine Anzeige auf, und es meldete sich ein Herr Manske. Er war Bergmann, verdiente sehr gut und war ledig. Johanna und Herr Manske heirateten.

Der neue Mann der Mutter war ein Sonderling. Vielleicht hatte ihn die lange Kriegsgefangenschaft geprägt, vielleicht lagen ein gewisser Egoismus und der Mangel an Rücksicht auf die Kinder auch einfach in seiner Natur. Er wollte vor allem einfach seine Ruhe haben und sich im Übrigen so benehmen, wie es ihm in den Sinn kam – dass die Mädchen mit ansehen mussten, wie er ihre Mutter auf dem Küchentisch nahm, mitten am Tag und bei offener Küchentür, schien ihm egal zu sein.

Aber auch die Mutter selbst war ihren Töchtern gegenüber nicht gerade mit Liebe beseelt. Wohl niemand hätte Johanna als warmherzige Frau beschrieben. Ihre Stärke lag darin, zu organisieren und für bestmögliche Umstände zu sorgen. Die Kinder auch einmal in den Arm zu nehmen, kam ihr dagegen nicht in den Sinn. Für die beiden Mädchen war es furchtbar gewesen, den zunehmenden Wahn ihres Vaters mitzuerleben und ihn dann zu verlieren, eine kleine Schwester zu bekommen und sie sterben zu sehen und sich nun dem sonderbaren Stiefvater unterordnen zu müssen – und mit all ihren Sorgen und Ängsten mussten sie ganz allein fertig werden. Trost oder liebe Worte von der Mutter gab es nicht. Die Mädchen sollten vor allem eines: nicht stören.

Die etwas aufmüpfigere Gisela ließ sich allerdings nicht immer den Mund verbieten – und wurde deshalb so oft wie möglich weit weg zur Verwandtschaft nach Ostpreußen geschickt. Für ihre kleine Schwester Hilde war es eine schreckliche Vorstellung, ebenfalls weggeschickt zu werden. Dann war es doch besser, man begehrte nicht auf und verhielt sich möglichst unauffällig, überlegte sie und verhielt sich dementsprechend.

Vielleicht war es das schreckliche Zusammenleben mit Heinrich, das Johanna zu dieser verhärteten Frau hatte werden lassen, vielleicht war sie aber auch einfach von Natur aus ein unterkühlter Mensch. Jedenfalls wurde sie auch in ihren späteren Jahren nicht zugänglicher. Ihr Enkel Detlef erlebte seine Oma Johanna als eine herrische Person, die sich von allen bedienen ließ und zu niemandem aus der Familie ein wirklich herzliches Verhältnis hatte – auch nicht zu ihren drei weiteren Kindern, die sie noch gemeinsam mit Herrn Manske bekam.

Hilde blieb bis zu ihrem 21. Lebensjahr bei ihrer Mutter, ihrem Stiefvater und den drei Halbgeschwistern wohnen. Von zu Hause auszuziehen und sich als junge Frau eine eigene Wohnung zu nehmen, war Anfang der fünfzig50er -Jahre so gut wie undenkbar – und ohne die ausdrückliche Erlaubnis des Vaters nicht einmal erlaubt. Man hatte sich nach einem passenden Ehemann umzusehen und mit diesem dann einen Hausstand zu gründen.

Dieses Ziel zu erreichen war für Hilde nicht allzu schwer. Sie hatte sich zu einer sehr schönen jungen Frau entwickelt. Ihr blondes, gewelltes Haar trug sie kinnlang, und mit ihrer drallen Figur und ihrer energischen Art hatte sie so manchen Verehrer. Allerdings konnte sie sich lange für keinen von ihnen wirklich erwärmen.

Dann lernte sie Kurt Siebeck kennen. Ihre erste Begegnung fand auf dem Wochenmarkt von Hürthen statt. Hilde arbeitete dort als Verkäuferin an einem Wurststand. Kurt war begeistert von dem schönen Mädchen. Obwohl er ein eher zurückhaltender Mensch war, setzte er alles daran, sie für sich zu gewinnen. Abends stellte er sich vor das Haus ihrer Familie und warf so lange Steinchen an Hildes Fenster, bis sie endlich zu ihm nach draußen kam.

Hilde war von dem ruhigen und attraktiven, blonden Kurt und seinen schmeichelhaften Umwerbungen mehr als angetan. Allzu lange dauerte es nicht, dann war sie schwanger und die beiden heirateten.

Auch Kurt lebte noch bei seinen Eltern, und fürs Erste zog Hilde dort mit ein. Bald nach Detlefs Geburt wurden die Verhältnisse aber zu beengt. Zu dritt in einem einzigen Zimmer zu wohnen, konnte kein dauerhafter Zustand sein. Kurt und Hilde mussten sich nach einer eigenen Wohnung umsehen. Als zu dieser Zeit Herr Manske das Haus Nummer 27 in der Junkerstraße kaufte und die obere Wohnung in diesem Haus frei war, zogen sie kurzerhand dorthin um.

Die Wohnung war nicht allzu groß, kaum mehr als siebzig70 Quadratmeter, doch es gab eine große Wohnküche und ein Badezimmer mit einer richtigen Badewanne mit Füßen; keine Selbstverständlichkeit in den fünfziger 50er-Jahren. Kurt und Hilde waren ausgesprochen stolz auf ihre erste eigene Wohnung.

Im Gegensatz zu Hilde hatte Kurt eine harmonische Kindheit verlebt. Auch seine Eltern kamen ursprünglich aus Ostpreußen. Vater Erwin stammte aus Insterburg. Er war eigentlich Bergmann, arbeitete aber zeit seines Lebens nicht untertage, sondern war für den Gärtnerei- und Forstbereich der Zechen zuständig.

Kurts Mutter Wilma kam von einem Gut aus der Nähe von Königsberg. Erwin und Wilma heirateten noch in Ostpreußen, und auch sie verließen dann die wirtschaftlich schwache Heimat, um in den aussichtsreicheren Westen zu gehen. Über einige Umwege gelangten die beiden schließlich nach Hürthen, wo kurze Zeit später Kurt geboren wurde. Den zweiten Sohn, den sie bekamen, verloren sie durch plötzlichen Kindstod. Dann kam ihr dritter Sohn auf die Welt, und bei diesen zwei Kindern blieb es.

Einziger Streitpunkt zwischen Wilma und Erwin war sein Alkoholkonsum. Wenn es auf der Zeche die Lohntüte gab, ging es mit den Kollegen anschließend direkt in die Kneipe, und dort gab es dann kein Halten. Alles Flehen, Schimpfen und Drohen seiner Frau änderte daran nichts. Um ihren Mann überhaupt nach Hause zu bekommen, schickte Wilma ihren Sohn Kurt los, um den Vater zu holen. Später war es ihr Enkel Detlef, der diese Aufgabe zu erfüllen hatte. Schon mit fünf Jahren stand der Junge ganz verloren in der Kneipe und sollte nun seinen Opa Erwin irgendwie nach Hause lotsen. Wenigstens machte der Opa es ihm nicht schwer. Erwin Siebeck war ohnehin ein lieber Mensch, und wenn er dann seinen kleinen Enkel dort stehen sah, sagte er ganz gerührt: »Ach Gott, der Junge« und ging brav mit.

Dieses weiche Herz hatte Kurt Siebeck von seinem Vater geerbt, genauso wie den Hang zum Alkohol. Bei Kurt brachte es allerdings schon die Arbeit mit sich, dass das Trinken zur Selbstverständlichkeit wurde. Er war auf der Hürthener Zeche in der Kokerei beschäftigt. Dort erzeugte man aus Kohle Koks. Für diesen Vorgang musste Rohkohle in einem Koksofen auf über tausend1000 Grad Celsius erhitzt werden, damit die gasförmigen Bestandteile der Kohle ausgasen konnten. Kurt und seine Kollegen waren also permanent einer unglaublichen Hitze ausgesetzt und mussten dementsprechend ständig trinken – und es war literweise Bier, das sie ihre ausgedörrten Kehlen hinunterlaufen ließen.

Die schwere körperliche Arbeit machte Kurt sehr zu schaffen, hinzu kam eine gewisse Enttäuschung darüber, es im Leben nicht wirklich weit gebracht zu haben. Kurt war nur ein schlichter Arbeiter, kein gelernter Bergmann mit gutem Verdienst wie Hildes Stiefvater Herr Manske. Um sich aus seiner Position nach oben zu kämpfen, hätte es einer gehörigen Portion Willen und Ehrgeiz bedurft, doch beides besaß Kurt nicht in ausreichendem Maße. Bis zum Ende seines Berufslebens blieb er der einfache Arbeiter.

Auch zu Hause konnte er sich nicht richtig entfalten. Hilde war im Laufe der Jahre immer dominanter geworden. Sie hielt gern die Fäden in der Hand, bestimmte alle häuslichen Angelegenheiten und führte auch bei Tisch oder abends im Wohnzimmer stets das Wort. Mit seiner ruhigen Art stand Kurt dann oft abseits und zog sich zurück.

Wenn er allerdings einmal über sein normales Maß hinaus getrunken hatte, auf Festen und Feiern, fiel seine Zurückhaltung plötzlich von ihm ab und konnte in Aggression umschlagen, sobald er sich provoziert fühlte. Manchmal reichte schon ein kleiner Anlass. Kurt sagte: »Es schneit«, ein anderer korrigierte ihn: »Nein, das ist doch

Hagel«, und schon kam es zum handfesten Streit. Und nicht selten auch zur Schlägerei. Der eigentlich so ruhige und herzensgute Kurt war dann nicht mehr zu halten. All seine unterdrückte Frustration schien sich so zu entladen.

Zu Hause aber zeigte Kurt diese Seite nie. Er war den Kindern immer ein liebevoller Vater, und zusammen mit seiner Frau Hilde bot er ihnen ein schönes und verlässliches Zuhause. Die Familie aß gemeinsam, unternahm am Wochenende Ausflüge, besaß einen Schrebergarten, hatte engen Kontakt zur Verwandtschaft und häufig Besuch. Kurt spielte außerdem Skat und sammelte Briefmarken, und Hilde ging regelmäßig zu ihren Damenkegelabenden.

Natürlich gab es auch gelegentlich Streit. Manchmal ließen sich Hildes Temperament und Kurts eher bedächtige Art nur schwer vereinbaren, manchmal sorgte auch Kurts Neigung zur Eifersucht für Unmut zwischen den beiden.

Alles in allem aber war es ein weitgehend harmonisches und sorgenfreies Leben, das die Familie Siebeck führte – ein Leben, das vor allem darauf ausgerichtet war, den Kindern eine glückliche Kindheit zu schenken und ihnen mit Zuneigung und Unterstützung den Weg in eine aussichtsreiche Zukunft zu ebnen.

Kapitel 4

Auch Margot Knappe hatte alles andere als schöne Erinnerungen an ihre Kindheit.

»Mit meinem Vater hat irgendetwas nicht gestimmt. Den haben die Nazis weggeholt, als ich noch ganz klein war, und dann haben sie ihn in eine Klinik gesteckt. Er ist nie wieder zurückgekommen.«

Das war so gut wie alles, was sie über ihren Vater wusste. Ganz dunkel und verschwommen glaubte sie sich aber doch noch an zwei Dinge erinnern zu können: Dass sie den Vater geschlagen hatten, als sie ihn holten, und dass da ein Hund gewesen war, den sie getötet hatten.

Vermutlich handelte es sich um eine psychiatrische Klinik, in die ihr Vater eingeliefert wurde. Aber was genau es mit ihm auf sich gehabt hatte, ob er tatsächlich geisteskrank gewesen war oder wodurch er den Nazis aufgefallen war, darüber wurde eisern geschwiegen. Niemand in der Familie sprach auch nur ein einziges Mal mehr über ihn. Auch Fotos gab es von ihm nicht. Es war, als hätte es den Vater nie gegeben.

Margots Mutter war mit den sechs Kindern allein geblieben, hatte nie wieder geheiratet. Mithilfe von Verwandten brachte sie ihre Kinder irgendwie durch, und so früh wie möglich musste jedes von ihnen zu arbeiten beginnen. Solch einen Luxus wie höhere Schulbildung konnten sie sich nicht leisten, das allernötigste Grundwissen musste reichen.

Die junge Margot fand in ihrem Heimatort Hilmen eine Stelle als Haushaltshilfe. Sie war ein ausgesprochen ruhiges und sehr einfaches Mädchen, sie hatte vielleicht das, was man als schlichtes Gemüt bezeichnen würde. Und sie hatte gelernt, sich den Umständen zu fügen und keine Ansprüche zu stellen. Fleißig und klaglos verrichtete sie ihre Arbeit.

Dann lernte sie beim Tanz Rudolf Knappe kennen. Gegensätze ziehen sich an, dieses Sprichwort traf auf die beiden wirklich zu. Margot war klein, zierlich und still, und Rudolf war groß, vital und laut. Er war als einer von drei Brüdern in einer typischen Bergmannsfamilie aufgewachsen und auch selbst Bergmann geworden. Den rauen Umgangston, der bei der Arbeit herrschte, legte er auch privat nicht ab – ausgenommen in seinem Elternhaus.

Seine Mutter Gertrud war streng katholisch und hatte die drei Söhne auch in diesem Sinne erzogen. Ein gottesfürchtiges Leben zu führen stand für sie an erster Stelle, und sie war unerbittlich im Einhalten der religiösen Rituale. Undenkbar, eine Messe zu versäumen oder einmal das Tischgebet zu vergessen, und ausgeschlossen, den Söhnen einmal ein lockeres Wort über Mädchen oder Frauen zu erlauben.

Durch diese religiöse Erziehung war Rudolf stark geprägt worden. Auch ihm war die Verbundenheit zur katholischen Kirche ausgesprochen wichtig. Als Margot von ihm schwanger wurde und die beiden heiraten mussten, war es für ihn keine Frage, dass die evangelische Margot noch vor der Hochzeit zu seinem katholischen Glauben überzutreten hatte. Mit einer Protestantin verheiratet zu sein, war für ihn unvorstellbar, und erst recht nicht konnte er zulassen, dass seine künftigen Kinder womöglich evangelisch erzogen würden.

Rudolfs sonstiges Verhalten allerdings stand in krassem Gegensatz zu alledem. In seinem täglichen Leben deutete rein gar nichts auf eine christliche Grundeinstellung hin. Für ihn drehte sich alles nur um eines: um ihn selbst. Seinem Wohlbefinden hatte sich alles und jeder unterzuordnen. Die einzige Person, von der er sich etwas sagen ließ, war seine Mutter. Ihr gegenüber verhielt er sich manchmal geradezu unterwürfig. Bei allen anderen Menschen war es das genaue Gegenteil. Nur sein Wort und seine Wünsche zählten.

Der höchste Ausdruck seiner Rücksichtslosigkeit war, dass er sich zu Hause komplett nackt bewegte. Immer. Sobald er von der Schicht nach Hause kam, zog er sich aus und blieb so, bis er das Haus wieder verließ. Wenn es klingelte, öffnete er ohne jede Hemmung die Haustür und stand vollkommen nackt da – ob draußen nun der Briefträger stand oder eine ahnungslose Nachbarin, die Zucker borgen wollte und dann entsetzt wegrannte. Rudolf amüsierte sich über die fassungslosen Gesichter, er schien die Bestürzung direkt zu genießen. Und niemand konnte ihn von diesem Verhalten abbringen, schon gar nicht seine Frau Margot.

»Was willst du von mir, so hat Gott mich doch wohl schließlich erschaffen! Und in meinem Haus mache ich, was ich will!«, blaffte er sie an, wenn sie einen ihrer zaghaften Versuche unternahm., ihn davon abzubringen

Margot schämte sich zutiefst für ihren Mann, und zwar nicht nur für seine Nacktheit. Es waren auch seine ständigen anzüglichen Sprüche und Scherze, die schuld daran waren, dass man Rudolf überall in der Nachbarschaft zu meiden versuchte. Vor allem bei den Frauen war er verschrien, und bei Feiern bemühte man sich, einen

Sitzplatz möglichst weit weg von dem »unmöglichen Herrn Knappe« zu ergattern. An Rudolf selbst schienen diese Antipathien abzuprallen, vielleicht bemerkte er sie nicht einmal.

Natürlich war es für jemanden wie Rudolf eine Selbstverständlichkeit, dass sein Erstgeborener nach ihm benannt wurde. Rudolf Knappe junior kam 1957 zur Welt. Zur besseren Unterscheidung wurde er von allen Rudi genannt. Rudi war ein schwarzhaariger, schmaler Junge und damit ganz nach seinen Eltern geraten – und er war in allem das genaue Gegenteil von der kleinen Gabi, die gut zwei Jahre nach Rudis Geburt als seine Schwester in die Familie Knappe kam.

Gabi war ein unkompliziertes Kind, rund und fröhlich. Sie schien immer zufrieden zu sein, und nur selten verlangte sie Beschäftigung. Stundenlang konnte sie allein mit einer Puppe spielen oder etwas basteln, sie aß, was man ihr vorsetzte, und sie schlief von Anfang an die Nächte durch.

Vielleicht war Gabi schon von Natur aus eher anspruchslos, vielleicht aber hatte sie auch einfach früh gemerkt, dass ihr ohnehin niemand viel Aufmerksamkeit schenken würde. Zu sehr hielt nämlich Rudi alle und ganz besonders seine Mutter auf Trab.

Rudi war ein ausgesprochen anstrengender Junge, zappelig, fahrig und kaum in der Lage stillzusitzen. Ihn einmal zur Ruhe zu bringen, ihn mit so etwas wie einem Malbuch zu beschäftigen, war praktisch ausgeschlossen. Rudi hatte große Probleme, sich zu konzentrieren; schon nach kürzester Zeit sprang er wieder auf und wollte etwas anderes machen, sich bewegen, nach draußen gehen. Oft war er nicht in der Lage, auch nur die einfachsten Dinge aufzunehmen.

»Mein Gott, Junge, bist du wieder begriffsstutzig«, warf ihm der Vater dann verständnislos an den Kopf. Dem Jungen die Sache noch einmal oder auf eine andere Art zu erklären, war ihm aber zu mühselig; er wandte sich einfach ab.

Wenn Rudi etwas erzählte, wussten die anderen mit seinen wirren Worten oft nichts anzufangen. Es schien so, als hätte sich der Junge in seinem Kopf eine eigene Welt erschaffen. Und je weniger die anderen begriffen, desto aufgeregter wurde er; wild gestikulierte er mit seinen großen Händen herum und geriet schließlich derart in ein hektisches Stottern, dass man ihn kaum noch verstehen konnte. Oft lief er dann frustriert nach draußen, und niemand holte ihn zurück.

Dass Rudi später in der Schule keinen großen Erfolg haben würde, war so gut wie vorprogrammiert. Schon in der zweiten Klasse der Grundschule befanden die Lehrer, dass es keinen Sinn hatte, diesen Jungen weiter auf der Schule zu lassen. Rudi musste von nun an die Sonderschule besuchen.

Die Familie Knappe lebte relativ beengt. Solange Rudi noch das einzige Kind war, war die Wohnung in der Junkerstraße für die kleine Familie perfekt. Ein schmaler Flur, gleich links das Bad, danach die kleine Küche, am Ende des Flures das Wohnzimmer, vom Wohnzimmer abgehend rechts das Elternschlafzimmer und geradeaus das kleine Kinderzimmer.

Doch mit dem Anwachsen der Kinderzahl wurde es immer enger. Zuerst kam Gabi dazu, und zwei Jahre später wurde Markus geboren. Nun mussten sich drei Kinder das Kinderzimmer teilen. Ein Zimmer von gerade einmal zehn Quadratmetern, in dem es immer unglaublich heiß war, denn in dem Raum befand sich ein nicht abgedichtetes Ofenrohr.

Dass sich einmal eines der Kinder daran verbrennen würde, war nur eine Frage der Zeit. Und es sollte ausgerechnet die kleine Gabi treffen. Als eines Tages ein furchteinflößender Nikolaus im Wohnzimmer stand und den Kindern mit der Rute drohte, flüchtete das Mädchen vor ihm in das Kinderzimmer. Völlig verängstigt versuchte sie, sich irgendwo vor dem schrecklichen Mann zu verstecken – und fasste in ihrer Panik direkt auf das glühende Rohr. Ihre Schmerzensschreie beendeten abrupt das Gelächter der Erwachsenen, die sich köstlich über Gabis Angst amüsiert hatten. Doch auch nach diesem Zwischenfall unternahm niemand etwas wegen des Ofenrohrs; es blieb weiterhin ohne Abdichtung, heißglühend und eine ständige Gefahr.

Trotz der ohnehin schon beengten Wohnverhältnisse gab es noch weiteren Zuwachs im Haus der Familie Knappe: Sie nahmen sogenannte ›Kostgänger‹ auf. Das waren meist junge Männer aus anderen Orten, die nur für eine gewisse Zeit auf der Zeche arbeiteten und deshalb keine eigene Wohnung in Hürthen hatten. Neben der Unterkunft erhielten diese Kostgänger auch Verpflegung und saßen mit der Familie zusammen am Tisch. Aus Mangel an anderen Möglichkeiten schliefen die jungen Männer bei den Knappes auf dem Sofa im Wohnzimmer. Für die Kinder war es kein schönes Gefühl, immer einen fremden Mann in der Wohnung zu haben, zu dem man kein näheres Verhältnis hatte und auf den man trotzdem Rücksicht nehmen musste.

Aber die Familie brauchte das Geld. Rudolf beanspruchte für sich einen aufwäendigen Lebensstil. Das Allerneueste musste es stets sein, zumindest in punkto Technik. Radio, Plattenspieler, ein Fernseher, der dazugehörige Schrank mit schwarzen Lacktüren, elektrische Werkzeuge – was immer es an Neuerungen auf dem Markt gab, Rudolf Knappe musste es haben. Doch bei einer fünfköpfigen Familie reichte sein Gehalt dafür bei Weitem nicht aus, und so blieb ihnen nichts anderes übrig, als die ungeliebten Untermieter aufzunehmen, zumindest so lange, bis auch der kleine Markus aus dem Gröbsten heraus war und Margot wieder arbeiten gehen konnte, um all diese Anschaffungen mitzufinanzieren.

Die drei Kinder hatten hinter Rudolfs Wünschen und Interessen schlichtweg zurückzustehen. Kinder hatten nichts zu melden, so ließ ihr Vater gerne vernehmen. Man hatte sie eben, so war das nun einmal. Dass man sich auch mit ihnen beschäftigen, mit ihnen spielen, ihnen etwas beibringen und ihre Entwicklung fördern konnte, kam Rudolf Knappe gar nicht in den Sinn. Ihm erschien es ausreichend, ein paar Nachkommen in die Welt gesetzt zu haben. Der Rest musste sich von allein finden.

Margot Knappe bemühte sich immerhin, eine liebevolle Mutter zu sein. Jeden Abend vor dem Schlafengehen betete sie inniglich mit den drei Kindern, und es machte ihr auch Spaß, mit ihnen gelegentlich die kleinen Gedichte und Lieder einzuüben, die sie selbst noch aus ihrer Kindheit kannte. Doch sehr viel mehr konnte sie Rudi, Gabi und Markus nicht weitergeben, denn mehr hatte man ihr selbst nicht beigebracht. Für sie war es einfach nur wichtig, die Kinder gut zu versorgen und ihnen ein ordentliches Zuhause zu bieten – und das zumindest gelang ihr.

Kapitel 5

Monika war von Anfang an ein schwieriges Kind. Ruhelos lag sie in ihrem kleinen Bett und strampelte, weinte oder schrie manchmal stundenlang. Hilde Siebeck konnte sich nicht erklären, was dem Kind fehlte. Detlef war als Baby völlig anders gewesen, ruhig und zufrieden. Sie machte sich Sorgen, dass mit Monika etwas nicht stimmte. Aber das kleine Mädchen war ganz gesund, das versicherte ihr der Arzt, und es bekam auch genug Aufmerksamkeit und Zuwendung von Hilde.

Mehr als genug, wie Detlef fand. Für ihn bedeutete das alles eine riesige Umstellung. Sieben Jahre lang hatte er im Mittelpunkt der kleinen Familie gestanden, und sein Leben war in herrlich ruhigen Bahnen verlaufen. Nun gab es plötzlich nichts als Lärm und Unruhe, und seine Mutter hatte kaum noch Zeit für ihn. Und mehr noch: Sie verlangte auch dauernd von ihm, ihr zu helfen und sich um das Baby zu kümmern.

Um Monika überhaupt zur Ruhe zu bringen, musste der Kinderwagen ständig bewegt werden, und diese Aufgabe hatte die Mutter ihm übertragen. Sobald Monika zu weinen anfing, musste er aufspringen und mit dem Geschaukel anfangen. Zwar beruhigte sich Monika auch dann nicht sofort, aber wenigstens steigerte sie sich nicht in einen ihrer schrillen Weinkrämpfe hinein. Und irgendwann wurde sie dann tatsächlich still und schlief sogar ein. Doch nun musste erst recht geschaukelt werden, weil sie sonst sofort wieder aufwachte und erneut zu weinen anfing.

Aber Monika weinte und schrie nicht nur, sie weigerte sich außerdem zu essen. Auch bei diesem Problem forderte seine Mutter Detlefs Einsatz ein.

»Detlef, komm her, die Monika muss gefüttert werden.«

Jedes Mal sollte er dann den Affen machen. So jedenfalls empfand er das, was die Mutter von ihm verlangte. Detlef musste vor Monikas Kinderstuhl hin und her springen, auf und ab hopsen, lustige Grimassen schneiden, sich hinter der Tür verstecken und wie im Kasperletheater wieder hervorspringen oder wilde Hampelmannsprünge machen. Denn nur, wenn es ihm gelang, Monikas Aufmerksamkeit zu erregen und ihren Blick von dem verhassten Kinderbrei weg zu lenken, schaffte es die Mutter, dem Kind blitzschnell den Löffel in den Mund zu schieben.

Detlef war nun richtig froh, morgens in die Schule gehen zu dürfen. Wenigstens hier hatte er seine Ruhe. Und es gab noch einen weiteren Ort, an dem er sich zu seinem eigenen Erstaunen wirklich gern aufhielt: das Haus der Familie Knappe.

Seine Mutter hatte ihre Ankündigung wahr gemacht und stattete Frau Knappe regelmäßig Besuche ab. Und jedes Mal nahm sie Detlef mit. Monika allerdings ließ sie zu Hause; entweder bei ihrem Mann Kurt, wenn er erst abends Schicht hatte, oder unten bei ihrer Mutter Johanna.

Warum er seine Mutter immer begleiten musste, war Detlef nicht ganz klar. Die beiden Frauen saßen am Kaffeetisch zusammen, aßen Kuchen, unterhielten sich, strickten und beachteten ihn nicht weiter.

Neben ihnen stand der Kinderwagen mit der kleinen Gabi. Sie schien meistens zu schlafen, jedenfalls hörte Detlef sie nie weinen.

Eines Tages lag Gabi dann allerdings nicht in diesem Wagen, sondern in ihrem Bett im Kinderzimmer – verpackt in einen Gips. Von der Hüfte bis zu den Knien war sie eingegipst; nur der Po war frei geblieben, und quer zwischen den Oberschenkeln war eine Stange angebracht, an der man das ganze Kind wie eine Tragetasche hochheben konnte.

»Die Gabi ist auf einmal ganz blau angelaufen, und dann sind wir schnell mit ihr ins Krankenhaus gefahren. Ja, und da haben sie dann festgestellt, dass die eine Hüftseite höher steht«, erzählte Frau Knappe ganz aufgeregt, als sich Hilde Siebeck bei Gabis Anblick entsetzt die Hand vor den Mund schlug.

Als sie zu Hause am Abendbrottisch davon erzählte, erfuhr Detlef zu seiner Überraschung, dass seine Mutter Frau Knappe nicht geglaubt hatte.

»Warum soll das Kind denn blau anlaufen, nur weil es eine schiefe Hüfte hat? Ich glaube ja eher, dass Gabi der Frau Knappe vom Wickeltisch gefallen ist und sich dabei verletzt hat. Das will sie bestimmt nur nicht zugeben!«, rief sie empört.

Es dauerte eine ganze Weile, bis man Gabi diesen Gips wieder abnahm. Bis dahin verbrachten Frau Knappe und Hilde Siebeck bei den Besuchen erst einmal eine ganze Weile bei dem Kind am Bett, bevor sie sich an den Kaffeetisch setzten.

Detlef dagegen ging schon nach einem kurzen Blick auf Gabi wieder zurück ins Wohnzimmer, auch wenn seine Mutter jedes Mal sagte:

»Nun bleib doch hier. Die Gabi freut sich bestimmt.«

Aber mit den beiden Frauen dort zu sitzen und das kleine Mädchen anzustarren war ihm viel zu langweilig. Er setzte sich in dieser Zeit lieber an den kleinen Tisch vor dem Fenster. Schon den ganzen Vormittag hatte er sich darauf gefreut: die Schreibmaschine! Dass er hemmungslos auf der Tastatur herumhämmern durfte, war einer der Hauptgründe, warum er so gerne zu Frau Knappe mitkam. Detlef kannte niemanden, der so eine beeindruckende Maschine bei sich zu Hause stehen hatte.

Seine Mutter hatte ihm erklärt, warum Herr Knappe dieses teure Gerät angeschafft hatte: Frau Knappe sollte damit für irgendeine Firma Adressenaufkleber beschriften und so nebenbei Geld verdienen. Für ein paar hundert solcher Aufkleber würde sie dann zwanzig oder dreißig Pfennige bekommen.

»Aber ich wette, dass die damit nicht eine müde Mark verdienen«, kommentierte seine Mutter zu Hause die ganze Angelegenheit. »Erst mal müssen sie ja das Geld für die Schreibmaschine wieder reinholen. Schon allein dafür müsste die Frau Knappe doch den ganzen Tag sitzen und tippen. Wie soll das denn gehen, mit dem Haushalt und den Kindern? Das ist wieder genauso ein Blödsinn wie die Sache mit der Strickmaschine. So viele Pullover kann Frau Knappe gar nicht stricken, dass sich die Anschaffung überhaupt lohnt. Das Ding steht doch jetzt schon nur oben auf dem Schrank herum, dieses Riesenungetüm.«

»Nun reg dich doch nicht so auf«, sagte Kurt zu ihr.

»Ach, stimmt doch. Das ist wieder typisch Herr Knappe. Alles haben müssen und dann damit protzen. Dieser Angeber! Und wenn ich dann noch an das andere denke … Ach Gott, die arme Frau.«

Über Herrn Knappe wurde sowieso viel gesprochen bei ihnen zu Hause. »Dieser Herr Knappe«, so nannte seine Mutter ihn meistens und verzog dabei das Gesicht. Detlef hätte »diesen Herrn Knappe« zu gern auch einmal gesehen, aber seine Mutter schien jede Begegnung mit ihm vermeiden zu wollen. Einmal fragte Detlef, ob sie nicht in den nächsten Tagen Frau Knappe besuchen könnten – sie waren schon längere Zeit nicht mehr dort gewesen, und er wollte zu gerne wieder einmal an die Schreibmaschine gehen.

»Nein, um Gottes Willen«, rief seine Mutter ganz entsetzt. »Dieser Herr Knappe hat zurzeit Spätschicht. Dann ist er am Nachmittag womöglich zu Hause. Also, das wäre ja … Nein, auf gar keinen Fall.«

Detlef hatte auch Rudi noch nie getroffen. Seine Mutter hatte ihm zwar erzählt, dass Frau Knappe auch einen Sohn hatte, der zwei Jahre älter war als Gabi, aber wenn sie zu Besuch kamen, war er nie da. Detlef war es nur recht, dass er nicht auch noch mit einem kleinen Jungen spielen musste und an diesen Nachmittagen einfach seine Ruhe hatte.

Manchmal fragte er sich allerdings, warum seine Mutter eigentlich so oft zu Frau Knappe zu Besuch ging. Wirkliche Freundinnen schienen die beiden Frauen jedenfalls nicht zu sein. Sie siezten sich und gingen auch sonst ziemlich fremd miteinander um. Es kam Detlef so vor, als wüssten sie nicht recht, worüber sie reden sollten. Oft saßen sie schweigend am Kaffeetisch und man hörte nur das Klappern der Kuchengabeln. Seine Mutter schien dann krampfhaft nach einem

Gesprächsthema zu suchen und wirkte erleichtert, wenn ihr etwas einfiel. Für Detlefs Ohren drehten sich diese Gespräche allerdings um ausgesprochen langweilige Dinge: das Wetter, den Garten, Kochen und Handarbeiten. Von zu Hause kannte Detlef solche Kaffeekränzchen ganz anders. Wenn andere Nachbarinnen oder Mutters Schwester Gisela bei ihnen zu Besuch waren, dann wurde gewitzelt und gelacht und die Frauen fielen sich gegenseitig ins Wort.

Einen Gegenbesuch von Frau Knappe gab es nur ein einziges Mal. Sie kam allein, ohne Gabi, und blieb auch nicht allzu lange. Detlef gab ihr zur Begrüßung die Hand, und dann schickte die Mutter ihn zum Spielen nach draußen.

Im Laufe der Zeit hatte sich Detlef an die veränderte Situation in seiner Familie gewöhnt. Sicher fühlte er sich oft gestört von der kleinen Monika, die an ihm herumzupfte, wenn er über seinen Schularbeiten saß, die immer wieder das Licht an- und ausknipste, den Ball gegen die Wand warf oder laut mit ihren Puppen redete, nur um seine Aufmerksamkeit zu erregen. Aber Detlef wusste, dass es auch anderen nicht besser erging. Einige seiner Schulfreunde hatten ebenfalls kleine Geschwister, und auf dem Schulhof tauschte man augenverdrehend Geschichten über die lästigen Kleinen aus und fühlte sich als inzwischen Zehnjähriger schon ganz erwachsen.

Eine Sache allerdings behielt Detlef bei diesen Schulhofgesprächen lieber für sich: Er hatte den Eindruck, dass mit seiner kleinen Schwester irgendwie nicht allzu viel los war. Wenn er hörte, was seine Freunde so alles über ihre Geschwister erzählten, dann staunte er oft. Mit anderen Dreijährigen schien man sich schon richtig unterhalten und streiten zu können. Monika dagegen begriff oft beim besten Willen nicht, was er von ihr wollte. Sie stand dann nur da und sah ihn ratlos an. Oder sie plapperte hektisch irgendetwas drauflos, mit dem Detlef wiederum nichts anzufangen wusste.

»Mensch, ist die schwer von Kapee!«, stöhnte er dann ab und zu.

Aber damit kam er bei seiner Mutter überhaupt nicht gut an.

»Die Monika braucht eben ein bisschen mehr Zeit für alles. Lass die Kleine in Ruhe!«, fuhr sie ihm dann über den Mund.

Hilde Siebeck gab sich sehr viel Mühe mit dem Mädchen. Monika hatte große Probleme, still am Tisch zu sitzen und sich dort auf etwas zu konzentrieren. Sie zappelte herum, sprang ständig auf und lief ziellos in der Wohnung umher. Mit einer Engelsgeduld holte Hilde sie immer wieder zurück an den Tisch und versuchte, die groben Bewegungen des Mädchens zu verfeinern. Sie zog mit ihr zusammen Perlen auf eine Schnur, malte mit ihr kleine Bildchen, puzzelte mit ihr, versuchte, ihre Konzentration auf Bilderbücher zu lenken. Oder sie nahm Monika mit in die Küche und gab ihr dort etwas in die Hand, mit dem sie sich wenigstens ein paar Minuten selbst beschäftigen konnte. Und für jeden noch so kleinen Erfolg lobte sie Monika über den grünen Klee.

Monika war sehr auf die Mutter fixiert. Eine Trennung von ihr war für das dreijährige Mädchen nur schwer auszuhalten. Und so war es für alle eine Qual, als Hilde für ganze drei Wochen zur Kur musste. Oma Wilma versorgte die beiden Kinder nach besten Kräften, aber der kleinen Monika konnte sie die Mutter einfach nicht ersetzen. Ihr Weinen und ihre Unruhe trieben die ganze Familie an den Rand der

Belastbarkeit. Die Erleichterung war riesig, als Hilde endlich wieder zurückkam.

Kurze Zeit später ging Hilde wieder mit Detlef zum Kaffeebesuch zu Frau Knappe. Nach den anstrengenden drei Wochen fiel Detlef umso mehr auf, wie ruhig und entspannt die kleine Gabi war. Ganz still spielte sie für sich mit ihren Puppen, setzte sich ab und zu einmal mit an den Tisch, bekam von Frau Knappe ein paar Gabeln voll Kuchen in den Mund gesteckt und ging dann wieder ihrer Wege.

Detlef wusste nur zu gut, dass seine Mutter ausgesprochen empfindlich reagierte, wenn jemand etwas Schlechtes über Monika sagte, aber als sie an diesem Tag auf dem Rückweg waren, konnte er seine Gedanken einfach nicht mehr für sich behalten.

»Wieso muss man wegen der Monika eigentlich immer so ein Theater machen? Gabi ist doch auch noch klein, aber um die müssen sich nicht dauernd alle Leute kümmern. Und außerdem kapiert sie auch immer gleich, was man von ihr will.«

Im selben Moment tat es ihm schon leid, dass er das gesagt hatte, denn jetzt würde seine Mutter gleich wieder hochgehen. Dass nun einmal jedes Kind anders wäre, würde sie ihn anherrschen, und dass die Monika eben ein bisschen mehr Unterstützung brauche, und dass er froh sein solle, überhaupt noch eine Schwester bekommen zu haben und kein Einzelkind mehr zu sein. Solche Dinge gab sie ihm schließlich immer zur Antwort, wenn er sich über Monika ärgerte.

Aber diesmal sagte sie gar nichts. Es kam Detlef so vor, als hätte sie ihm gar nicht zugehört. Sie schien mit ihren Gedanken irgendwo anders zu sein. Detlef war ganz froh darüber, denn so blieb das erwartete Donnerwetter wenigstens aus.

Nach dem Abendbrot saß Detlef allein am Küchentisch und wartete. Sein Vater war im Wohnzimmer und las die Zeitung, und seine Mutter brachte Monika ins Bett. Danach wollte sie mit ihm für die nächste Klassenarbeit üben. Rechnen, sein schwächstes Fach.

Es kam Detlef wieder einmal wie eine halbe Ewigkeit vor, bis sie endlich zurückkam. Mit einem leisen Ächzen setzte sie sich neben ihren Sohn auf die Eckbank.

»Monika konnte nicht einschlafen.«

Das war nichts Neues. Detlef fand die Bemerkung seiner Mutter ziemlich überflüssig. Und so sagte er auch nichts darauf, sondern schaute stumm nach unten auf sein aufgeschlagenes Rechenbuch. Er wollte jetzt endlich anfangen, die bevorstehende Arbeit machte ihm ziemlich zu schaffen. Punktrechnung vor Strichrechnung, das hatte er noch nicht richtig verstanden, und es würde mit Sicherheit drankommen, die Lehrerin hatte so eine Andeutung gemacht.

»Detlef, ich muss erst noch mit dir reden«, hörte er seine Mutter neben sich.

Das klang nicht gut. Normalerweise redete sie immer gleich los und kündigte es nicht erst an. Wahrscheinlich sollte er wieder irgendetwas für sie machen, auf das er absolut keine Lust haben würde. Oder es gab doch noch eine Standpauke für das, was er heute Nachmittag über Monika gesagt hatte. Was auch immer, jetzt würde bestimmt etwas Unerfreuliches kommen, und er hoffte, dass es schnell vorbeigehen würde.

»Die Monika ist gar nicht deine Schwester. Gabi ist deine richtige Schwester. Die beiden sind damals als Babys im Krankenhaus vertauscht worden.«

Detlef bewegte sich nicht. Er starrte weiter auf die Zahlen. Punktrechnung vor Strichrechnung. Punktrechnung vor Strichrechnung. Das konnte doch nicht so schwer sein …

Seine Mutter rückte noch ein Stück näher an ihn ran.

»So, Junge, zeig mir mal dein Buch. Bis wohin sind wir gestern denn gekommen? Ich glaube, mit Seite 30 waren wir schon fertig. Dann blättere mal um, da machen wir jetzt weiter.«

Kapitel 6

»Frau Knappe, es geht nicht anders. Das Mädchen ist einfach zu dick. Wir müssen Gabi auf eine Abmagerungskur schicken«, sagte der Kinderarzt hinter seinem Schreibtisch. »Und es ist doch besser, sie fährt jetzt dorthin als im nächsten Jahr, wenn sie schon in die Schule geht.«

Gabi sah ihre Mutter erschrocken von der Seite an. Sie sollte irgendwo hingeschickt werden? Allein? Das konnte nicht sein, die Mama würde sie doch niemals einfach so weggeben?

Aber Margot Knappe nickte nur stumm.

»Erstaunlich, so ein molliges Kind bei einer so zierlichen Mutter …«, murmelte der Arzt und schüttelte den Kopf, während er ein Formular ausfüllte. Dann sah er wieder hoch.

»Hat denn eigentlich in Ihrer Familie sonst noch jemand so eine Neigung zum Übergewicht?«

Margot Knappe schüttelte den Kopf. Tatsächlich war Gabi die einzige, die mit ihrem Gewicht zu kämpfen hatte. Rudolf Knappe wirkte wegen seiner Größe zwar stattlich, aber er war ausgesprochen schlank. Und Rudi und den kleinen Markus konnte man kaum anders als dünn bezeichnen, obwohl sie so viel essen konnten, wie sie wollten.

»Na ja, dann war vielleicht in der Generation davor schon einmal jemand dabei …«, sagte der Arzt mehr zu sich selbst. Auf eine Antwort schien er jedenfalls nicht zu warten, und er bekam auch keine.

Gabi hatte große Angst vor der Kur. An einen völlig fremden Ort sollte sie fahren, und dort ganz allein bleiben und mit lauter unbekannten Kindern in einem riesigen Saal schlafen. Und hungern lassen würde man sie dort bestimmt auch. Sie wollte sich das alles gar nicht vorstellen und weinte bitterlich.

Auch Margot wollte das unglückliche Mädchen nicht in die Fremde schicken und schluchzte mit ihr zusammen, aber sie sah keinen Ausweg. Der Arzt hatte die Kur nun einmal angeordnet, und einer solchen Autorität musste man sich schließlich fügen.

Tatsächlich wurde der Kuraufenthalt für Gabi viel schöner, als sie jemals erwartet hätte. Den ganzen Tag beschäftigte man sich mit den Kindern; es wurde gebastelt, gespielt, gemalt und gesungen, und Gabi beteiligte sich fröhlich an allen Aktivitäten. Besonders aber liebte sie es, wenn den Kindern vorgelesen wurde – das kannte sie von zu Hause gar nicht. Die anderen Kinder hörten manchmal gar nicht richtig zu, weil sie die Märchen und Geschichten schon kannten, aber Gabi sog jedes Wort geradezu in sich auf. Und sie freute sich schon darauf, wenn es endlich so weit war, dass sie selbst lesen konnte. Ein knappes Jahr noch, dann würde sie in die Schule kommen.

Doch so sehr sich Gabi auf die Schule gefreut hatte, so enttäuschend wurde es dort für sie. Dabei begann ihre Grundschulzeit noch vielversprechend. Gabi war keine Spitzenschülerin, aber mit einer normalen Auffassungsgabe ausgestattet, und so heimste sie anfangs noch die heiß begehrten Sternchen für gute Leistungen ein, während sich andere Kinder nur mit einem Haken begnügen mussten.

Aber bald schon tauchten erste kleine Verständnisprobleme auf. Sich zu melden und vor der ganzen Klasse zuzugeben, dass sie etwas nicht so ganz verstanden hatte, traute sich Gabi nicht. Doch auch zu Hause konnte sie niemanden fragen.

Ein paar Mal hatte sie es bei ihrer Mutter versucht. Doch so gern Margot Knappe auch das weitergab, was sie einst selbst auswendig gelernt hatte – bei schulischen Fragen helfen konnte sie einfach nicht.

Da war zum einen ihre eigene mangelhafte Schulbildung. So etwas wie das kleine Einmaleins auswendig herunterzubeten war für Margot kein Problem, aber sobald es darum ging, auch nur die simpelsten Zusammenhänge herzustellen, war sie überfordert.

Zum anderen hatte sie aber auch einfach viel zu wenig Zeit, um sich mit Gabis Problemen auseinandersetzen zu können, denn sie ging inzwischen wieder arbeiten, oder besser gesagt: Sie musste wieder arbeiten gehen. Rudolfs Drang nach kostspieligen Anschaffungen hatte sich nicht im Entferntesten gelegt, und um sich diese auch nur einigermaßen leisten zu können, war Margot gezwungen, mit mehreren Stellen ganztags als Haushaltshilfe mitzuverdienen. Abends kam sie erschöpft nach Hause, um dann noch die Wäsche zu machen und das Essen für den nächsten Tag vorzukochen. Ihre Kinder waren »Schlüsselkinder«, die mittags in ein leeres Zuhause kamen und sich das Essen allein aufwärmen mussten.

Je nach Schichtplan war manchmal wenigstens Vater Rudolf zu Hause. Doch entweder schlief er, und die Kinder mussten sich leise durch die Räume schleichen, oder er war wach und ließ sich von ihnen bedienen. Mehr als einmal kam es vor, dass ihm nach einem bestimmten Essen aus der Fleischerei oder von der Imbissbude zumute war. Er schickte die Kinder los, um es zu holen – und dann saß er vor ihnen am Küchentisch, nackt, wie Gott ihn erschaffen hatte, und aß vor ihren Augen den Fleischsalat, das russische Ei oder das halbe Hähnchen ganz allein auf.

Dass Rudolf den Kindern einmal bei den Schulaufgaben half oder gar mit ihnen für eine Arbeit übte, war für ihn völlig ausgeschlossen. Bei ihm versuchte Gabi es gar nicht erst. Oft genug hatte sie miterlebt, wie er Rudi anschnauzte, als der es noch wagte, mit seinen Fragen zu seinem Vater zu gehen: »Dazu habe ich nun wirklich keine Lust, ich arbeite schließlich schwer. Frag gefälligst deine Mutter. Oder pass eben besser in der Schule auf!«

Dieses vollkommene Desinteresse in ihrem Elternhaus allen schulischen Dingen gegenüber führte dazu, dass auch Gabi mit einer gewissen Gleichgültigkeit über ihre ersten Probleme hinwegging, anstatt sich einmal hinzusetzen und sich wirklich intensiv damit zu befassen.

Vielleicht hätte ihr schon ein kleiner moralischer Beistand von zu Hause geholfen: Wenn sich die Mutter wenigstens am Sonntag einmal nach der Schule erkundigt und Gabi ermahnt hätte, sich auf den Hosenboden zu setzen, als die ersten schlechten Noten kamen. Oder wenn sie sich einfach nur dazugesetzt und ein wenig Interesse gezeigt hätte, wenn Gabi am Küchentisch saß und ihre Hausaufgaben erledigte.

Aber abgesehen von ihrem Desinteresse hätte Margot selbst am Wochenende diese Zeit kaum gehabt, denn auch dann hatte sie eine ungeliebte Pflicht zu erfüllen: Jeden Sonntag nach dem Kirchgang musste die Familie Knappe bei Rudolfs Eltern in Hilmen antreten.

Hilmen war zwar nur zwanzig20 Kilometer von Hürthen entfernt, aber für die Familie Knappe war der Weg dorthin oft die reinste Tortur. Ein Auto besaßen sie nicht, und mit dem Bus zu fahren, war ausgesprochen beschwerlich. Zweimal musste man auf der eigentlich kurzen Strecke umsteigen, und nicht selten fuhr ihnen der Anschlussbus vor der Nase weg. Manchmal verpassten sie sogar schon in Hürthen den Bus, und dann hieß es: »Wir laufen!« Für Gabi war die weite Strecke eine Qual, und wenn ihre Füße allzu sehr schmerzten, durfte sie sich mit auf Markus` Kinderwagen stellen, und Margot musste die ganze schwere Fuhre schieben. Immerhin brachte Rudolfs jüngerer Bruder sie alle abends mit dem Auto wieder zurück nach Hürthen.

Gabi hasste diese Sonntagsbesuche. Der beschwerliche Weg zum Haus ihrer Großeltern war das eine. Viel schlimmer aber war für sie das Verhalten ihrer Großmutter.

Oma Gertrud hatte ein Lieblingsenkelkind, und das war Rudi. Er wurde nach Strich und Faden verwöhnt, durfte bei der Oma auf dem Schoß sitzen, bekam Schokolade, Bonbons und heimlich auch Geld zugesteckt. Auch ihrem jüngsten Enkel Markus schenkte die Oma viel Aufmerksamkeit, sie lachte in seinen Kinderwagen hinein, trug ihn auf dem Arm herum und bestand darauf, ihn bei Tisch füttern zu dürfen.

Aber für Gabi interessierte sich Oma Gertrud nicht im Geringsten. Soweit es nur irgendwie ging, ignorierte sie das Mädchen. Kaum einmal sprach sie das Kind direkt an.

»Will die Gabi auch noch Kartoffeln?«, fragte sie stattdessen Margot, und Gabi nickte dann stumm.

Sie traute sich kaum, überhaupt etwas zu sagen und damit die Aufmerksamkeit auf sich zu lenken; die Großmutter machte dann immer so ein abweisendes Gesicht. Was die Oma wohl gegen sie hatte? Gabi überlegte oft, ob sie irgendwann einmal etwas Dummes gesagt oder getan hatte, aber ihr fiel eigentlich nichts ein. Vielleicht konnte Oma Gertrud einfach keine Mädchen leiden?

Aber es war nicht nur Gabi, die im Haus von Rudolfs Eltern einen schweren Stand hatte. Ihrer Mutter Margot erging es nicht viel besser. Obwohl sie sich alle Mühe gab, beim Kochen half, den Tisch deckte und abräumte, allein abwusch und während des Essens alle bediente, wurde auch sie kaum beachtet.

Gelegentlich wurde sie sogar regelrecht ausgeschlossen. Als es darum ging, die künftigen Erbangelegenheiten von Rudolfs Eltern zu regeln, geschah dies hinter verschlossenen Türen. Margot musste mit den Kindern in der Küche bleiben – im Gegensatz zu ihren beiden Schwägerinnen. Die Ehefrauen von Rudolfs Brüdern durften wie selbstverständlich an diesen Gesprächen teilnehmen. Auch wenn Margot meist alles klaglos über sich ergehen ließ, über diesen Umstand war sie so gekränkt, dass sie sich bei Rudolf beklagte. Doch er sah keinen Grund, zu seiner Frau zu halten. Im Gegenteil, einmal mehr fuhr er ihr über den Mund, und ob es Margot nun passte oder nicht, auch nach dieser Kränkung hatte sie ihn am nächsten Wochenende wieder nach Hilmen zu begleiten.

Gabi ging in die katholische Grundschule, die Josefschule, während Monika die evangelische Albert-Schweitzer-Grundschule besuchte. Beide Schulen befanden sich zwar im selben Gebäude – die katholischen Kinder waren im vorderen Teil untergebracht, die evangelischen hinten –, doch ein Kontakt zu den Schülern der anderen Konfession war nicht erwünscht. In den Pausen durften »die von der Josef« mit »denen von der Albert-Schweitzer« nicht einmal reden.

Manchmal sah Gabi Monika auf dem Schulhof und grüßte sie von Weitem. Sie wusste, dass Monika in derselben Straße wohnte. Ab und zu hatten sich die Mädchen dort im Vorbeilaufen gesehen, und ihre Mutter hatte ihr erzählt, dass Monika und sie beinahe zur selben Zeit geboren wurden.

Ansonsten interessierte sich Gabi nicht besonders für das Nachbarsmädchen. Sie hatte genügend Freundinnen in der Schule, obwohl es für sie nicht einfach war, Freundschaften zu schließen: Kein Mädchen wollte zum Spielen zu ihr nach Hause kommen. Alle hatten Angst davor, dass sie dort dem nackten Herrn Knappe begegnen könnten. Gabi musste sich mit den anderen entweder auf dem Spielplatz treffen oder darauf hoffen, von ihnen nach Hause eingeladen zu werden. Damit sie das auch taten, versuchte Gabi, immer besonders fröhlich und nett zu sein.

Besonders angetan hatte es ihr ein Mädchen aus der Parallelklasse. ›Das Mädchen mit der grünen Jacke‹, so nannte Gabi sie, solange sie sich nur vom Sehen auf dem Schulhof kannten. Obwohl sich dieses Mädchen zunächst eher verschlossen und abweisend zeigte, schaffte es Gabi mit freundlicher Hartnäckigkeit, sie für sich zu interessieren.

Brigitte hieß sie, und sie war Gabis absolutes Gegenstück. Gabi hasste nichts mehr als Streit, und sie tat alles, um Konflikte von vornherein zu vermeiden. Auch wenn sie genau wusste, dass sie im Recht war, gab sie lieber nach, als einen Streit auszuhalten. Im Kindergottesdienst hatte sie einmal die Geschichte von Jesus gehört, der nach einer unverdienten Ohrfeige seinem Gegner auch noch die andere Backe hinhielt; das war eine Verhaltensweise, die ihrem Naturell genau entsprach. Eigene Bedürfnisse zugunsten anderer zurückzustecken, machte ihr nichts aus – Hauptsache, es herrschte Harmonie.

Brigitte dagegen war eine Kämpferin. Wenn ihr etwas nicht passte, dann sagte sie es auch, ohne Umschweife und ohne Rücksicht auf die Folgen. Sich mit Ungerechtigkeiten abzufinden war einfach nicht ihre Sache, und richtig wütend konnte sie werden, wenn man sie in ihrem Drang, den Dingen auf den Grund zu gehen, mit einer läppischen Antwort abspeisen wollte.

So verschieden die beiden Mädchen waren, Brigitte wurde schließlich Gabis beste Freundin, eine Freundin, die auch Jahrzehnte später noch zu ihr halten und mit ihr durch alle Höhen und Tiefen gehen sollte – und die für die dramatische Wende in Gabis Leben sorgen würde.

Kapitel 7

Es sollte Gabis großer Tag werden – ihre Erstkommunion. Schon Wochen vorher war sie aufgeregt. Sie wollte unbedingt alles richtig machen. Nicht auszudenken, wenn sie vor aller Augen stolpern oder zur falschen Zeit aufstehen oder sich zu früh hinsetzen würde!

Ihr weißes Kleid hing in Folie gehüllt bei den Eltern im Kleiderschrank, und immer wieder schlich Gabi hin, um es sich anzusehen. Und wenn sie sicher war, dass niemand sie erwischen würde, probierte sie den weißen Kranz auf, stellte sich damit vor den Spiegel und fand sich einfach wunderschön.

Dann endlich war es soweit: Am 25. Juni 1967 feierte Gabi ihre Erstkommunion. Als sie und die anderen Kinder in Zweierreihen hinter dem Pfarrer in die Kirche einzogen und die Orgel spielte und die Gemeinde und die Familien ihnen lächelnd entgegensahen, überlief Gabi ein Schauer, so feierlich war ihr zumute. Und alles lief genau so, wie sie es geübt hatten, keines der Kinder machte einen Fehler. Voller Stolz nahmen sie alle zum ersten Mal in ihrem Leben das heilige Abendmahl in Empfang und nach dem feierlichen Auszug aus der Kirche liefen sie zu ihren gerührten Eltern und Familien, die sie in den Arm nahmen und beglückwünschten. Anschließend ging man nach Hause, um dort im Familienkreis bei einem gemeinsamen Essen die Kommunion zu feiern.

Bei den Knappes wartete bereits ein gedeckter Mittagstisch auf die Gäste. Unter den Frauen in der Nachbarschaft war es üblich, sich an solchen Tagen gegenseitig zu helfen, und so hatte auch Margot tatkräftige Unterstützung. Die Nachbarin hatte schon alles vorbereitet, die Suppe erhitzt, den Braten ins Rohr geschoben, die Kartoffeln für den Hauptgang geschält und die Getränke bereitgestellt. Und nun würde sie Margot beim Servieren und später auch beim Abwasch helfen.

»Guten Tag. Ich bin Frau Siebeck«, grüßte sie beim Hereinkommen ins Wohnzimmer die um den großen Tisch herumsitzende Verwandtschaft und stellte die Suppenterrine in die Mitte der Tafel. Dann ging sie weiter zum Kopf des Tisches, wo Gabi heute sitzen durfte.

»Herzlichen Glückwunsch zu deiner Kommunion, Gabi, und alles Gute«, sagte sie und streckte dem Mädchen die Hand entgegen. Gabi stand auf, machte einen Knicks und ergriff die Hand.

»Danke«, sagte sie verlegen und ließ Frau Siebecks Hand gleich wieder los. Schnell setzte sie sich wieder auf ihren Stuhl, obwohl Frau Siebeck noch immer neben ihr stand und sie erwartungsvoll ansah. Aber Gabi war es nicht gewohnt, so im Mittelpunkt zu stehen und von allen beobachtet zu werden, und die ganze Situation war ihr irgendwie peinlich. Sie wusste auch gar nicht, was sie zu dieser fast fremden Frau sagen sollte. Und so war sie beinahe erleichtert, als Frau Siebeck sagte: »Ja, also, dann wünsche ich dir heute noch einen ganz schönen Tag« und wieder in die Küche ging.

»Frau Siebeck hat übrigens Monika mitgebracht«, raunte ihre Mutter ihr kurz darauf zu. »Sie ist bei uns in der Küche und hilft ganz tüchtig mit. Vielleicht könnt ihr nachher ja ein bisschen draußen spielen, nach dem Essen.«

Von dieser Idee war Gabi allerdings wenig begeistert. Zum Spielen war ihr überhaupt nicht zumute, heute fühlte sie sich so erwachsen, und außerdem würde dann bestimmt ihr schönes Kleid schmutzig werden.

»Auf dein Wohl, Gabi«, sagte ihr Vater, und alle erhoben ihr Glas. Dann ging es los mit dem Essen: Rindfleischsuppe, Sauerbraten mit Kartoffeln und Rotkohl, und zum Nachtisch Vanillepudding für die Erwachsenen und roten Wackelpudding für die Kinder. Den hatte sich Gabi gewünscht.

Als alle fertig waren und Margot und Frau Siebeck anfingen, den Tisch abzuräumen, machte sich eine gewisse Unruhe breit. Die Männer gingen nach draußen in den Garten, um dort zu rauchen, und die Frauen wechselten ihre Plätze am Tisch, um enger beieinander zu sitzen und sich besser unterhalten zu können. Gabi stand auf und ging zu dem kleinen Tisch neben der Tür, auf dem ihre Kommunionsgeschenke aufgebaut waren. Dort machte sich inzwischen schon Rudi an irgendetwas zu schaffen, und sie musste aufpassen, dass er nichts kaputt machte oder ihr wegnahm.

»Was machst du da?«, fragte sie ihn streng und fing an, jedes ihrer Geschenke in die Hand zu nehmen, um festzustellen, ob noch alles so war wie vor dem Essen. Rudi fühlte sich zu Unrecht verdächtigt und murmelte verärgert vor sich hin.

»Gabi und Rudi, keinen Streit heute!«, mahnte ihre Mutter, die von hinten dazugetreten war und sich nun neben ihren Sohn stellte.

»Ja, hallo, wer kommt denn da noch? Zeig dich doch einmal, junge Dame«, hörte Gabi im selben Moment die Stimme von Tante Erika, der jüngsten Schwester ihrer Mutter. Neugierig drehte sie sich um. Ihre Tanten sahen alle in Richtung Wohnzimmertür, und so drehte auch Gabi ihren Kopf in diese Richtung. Dort stand Frau Siebeck. Sie hatte den Hals gereckt und ließ ihren Blick über den Tisch schweifen. Anscheinend wollte sie nachsehen, ob noch Geschirr abzuräumen war. Und dicht hinter Frau Siebecks Rücken sah Gabi Monika stehen, die vorsichtig an der Mutter vorbei ins Wohnzimmer lugte. Sie schien neugierig auf all die fremden Leute zu sein, wollte aber wohl nicht von ihnen gesehen werden. Allerdings hatte sie sich nicht gut genug versteckt, denn Tante Erika hatte sie ja entdeckt.

»Komm mal her, Monika, und sag schön Guten Tag«, sagte Frau Siebeck und zog die widerstrebende Monika an der Schulter nach vorne. Fast in einer Reihe standen die drei Kinder nun nebeneinander: Die große, schlanke und schwarzhaarige Monika, neben ihr die kleine, kräftige und blonde Gabi und daneben der große, schlanke und schwarzhaarige Rudi.

»Guten Tag«, flüsterte Monika.

»Großer Gott!«, rief Tante Erika und sprang auf. »Das gibt es doch gar nicht! Seht ihr das denn nicht?«

Die anderen Tanten sahen erschrocken zu ihr hoch. Was war denn nur in Erika gefahren?

»Dieses Mädchen da«, rief Erika und zeigte mit ausgestrecktem Arm auf Monika, »die sieht ja aus, als ob sie in unsere Familie gehört! Die sieht doch genauso aus wie Rudi. Seht doch!«

Gabi sah ihre Tanten aufgeregt zwischen Monika und Rudi hin und her blicken, und auch sie selbst sah erst nach rechts hoch zu Monika und dann zur anderen Seite hoch zu Rudi.

»Und guckt mal, die Gabi passt ja auch viel besser zu der anderen Frau. Die hat genauso blondes Haar. Mein Gott, sind die beiden etwa vertauscht worden?«

Und nun brach ein richtiger Tumult los. Alles passierte gleichzeitig. Frau Siebeck riss Monika an sich und schlang beide Arme eng um das Mädchen.

»Was ist das für ein Blödsinn? Meine Monika gehört zu mir!«, rief sie laut.

Margot rannte um Rudi herum, nahm die völlig verdutzte Gabi fest an die Hand, lief mit ihr auf die andere Seite des Geschenktisches und schrie dabei: »Erika, bist du verrückt geworden?«

Und alle Tanten redeten auch noch zur gleichen Zeit durcheinander. Eine von ihnen zog an Tante Erikas Bluse. Sie sollte sich endlich wieder hinsetzen.

Gabi schlug das Herz bis zum Hals. Sie verstand nicht im Geringsten, worum es ging. Tante Erika musste wohl irgendetwas Schlimmes gesagt haben. So aufgeregt hatte sie ihre Mutter jedenfalls noch nie erlebt. Und wie sie gerade Tante Erika angeschrieen hatte! Und dieses schreckliche laute Geschnatter der Frauen, das gar nicht mehr aufhören wollte. Und dann drückte die Mutter auch noch die ganze Zeit über ihre Hand so fest, dass Gabi es kaum noch aushalten konnte.

»Mama, lass mich doch wieder los, du tust mir weh«, sagte sie schließlich und konnte kaum noch ihre Tränen unterdrücken.

Erschrocken sah Margot Gabi an und lockerte ihren Griff sofort. Dann schaute sie rüber zu Frau Siebeck. Die Nachbarin nickte ihr zu.

»Kommen Sie, Frau Knappe, wir setzen uns auch mit an den Tisch.«

Und während Frau Siebeck mit Monika an der Hand auf einen freien Stuhl zusteuerte, stieß sie eine Art Gelächter aus.

»Ach wissen Sie, ich muss gerade an meine Freundin Marianne denken«, sagte sie erklärend, als die anderen Frauen sie völlig verwundert ansahen. »Marianne hat drei Kinder, und die sehen alle so unterschiedlich aus, dass wir immer Witze darüber machen, wir Frauen unter uns. Der Älteste ist wohl vom Postboten, sagen wir dann, und den Mittleren hat dein Mann wohl von seiner Sekretärin mitgebracht, und so weiter. Und der Jüngste sieht so dermaßen anders aus als Marianne und ihr Mann, da sagen wir dann immer: ›Und den hat der Ostwind hergeweht!‹«

Alle Frauen am Tisch lachten. Und Gabi lachte mit. Auch wenn sie überhaupt nicht begriff, was Frau Siebeck da erzählte vom Postboten und vom Wind. Sie war einfach froh, dass alle wieder fröhlich waren.

»Ja, da haben Sie recht«, warf nun eine ihrer Tanten ein. »Das gibt es ja wirklich oft, dass man sagt, jemand in der Familie wäre aus der Art geschlagen, weil er niemandem ähnlich sieht. Oder weil er von seinem Wesen her ganz anders ist als der Rest der Familie und …«

»Ja, aber das ist doch hier etwas ganz anderes«, fiel Tante Erika ihrer Schwester ins Wort. »Wie kann es denn sein, dass …«

»Nun ist es aber mal gut, Erika!«, zischte jetzt eine andere Tante, die bisher noch gar nichts gesagt hatte. »Du hast nun wirklich schon genug geredet, jetzt bist du still!«

Und tatsächlich verstummte Erika, während irgendwer von irgendwelchen Nachbarskindern und deren unterschiedlichem Aussehen erzählte.

Frau Siebeck nickte mehrmals zustimmend, und ab und zu murmelte sie auch etwas wie »Da können Sie mal sehen« oder »Was es nicht alles gibt«.

Margot Knappe sagte gar nichts. Sie schaute nur zwischen Frau Siebeck und den anderen Frauen hin und her und hörte regungslos zu.

Dann stand Frau Siebeck auf und zog auch Monika von ihrem Stuhl hoch.

»Was meinen Sie, Frau Knappe, Sie schaffen den Rest doch bestimmt auch ohne mich. Ich hab´ zu Hause noch so einiges zu tun, also, wenn es Ihnen nichts ausmacht …«

»Nein, nein, gehen Sie ruhig. Das krieg´ ich allein hin. Sie haben mir ja schon so viel geholfen. Ich möchte mich auch ganz, ganz herzlich bei Ihnen für alles bedanken. Vor allem, weil Sie ja gar nicht mehr unsere Nachbarin sind«, sagte Margot und stand ebenfalls auf.

Die anderen Frauen am Tisch schauten fragend.

»Ich bin vor einiger Zeit mit meiner Familie von der Junkerstraße in die Feldstraße umgezogen, zwei Straßen von hier entfernt. Ein schönes kleines Reihenhaus. Da hat unser Detlef jetzt endlich sein eigenes Zimmer, das wurde langsam Zeit«, erklärte Hilde Siebeck. »Aber hier zu helfen, war natürlich trotzdem eine Selbstverständlichkeit, gerade an Gabis großem Tag.«

Sie machte eine kurze Pause und räusperte sich.

»Ja, also dann, auf Wiedersehen, und noch eine schöne Feier«, nickte sie dann in die Runde und setzte sich mit Monika an der Hand in Bewegung.

»Ich bringe Sie noch schnell zur Tür«, sagte Margot und ging mit Frau Siebeck und Monika in den Flur.

Gabi wunderte sich. Sie hatte doch mit Monika spielen sollen? Aber traurig war sie über diese unerwartete Planänderung nicht unbedingt, dann konnte sie sich nun endlich in aller Ruhe ihre Geschenke ansehen. Rudi würde sie diesmal nicht stören, er war bei dem ganzen Theater vorhin schnell nach draußen gelaufen.

Als sie am Abend völlig erschöpft in ihr Bett fiel, dachte Gabi schon gar nicht mehr an den seltsamen Zwischenfall vom Nachmittag. Sie hatte die ganze Situation gar nicht einordnen können, und nachdem sich alle dann auch schnell wieder beruhigt hatten, hatte sie die Sache einfach – wie so vieles andere in ihrem Leben auch – als rätselhaftes Erwachsenenverhalten eingestuft.

Alles in allem fand Gabi, dass sie eine schöne Kommunion gehabt hatte. Erst einige Zeit später wurde ihr bewusst, dass etwas ganz Entscheidendes gefehlt hatte. Eine Mitschülerin zeigte in der Schule voller Stolz ihre Kommunionsfotos herum. Gabi spürte plötzlich einen Kloß im Hals. Warum hatte sie solche Fotos nicht? Ihr Vater besaß doch einen Fotoapparat, und vor zwei Jahren, bei Rudis Kommunion, hatte sich die ganze Familie nach dem Essen im Garten aufgestellt, mit Rudi im schicken Anzug in der Mitte, und es waren richtig viele Bilder gemacht worden. Gabi konnte sich erinnern, dass ihr Vater am Morgen ihres eigenen großen Tages den Apparat ebenfalls aus der Schublade geholt und für später bereitgelegt hatte. Doch dann hatte niemand mehr daran gedacht.

Gabi war unsagbar traurig. Sie liebte Fotos über alles, holte oft die Alben aus dem Schrank und blätterte ganz für sich allein darin herum. Am liebsten mochte sie die Bilder von Geburtstagen oder Weihnachten, auf denen die ganze Familie »in schick« zu sehen war und sie selbst in einem Kleid und mit frisch gebürstetem Pferdeschwanz. Und nun gab es ausgerechnet von ihrem Ehrentag kein einziges Bild.

Zu Hause erzählte Gabi niemandem von ihrem Kummer. Wozu auch, es war ja nicht mehr zu ändern. Der Tag ihrer Kommunion ließ sich nicht wiederholen. Er war unwiederbringlich vorbei.

Kapitel 8

»Monika, Monika, immer nur Monika!«

Diesen Satz sprach Detlef nicht laut aus, aber er dachte ihn immer häufiger. Alles drehte sich ständig nur um dieses Mädchen. Die Mutter schien kaum einmal an etwas anderes zu denken, so kam es ihm zumindest vor. Schon von Anfang an hatte Monika im Mittelpunkt der Familie gestanden, aber seit sie in die Schule ging, bekam sie noch mehr Aufmerksamkeit. Das Lernen fiel ihr unglaublich schwer, ihre Konzentration ließ nach kürzester Zeit nach, sie konnte kaum still sitzen, und ihr einen abstrakten Gedankengang nahebringen zu wollen, war so gut wie aussichtslos. Eigentlich hätte Monika von Beginn an auf die Sonderschule gehen müssen, doch das war für Hilde Siebeck nicht infrage gekommen. Monika sollte die ganz normale Schule besuchen und anschließend auf jeden Fall eine Lehre machen. Schließlich sollte aus ihr keine einfache Arbeiterin oder reine Aushilfskraft werden. Mit viel Einfühlungsvermögen für das Mädchen und noch mehr Geduld setzte sich Hilde Siebeck wieder und wieder mit ihr hin und übte mit ihr, manchmal bis zur Erschöpfung. Sich wie andere Kinder etwas durch logisches Denken herzuleiten war Monika praktisch nicht möglich, doch sie verfügte über ein gutes Gedächtnis, und diese Fähigkeit nutzte Hilde Siebeck: Sie ließ Monika einfach so viel auswendig lernen, dass es wenigstens gerade so für das Bestehen der Klassenarbeiten und die Versetzung reichte. Außerdem nahm Hilde Siebeck jeden Elternsprechtag wahr und suchte auch außerhalb dieser Termine immer wieder das Gespräch mit den Lehrern.

Auch über den reinen Schullehrstoff hinaus bemühte sie sich um Monikas Förderung. Mit Handarbeiten wie Stickereien kämpfte sie nach wie vor gegen die grobe Motorik des Mädchens, und um Monikas Unruhe in die richtigen Bahnen zu lenken, schickte sie sie in den Sportverein. Und wenn Monika zu Hause beim gemeinsamen Essen oder abends im Wohnzimmer auf ihre schwerfällige und zugleich oft wirre Art etwas erzählte, nickte Hilde ihr aufmunternd zu, und auch Kurt und Detlef durften das Mädchen nicht unterbrechen, sondern mussten sich still und geduldig alles bis zu Ende anhören.

Detlef fühlte sich zu Hause schon lange nicht mehr wohl. Er kam sich vor wie eine Randfigur. Worüber auch immer er mit seiner Mutter sprechen wollte, sie schaffte es jedes Mal, das Thema schließlich wieder auf Monika zu bringen.

Dabei hatte auch Detlef seine Probleme. Den ersten Liebeskummer zum Beispiel. Eigentlich war er der Typ, der alles mit sich allein ausmacht, aber in diesem Fall musste er einfach jemandem davon erzählen, wie gemein und hinterhältig dieses Mädchen aus der Parallelklasse ihn hatte auflaufen lassen. Tatsächlich hörte seine Mutter ihm geduldig und mitfühlend zu und tröstete ihn sogar.

»Ach Junge, das ist wirklich nicht schön. Aber so etwas passiert anderen auch, das gehört einfach zum Leben dazu. Nun sei mal nicht so traurig, du findest bestimmt bald ein anderes Mädchen, das dich auch verdient hat. Du bist doch ein richtig guter Fang!«

Endlich einmal fühlte sich Detlef von seiner Mutter wieder angenommen und anerkannt. Es war so schön, ganz wie früher mit ihr hier zu sitzen und ihre ganze Aufmerksamkeit allein für sich zu haben.

»Du, Mama, ich …«

Da sprach seine Mutter auch schon weiter.

»Ach Gott, wenn ich da an Monika denke. Die wird es in dieser Beziehung bestimmt viel schwerer haben als du. Ich weiß gar nicht, wie wir für sie später einen passenden Mann finden sollen …«

Abrupt stand Detlef auf.

»Ich geh dann mal in mein Zimmer. Ich muss noch Hausaufgaben machen.«

»Ja, ist gut. Ich muss Monika sowieso gleich vom Turnen abholen.«

Sie merkte nicht einmal, wie sehr sie ihn schon wieder verletzt hatte. Warum konnte es nicht ein einziges Mal nur um ihn gehen?

Aber wenigstens hatte sie ihn heute verschont mit dieser einen Frage, die ihm inzwischen so verhasst war, und die sie ihm sonst praktisch immer stellte, wenn es um Monika ging.

»Du hast die Monika doch lieb, Detlef?!«

»Ja, natürlich«, antwortete er dann stets brav und wusste schon, was als Nächstes kommen würde.

»Du musst mir versprechen, dass du immer zu ihr hältst! Und dass du sie immer unterstützen wirst! Monika braucht dich! Versprichst du deiner Mama das?«

Auch an dieser Stelle nickte er jedes Mal, obwohl es ihn wirklich reizte, laut und deutlich »Nein!« zu sagen. Dabei hatte er eigentlich nichts gegen Monika, und er wusste auch nicht, aus welchem Grund er irgendwann einmal nicht mehr zu ihr halten sollte. Ob er sie wirklich lieb hatte, konnte er allerdings gar nicht so genau sagen. Darüber nachzudenken erschien ihm aber auch überflüssig. Monika war nun einmal seine kleine Schwester, und damit hatte es sich für ihn.

Dass sie nicht wirklich seine Schwester war, wusste er zwar, seit seine Mutter es ihm vor sechs Jahren ohne jede Vorwarnung an den Kopf geworfen hatte. Aber diese Information war für ihn ohne Bedeutung geblieben, sie hatte nichts in ihm ausgelöst. Die ganze Situation damals am Küchentisch war einfach zu unwirklich gewesen, wie ein Traum. Aus dem Nichts heraus hatte er eine vollkommen unerwartete und absurde Mitteilung erhalten, die er überhaupt nicht einordnen konnte, und Sekunden später schon war alles wieder so, als wäre überhaupt nichts gewesen. Nie wieder hatten seine Mutter oder sein Vater auch nur ein einziges Wort über die Angelegenheit verloren. Genauso wenig wie er selbst. Irgendwo tief in seinem Inneren hielt er es fest verschlossen, dieses Wissen, das seine Mutter ihm aufgelastet hatte. Ein dazu passendes Gefühl hatte er noch nicht gefunden.

Vielleicht hätte diese Verdrängung nicht so gut funktioniert, wenn sie weiterhin Frau Knappe besucht hätten und er dort mit seiner richtigen Schwester zusammengetroffen wäre, doch sie waren nie wieder dort gewesen.

Zweimal hatte er Gabi in all den Jahren durch Zufall auf der Straße gesehen, aber er hatte nicht gedacht: »Das da vorne ist also meine Schwester.« Genauso wenig, wie er bei Monikas Anblick jemals dachte: »Du bist doch überhaupt nicht meine Schwester« – nicht einmal dann, wenn er sich über sie geärgert hatte oder sich wieder einmal alles nur um sie drehte.

Es war aber nicht nur das ewige Getue um Monika, das Detlef zu schaffen machte. Etwas anderes bereitete ihm mindestens genauso viel Unbehagen: Seine Mutter hatte ihn seit einiger Zeit zu ihrem Verbündeten gemacht – gegen den Vater.

Kurt Siebeck hatte angefangen, auch zu Hause zu trinken. Nicht im Wohnzimmer vor den Kindern, sondern heimlich, auf dem Dachboden und im Keller. Überall hatte er seine Flachmänner versteckt. Doch natürlich konnte er seinen Zustand nicht verheimlichen, wenn er betrunken wieder zurück in die Wohnung kam. Er brauchte nicht einmal etwas zu sagen, Hilde sah es ihm schon an. Und sie hasste es.

Doch sie selbst unternahm nichts. Stattdessen bürdete sie ihrem Sohn die Last auf, den Vater immer wieder zur Rede zu stellen. Wenn Detlef am Abend nach dem Fußballtraining oder einem Treffen mit Freunden die Wohnungstür aufschloss und seine Mutter im Flur stehen sah, wusste er schon Bescheid.

»Detlef, dein Vater hat sich wieder betrunken. Er sitzt im Wohnzimmer. Du musst ihm sagen, dass er endlich damit aufhören soll! Und sag ihm ruhig richtig die Meinung!«

Es war Detlef furchtbar unangenehm, sich vor seinem Vater aufzubauen und ihm ins Gewissen zu reden. Er schämte sich richtig. So jung und unerfahren er auch sein mochte, so war ihm doch bewusst, dass sich sein Vater bestimmt nicht nur einfach so zum Spaß betrank. Schließlich machte er in diesem Zustand alles andere als einen glücklichen Eindruck. Wie ein Häufchen Elend kauerte Kurt Siebeck mit gesenktem Kopf in seinem Sessel.

»Die Mama hat gesagt, dass du schon wieder so viel getrunken hast. Das ist doch nicht gut, Papa, du musst das sein lassen.«

Sehr viel mehr brachte Detlef meist nicht heraus. Und sein Vater ließ es wortlos über sich ergehen. Kaum einmal sah er hoch zu seinem Sohn. Und Detlef zog sich nach seiner »Standpauke« so schnell wie möglich in sein Zimmer zurück und hoffte, dass bis zum unausweichlichen nächsten Mal wenigstens ein bisschen Zeit vergehen würde.

Auf gar keinen Fall durfte Detlef in die Fußstapfen des Vaters treten und jemals auf der Zeche arbeiten. Daran hatte Hilde Siebeck nie einen Zweifel gelassen. Und wenn es in dem so sehr vom Bergbau geprägten Hürthen keine vernünftige andere Lehrstelle gab, dann musste Detlef eben weg von zu Hause. So schwer es ihr auch fiel, ihren erst 16-jährigen Sohn loszulassen, Hilde Siebeck war bereit, diesen Preis zugunsten seiner guten Ausbildung zu zahlen. Sie machte sich auf die Suche und wurde schließlich in Recklinghausen fündig: Eine Lehre als Dekorateur, das schien ihr genau das Richtige zu sein. Handwerkliches Geschick verbunden mit einer gewissen Kreativität, dazu die theoretische Ausbildung in der Berufsschule zum Einzelhandelskaufmann – das war ein guter Grundstein für eine aussichtsreiche berufliche Zukunft.

Detlef war einverstanden, auch wenn er nicht ganz so fest wie seine Mutter daran glaubte, dass der Dekorateurberuf wirklich der richtige für ihn war. Eigentlich träumte er von einem Beruf, in dem er »etwas mit Menschen« machen konnte. Seine ehrenamtliche Tätigkeit beim Roten Kreuz hatte ihm immer ausgesprochen viel Freude bereitet, vor allem die Dienste im Krankenhaus. Sich um Kranke und Bedürftige zu kümmern, ihnen zuzuhören und ihnen die schwere Zeit ein bisschen zu erleichtern, das machte ihn selbst so zufrieden, dass er dafür gern einen großen Teil seiner Freizeit opferte. Aber in welchem Beruf hätte er seine soziale Neigung ausleben können? Krankenschwester, Altenpflegerin, Kindergärtnerin – das waren doch ausschließlich Berufe für Frauen. Mit diesen Gedanken begrub er seine heimlichen Träume und befasste sich auch nicht weiter damit – zumindest vorerst nicht.

Detlef begann seine Lehre zum Dekorateur, nicht gerade überschäumend vor Begeisterung für den Beruf, doch ausgesprochen angetan von dem Umstand, dass er zu Hause ausziehen und in Recklinghausen seine erste eigene kleine Bude beziehen konnte. Auch wenn es nur ein Zimmerchen zur Untermiete war, so fand er es doch herrlich, abends einfach seine Ruhe zu haben – jedenfalls unter der Woche, denn an jedem Wochenende fuhr er wieder nach Hause und bekam dort dann die geballte Zusammenfassung aller Ereignisse rund um Monika und seinen Vater geliefert. Und nun war er dem Ansturm der Mutter richtiggehend ausgeliefert, weil er kein eigenes Zimmer mehr hatte. Früher hatte er sich einfach in sein Zimmer zurückgezogen, wenn es ihm zuviel wurde. Doch das hatte inzwischen Monika bekommen, die davor noch immer mit im Elternschlafzimmer geschlafen hatte. Detlef übernachtete nun am Wochenende auf dem Sofa im Wohnzimmer.

Detlefs Zimmer bekommen zu haben, war für Monika immerhin ein kleiner Trost. Sie hing sehr an ihrem großen Bruder und war in der ersten Zeit todunglücklich gewesen, als er plötzlich weg war. Dass sie dann in seinem Bett schlafen, ihre Sachen in seinen Schrank legen und seine Poster an der Wand ansehen konnte, half ihr wenigstens ein bisschen über die Trennung hinweg.

Eine wirkliche Freundin hatte Monika nicht. Zu sehr war sie auf ihre Familie und speziell auf ihre Mutter fixiert, zudem machte ihre etwas schwierige Art es ihr auch nicht leicht, Zugang zu den anderen Kindern in ihrer Klasse zu finden.

Nun stand der Wechsel auf eine andere Schule an. Nach den vier Grundschuljahren sollte Monika jetzt die Hauptschule besuchen. Hilde war stolz, dass sich all die Stunden des Lernens ausgezahlt hatten und von der Sonderschule nicht die Rede gewesen war. Und vielleicht würde Monika in der neuen Schule mit vielen neuen Kindern ja auch endlich die eine oder andere Freundin finden.

Kapitel 9

»Was willst du? Nachhilfe? Wozu soll das denn gut sein? Willst du etwa studieren gehen und Arzt werden?«

Rudolf Knappe wollte sich schier ausschütten vor Begeisterung über seinen eigenen Witz. Gabi drehte sich wortlos um und ging wieder vom Wohnzimmer zurück in die Küche, um ihrer Mutter weiter beim Kartoffelnschälen zu helfen. Sie war nicht besonders überrascht darüber, dass ihr Vater ihren Wunsch abwegig fand, und trotzdem verletzte sein Spott sie wieder. Aber sie hatte es wenigstens versucht.

Gabis Schulleistungen hatten sich während der Grundschulzeit nicht nennenswert verbessert, und nun stand der Wechsel auf die weiterführende Schule an. Auch wenn sie es sich heimlich noch so sehr wünschte, ein Besuch der Mittelschule – oder Realschule, wie man neuerdings sagte – war für sie vollkommen ausgeschlossen. Glühend beneidete sie die Schulfreundinnen, die diesen Schritt geschafft hatten. Zu gern wäre auch sie eine bessere Schülerin, aber sie wusste einfach nicht, wie sie es anstellen sollte. Sie hatte nun einmal in einigen Fächern den Anschluss verloren, und ganz auf sich allein gestellt konnte sie ihn nicht mehr finden. Gelegentlich versuchte sie, sich von Klassenkameradinnen etwas erklären zu lassen, doch entweder wussten die es selbst nicht oder ihnen war die Sache so klar, dass sie nicht verstehen konnten, was Gabi daran nicht verstehen konnte. Nachhilfe war der einzige Weg, der ihr helfen konnte, doch die musste man nun einmal bezahlen – und dass ihr Vater dafür kein Geld ausgeben würde, war eigentlich klar gewesen. Schließlich hätte er selbst keinen Vorteil davon gehabt.

Lustlos trat Gabi am ersten Schultag nach den Ferien ihren Weg in die Hauptschule an und ließ die erste Schulstunde über sich ergehen. Als es zur Pause klingelte, stand sie schnell auf und ging zusammen mit den anderen Kindern über den langen Flur in Richtung Schulhof.

»Hallo Gabi«, hörte sie eine Stimme neben sich. Sie drehte ihren Kopf zur Seite und sah ein großes, schwarzhaariges Mädchen.

»Ach, hallo Monika«, antwortete sie überrascht.

»Ich bin auch in deiner Klasse. Zwei Reihen hinter dir. Du hast mich vorhin beim Reinkommen gar nicht gesehen.«

Tatsächlich hatte sich Gabi für ihre neuen Mitschüler bis jetzt nicht besonders interessiert und sich zu Beginn der ersten Stunde einfach auf den erstbesten freien Platz fallen lassen. Sie trauerte immer noch ihren alten Schulfreundinnen hinterher, die entweder auf die Realschule gingen oder in der Parallelklasse gelandet waren. Oder – wie ihre beste Freundin Brigitte – die andere Hauptschule in Hürthen besuchten. Dass mit Monika nun ein bekanntes Gesicht in ihrer Klasse war, freute sie doch ein wenig, auch wenn sie sich nicht wirklich kannten.

»Du warst vorher auf der Albert-Schweitzer, stimmt`s?«, fragte Gabi.

»Ja«, antwortete Monika.

»Unsere Klasse jetzt ist ja ganz schön voll. Vorher in der Josefschule waren wir viel weniger. Bestimmt kommt man hier gar nicht dran, wenn man sich mal meldet. Das find´ ich überhaupt nicht gut, ich bin nämlich mündlich viel besser als schriftlich«, offenbarte Gabi.

Monika schwieg.

»Von meinen Freundinnen aus der Grundschule ist gar keine in meiner Klasse. Die sind alle woanders hingekommen.«

Monika schwieg noch immer. Gabi fand das Gespräch langsam etwas mühsam. Aber stumm nebeneinander herzulaufen kam für sie auch nicht infrage.

»Und wie findest du die Lehrerin? Frau Rosenbaum? Ich glaub, die ist ziemlich streng. Aber ich find sie trotzdem ganz nett.«

»Ja, ich auch.«

Sie hatten den Schulhof erreicht, wo Gabi ein paar ihrer Grundschulfreundinnen im Kreis stehen sah und schnell zu ihnen hin lief. Monika blieb allein in der Nähe der Tür stehen, und auch in den darauf folgenden Pausen blieb sie für sich.

Doch vom nächsten Tag an suchte sie ständig Gabis Nähe. Gabi hatte trotz ihrer Vorbehalte auch in der neuen Klasse sofort Anschluss gefunden und vertrieb sich mit den anderen Mädchen beim Gummitwist die Pausenzeit. Sie hatte nichts dagegen, dass Monika immer dort auftauchte, wo sie selbst war, auch wenn sie sich ein wenig wunderte, warum das Mädchen sich ausgerechnet ihr anschloss. Richtig warm waren die beiden bisher nicht miteinander geworden. Gabi wusste nie so recht, worüber sie sich mit Monika unterhalten sollte. Einfach wie die anderen Mädchen lustig drauflos zu plappern war offensichtlich nicht Monikas Fall. Manchmal hatte man das Gefühl, dass sie gar nicht verstand, warum sich die anderen vor Lachen bogen. Mit ratloser Miene stand sie daneben und beobachtete die kreischenden Mädchen. Gabi glaubte zunächst, Monika hätte nicht mitbekommen, was so lustig gewesen war, und versuchte es ihr zu erklären. Doch sie merkte bald, dass dem Mädchen einfach der Sinn für Witze und komische Situationen fehlte, und so gab sie ihre Bemühungen auf. Monika hatte dafür andere Begabungen, für die sie von den Mädchen anerkannt wurde. Sie war unermüdlich beim Seilschlagen, gewann fast immer beim Himmel und Hölle und war ganz vorn dabei bei allem, was mit Rennen und Springen zu tun hatte.

Wenn man Gabi fragte, wer ihre neuen Freundinnen in der Schule waren, dann zählte sie ohne Zögern auch Monika mit auf, auch wenn sich diese Freundschaft auf die Schulhofspiele beschränkte. Als richtige Freundin, der man sich auch einmal anvertrauen konnte und mit der man seine kleinen Geheimnisse teilte, konnte Gabi sich Monika nicht vorstellen.

Umso verblüffter war sie, als Monika eines Morgens noch vor Unterrichtsbeginn aufgeregt auf sie zustürmte.

»Du, Gabi, ich soll dich von meiner Mutter fragen, ob du nicht Lust hast, mal nach der Schule mit zu mir nach Hause zu kommen. Wenn du willst, dann gleich morgen. Du darfst bei uns essen, und hinterher können wir beide dann was zusammen machen.«

Gabi wusste gar nicht, was sie sagen sollte.

»Ja, weil doch deine Mutter den ganzen Tag arbeitet und du immer allein bist. Da kannst du doch besser zu uns kommen, hat meine Mutter gesagt. Ach so, du sollst aber erst deine Eltern fragen.«

»Darf ich morgen nach der Schule mit zu Monika gehen? Zum Essen? Frau Siebeck hat mich eingeladen.«

Margot Knappe sah erschrocken von ihren Näharbeiten hoch. Dann schaute sie fragend zu ihrem Mann, der es sich in seinem neuen Fernsehsessel vor dem Fernseher bequem gemacht hatte. Ohne den Blick vom Bildschirm zu nehmen, zuckte er gleichgültig mit den Schultern.

»Meinetwegen. Mir egal. Ist doch nett von der Frau. Dann haben wir hier einen Esser weniger. Musst du selbst wissen, Margot.«

Ihre Mutter sagte nichts. Sie blickte nach unten auf den Wohnzimmertisch und nestelte an einem Rock herum, dessen Saum sie herauslassen wollte. Dann nahm sie die Schere in die Hand und fing an, die Naht aufzutrennen.

»Mama! Was ist denn jetzt? Darf ich?«

Gabi war mittlerweile ganz begeistert von der Idee, mit zu den Siebecks zu gehen und einmal nicht nur mit Rudi und Markus beim aufgewärmten Essen sitzen zu müssen.

»Also gut«, sagte ihre Mutter endlich. »Aber dann benimm dich anständig. Du musst immer schön mit Messer und Gabel essen. Und nur reden, wenn man dich etwas gefragt hat. Ich will nicht, dass Frau Siebeck denkt, du wärst nicht gut erzogen.«

So wurde es vereinbart, und als Gabi an dem bewussten Tag neben Monika die Feldstraße entlang auf das Reihenhaus zuging, sah sie Monikas Mutter schon im Vorgarten stehen. Lächelnd winkte Frau Siebeck ihnen zu. Als die beiden bei ihr angekommen waren, strich sie zuerst Monika über das Haar und gab dann Gabi die Hand.

»Hallo Gabi. Es freut mich wirklich, dass du uns mal besuchen kommst.«

»Guten Tag«, sagte Gabi schüchtern. Sie war sehr angespannt, seit ihre Mutter ihr am Morgen noch einmal eingeschärft hatte, dass sie sich bei den Siebecks unbedingt gut betragen sollte. Hoffentlich würde sie alles richtig machen!

Frau Siebeck stellte sich zwischen die Mädchen und legte jeder einen Arm um die Schulter.

»Ich finde es so schön, dass ihr beide euch angefreundet habt«, sagte sie und schaute lächelnd zwischen Gabi und Monika hin und her. »Nun kommt mal gleich rein, das Essen ist schon fertig. Es gibt Milchreis mit Kirschen. Das magst du doch bestimmt.«

Und sie drückte Gabi noch ein wenig näher an sich heran.

»Ja, das ist sogar mein Lieblingsessen.«

Gabi strahlte, aber nicht nur wegen des angekündigten Essens. Sie fühlte sich von Frau Siebeck so herzlich aufgenommen, dass all ihre Aufregung wie weggeblasen war. Monikas Mutter gab ihr das Gefühl, als würden sie sich schon lange kennen und als würde sie es bestimmt nicht schlimm finden, wenn Gabi das Besteck nicht richtig hielt.

In der Küche war der Tisch schon gedeckt. Die beiden Mädchen setzten sich nebeneinander auf die hölzerne Eckbank mit den blauen Sitzkissen, und Frau Siebeck saß ihnen gegenüber.

»Nun erzählt mal, wie war es denn heute in der Schule? Hat eure Frau Rosenbaum wieder jemanden in die Ecke geschickt?«

Die beiden Mädchen sprudelten beinahe über. Heute hatte es in der Pause auf dem Schulhof zwischen ein paar Jungen ihrer Klasse eine wilde Rauferei gegeben, und die Schulhofaufsicht hatte es kaum geschafft, die aufgebrachten Kinder zu trennen. Schließlich waren die beiden Hauptschuldigen zum Direktor geschleppt worden und hatten einen Tadel bekommen. Wenn so etwas noch einmal vorkommen würde, dann würden die Jungen sogar von der Schule fliegen! Gabi und Monika fielen sich gegenseitig ins Wort, so aufgelöst waren sie noch immer wegen dieser Geschichte. Und Frau Siebeck ging richtig mit, schlug die Hand vor den Mund, schüttelte empört den Kopf und stellte immer wieder Fragen.

Für Gabi war es das erste Mal, dass sich ein Erwachsener wirklich für ihre Erlebnisse interessierte. Zu Hause ließ ihre Mutter sie zwar auch alles erzählen, aber sie war immer gleichzeitig mit etwas anderem beschäftigt und hörte nur mit halbem Ohr zu. Und ihr Vater fuhr ihr meistens schon nach kurzer Zeit über den Mund oder machte sich mit ironischen Bemerkungen über sie lustig.

Frau Siebeck blieb auch den Rest des Nachmittags mit den beiden Mädchen zusammen. Gemeinsam gingen sie in Monikas Zimmer, wo sich Monika gleich auf den Drehstuhl vor dem kleinen weißen Schreibtisch setzte und mit ihren langen Beinen herum schwang. Gabi blieb in der Mitte des Zimmers stehen und sah sich langsam um. Was für ein schönes Zimmer, und Monika hatte es ganz für sich allein! Wenn sie daran dachte, wie sie und ihre beiden Brüder sich in ihrem beengten Zimmer ständig in die Quere kamen! Es konnte sie richtig zur Weißglut bringen, dass Rudi andauernd seine verschwitzten Sportsachen auf ihr Bett warf. Dazu noch sein unruhiger Schlaf, der sie praktisch jede Nacht mehrmals aufweckte. Und sie durfte abends vor dem Einschlafen nicht noch nicht einmal ein bisschen lesen, weil das helle Licht den kleinen Markus störte.

Gabi seufzte unwillkürlich. Wie gern hätte auch sie so ein eigenes Zimmer! Und wenn es nur halb so groß wäre, das würde ihr schon reichen.

»Gabi, sieh mal. Das hier ist unser Detlef.«

Frau Siebeck hatte einen Fotorahmen von der Fensterbank genommen und hielt ihn mit einem Lächeln in der Hand. Gabi stellte sich neben sie, und wieder legte Frau Siebeck den Arm um sie. Gemeinsam betrachteten sie das Bild. Ein blonder junger Mann lachte ihnen entgegen.

»Kennst du Detlef noch? Ich war früher oft mit ihm bei euch zu Besuch, zum Kaffeetrinken, als du noch klein warst.«

»Also, ich weiß nicht so genau …«

Der Junge auf dem Foto sah nett aus, und vielleicht hatte sie ihn irgendwann einmal auch auf der Straße gesehen, aber an Besuche konnte sich Gabi nicht erinnern.

»Ein ganz lieber Junge ist das, der Detlef. Er hat sich immer so schön um Monika gekümmert. Jetzt ist er ja aus dem Haus und hat nicht mehr so viel Zeit, aber er wird immer für sie da sein. Monika hat großes Glück, solch einen Bruder zu haben«, sagte Frau Siebeck, während sie den Fotorahmen zurückstellte.

»Ach kommt, wir setzen uns wieder in die Küche und erzählen uns noch ein bisschen was«, schlug sie dann vor, und im Gänsemarsch ging es zurück auf die gemütliche Eckbank.

Gabi genoss den Nachmittag mit Frau Siebeck in vollen Zügen. Nicht nur, dass es zu ihrer großen Überraschung auch noch Apfelkuchen und Limonade gab – und das mitten in der Woche! Es war vor allem die ungewohnte Aufmerksamkeit, die ihr so guttat. Monikas Mutter wurde anscheinend nicht müde, sich all die Geschichten und Tratschereien über die Mitschüler und Lehrer anzuhören, und sie wusste auch alle Personen einzuordnen, von denen die Mädchen erzählten. Monika musste schon oft aus der Schule berichtet haben, und ihre Mutter hatte sich alles gemerkt.

Gabi hoffte inständig, dass dieser Nachmittag nicht der einzige bleiben würde, den sie bei den Siebecks verbringen durfte, und so war sie überglücklich, als Frau Siebeck beim Abschied zu ihr sagte: »Gabi, du kannst jederzeit wieder nach der Schule mit Monika zu uns kommen. Es ist immer genug zu essen da, und ich würde mich wirklich freuen, wenn du uns nun öfter mal besuchst.«

Von da an begleitete Gabi Monika regelmäßig ein- bis zweimal pro Woche nach Hause. Ihre Freundin Brigitte wusste gar nicht, was sie davon halten sollte.

»Du hast doch gesagt, dass du mit dieser Monika nicht viel anfangen kannst. Wieso rennst du denn jetzt plötzlich andauernd da hin?«

Gabi zuckte nur mit den Achseln. Dabei wusste sie die Antwort sehr genau. Aber nicht einmal vor ihrer besten Freundin mochte sie es zugeben: »Weil ich Monikas Mutter so toll finde!«

Ihr war die ganze Sache selbst beinahe unheimlich, aber sie fühlte sich von Frau Siebeck geradezu magisch angezogen. Monikas Mutter schien einfach alles zu verstehen, was Gabi bewegte. Manchmal nickte sie schon wissend, noch bevor Gabi zu Ende gesprochen hatte, und nie wurde es ihr zu viel, die großen und kleinen Probleme des Nachbarmädchens zu wälzen. Frau Siebeck wusste einfach immer Rat: Als sich Gabi mit einer Freundin gestritten hatte und nun überlegte, wie sie sich wieder mit ihr versöhnen sollte; als Gabi einem hartnäckigen Verehrer aus der Parallelklasse einen Korb geben wollte, ohne ihn zu sehr zu kränken; oder als Gabi mit einer Freundin beim heimlichen Rauchen auf dem Schulhof erwischt worden war. Frau Siebecks Einsatz ging in diesem Fall sogar so weit, dass sie in die Schule ging und mit der Klassenlehrerin sprach. Was auch immer Frau Siebeck der Lehrerin in diesem Gespräch erzählt haben mochte, zu Gabis großem Erstaunen blieb der eigentlich unausweichliche Klassenbucheintrag einfach aus. Manchmal fing sie zwar einen seltsamen Seitenblick von Frau Rosenbaum auf, aber damit konnte sie leben. Hauptsache, es gab keinen Tadel.

Zwischen Gabi und Frau Siebeck hatte sich innerhalb kürzester Zeit ein solch inniges Verhältnis aufgebaut, dass Gabi der Mutter ihrer Schulfreundin mehr Dinge anvertraute als ihrer eigenen Mutter. Und sogar mehr als ihrer besten Freundin. Wie sehr sie sich für ihren nackten Vater und seine anzüglichen Sprüche schämte – das hatte sie zuvor noch nie jemandem erzählt. Auch nicht, wie traurig sie oft darüber war, dass ihre Mutter so wenig Zeit für sie hatte. Oder wie sehr sie darunter litt, dass ihre Oma sie nicht leiden konnte.

Diese Dinge endlich einmal auszusprechen und dabei in ein mitfühlendes Gesicht zu sehen, tat Gabi unglaublich gut. Meistens nahm Frau Siebeck dann Gabis Hand und drückte sie ganz fest, und diese Geste tröstete Gabi mehr als Worte es gekonnt hätten. Es gab ja auch nichts zu sagen; diese Dinge waren nun einmal, wie sie waren, und daran konnte wohl niemand etwas ändern.

Herrn Siebeck traf Gabi so gut wie nie. Drei- oder viermal kam es vor, dass sie ihm beim Nachhausekommen von der Arbeit begegnete, während sie selbst gerade im Aufbruch war. Sie sagte höflich »Guten Abend«, und er brummte etwas, das vermutlich dasselbe hieß. Mehr wurde nicht gesprochen, und auch die Hand gaben sie sich nie. Gabi war sich nicht einmal sicher, ob er überhaupt wusste, wer sie war. Auf jeden Fall hatte sie das Gefühl, dass es ihn stören würde, wenn sie länger bliebe, und sie beeilte sich, nach Hause zu kommen.

Sehr willkommen fühlte sie sich dagegen in Monikas Verwandtschaft. Monika hatte viele Cousinen und Cousins, denn Frau Siebecks vier Geschwister hatten allesamt wieder Kinder bekommen. Dementsprechend häufig gab es Kindergeburtstage, zu denen Monika als Cousine eingeladen wurde – und zu ihrer Überraschung wurde nun auch Gabisie selbst mit eingeladen.

»Du bist doch Monikas beste Freundin, deshalb hat Monikas Cousine gesagt, dass du auch mit zu ihrem Geburtstag kommen sollst«, sagte Frau Siebeck. Im Gegensatz zu Gabi schien sie sich über diese Einladung nicht im Geringsten zu wundern. Dabei hatte Monikas Cousine Gabi doch noch nie gesehen. Gabi fand es seltsam, von einem völlig unbekannten Mädchen zur Geburtstagsfeier gebeten zu werden.

Tatsächlich war sie dann auch die einzige Fremde auf dem Fest; keine der anderen eingeladenen Cousinen hatte eine Freundin mitgebracht. Aber alle Mädchen waren nett zu ihr, und schon nach kurzer Zeit verlor Gabi ihre anfängliche Unsicherheit.

Beim Geburtstag einer anderen Cousine ein paar Wochen später empfand sie sich schon als richtig dazugehörig. Nur beim Kuchenessen fühlte sie sich leicht unwohl; es kam ihr so vor, als würde die Mutter des Geburtstagskindes sie dauernd beobachten. Aber das lag sicher daran, dass sie die einzige Neue unter den Mädchen war, so erklärte sich Gabi die Seitenblicke.

Natürlich war Gabi auch am 21. November zu Monikas Geburtstag eingeladen. Und einmal mehr beneidete sie ihre Freundin. So schön hatte Frau Siebeck alles hergerichtet, überall hingen Girlanden und Luftballons, im Wohnzimmer bog sich der Tisch vor bunten Kuchen und Schalen voller Süßigkeiten, und sogar die Utensilien für die geplanten Spiele wie Topfschlagen und Schokoladenwettessen lagen schon bereit. Wenn sie da an ihren eigenen Geburtstag am nächsten Tag dachte – es würde wieder so langweilig werden wie immer. Einen richtigen Kindergeburtstag mit herumtobenden Kindern hatte es bei ihnen noch nie gegeben. Nur die erwachsenen Verwandten kamen zu Besuch, und nachdem sie dem Geburtstagskind gratuliert und ihm den Kopf getätschelt hatten, setzten sie sich an den Wohnzimmertisch, tranken Kaffee, aßen Torte und unterhielten sich. Und das Geburtstagskind musste die ganze Zeit still und brav mit ihnen am Tisch sitzen und wurde kaum noch beachtet.

Gabi fand Monikas Geburtstag einfach toll, sie hatte unglaublichen Spaß mit ihrer Freundin und deren Cousinen – und doch war der Nachmittag für sie ein wenig überschattet. Wieder fühlte sie sich beobachtet, diesmal gleich von mehreren der anwesenden Mütter, und mehr noch – sie war sich sicher, dass die Frauen über sie tuschelten, auch Frau Siebeck. Aber sie konnte sich einfach nicht erklären, was es da zu reden gab. Sie verhielt sich doch genau wie alle anderen, sie war ordentlich angezogen, und bekleckert hatte sie sich auch nicht. Konnte es sein, dass die Frauen über ihren Vater tratschten? »Das ist die Tochter von diesem unmöglichen Herrn Knappe. Wissen Sie, wie der zu Hause immer rumläuft?« Vielleicht so in der Art. Oder bildete sie sich das alles nur ein, und die Frauen sprachen gar nicht über sie, sondern sahen nur rein zufällig in ihre Richtung?

Doch beim nächsten Mal glaubte sie nicht mehr an Zufall. Diesmal waren Monika und Gabi zum Geburtstag einer Cousine eingeladen, die ein wenig außerhalb wohnte,von sodass die Kinder am Abend abgeholt werden mussten. Eine nach der anderen trudelten die Mütter ein und standen plaudernd im Flur, während sich die Mädchen langsam anzogen. Einzig Gabis Mutter fehlte noch. Als es klingelte und die Mutter des Geburtstagskindes die Tür öffnete, sahen alle neugierig dorthin.

»Guten Abend. Sie müssen Frau Knappe sein. Kommen Sie doch rein, ich glaube, Gabi ist noch nicht ganz fertig.«

Margot Knappe betrat zögernd den Flur. Gabi hatte sich gerade auf den Boden gehockt, um ihre Schuhe besser anziehen zu können, und schaute jetzt hoch. Sie sah Frau Siebeck mit Monika an der Hand auf ihre Mutter zugehen.

»Hallo, Frau Knappe«, sagte sie, und die beiden Frauen begrüßten sich mit einem Handschlag.

»Monika, sag du auch mal schön Guten Abend.« Folgsam machte Monika einen Knicks und gab Gabis Mutter anschließend die Hand.

Gabis Blick fiel auf Cousine Michaela, die Tochter von Frau Siebecks Schwester Gisela. Michaela starrte mit offenem Mund Gabis Mutter an, und dann schnappte sie nach Luft, als wollte sie etwas sagen. Doch es kam kein Ton.

Hilfesuchend sah Michaela zur Seite zu einer der Mütter, die neben ihr stand, doch die erwiderte den Blick nicht, sondern schaute selbst wie gebannt Frau Knappe an.

Auf der anderen Seite neben Michaela flüsterte eine andere Mutter ganz aufgeregt etwas ins Ohr einer Nachbarin, die dabei unentwegt zu Gabis Mutter hinübersah.

Nun war sich Gabi ganz sicher: Wenn man zuerst über sie tuschelte und heute auch noch über ihre Mutter, dann konnte es doch nur um den Vater gehen. Das war die einzig mögliche Erklärung. Denn schließlich hatten weder sie noch ihre Mutter irgendetwas getan, über das sich andere den Mund zerreißen konnten. Und so sehr sich Gabi auch wieder einmal für den Vater schämte, so erleichtert war sie doch über ihre Schlussfolgerung, dass es bei dem Getuschel wenigstens nicht direkt um sie selbst ging.

Kapitel 10

»Na, bei euch hat ja wohl die ganze Familie heute nichts zu Mittag gekriegt. Deine Schwester war auch gerade da und hat sich Pommes geholt«, sagte der Verkäufer an der Imbissbude zu Rudi.

»Meine Schwester? Versteh ich nicht. Die steht doch hier neben mir.« Rudi zeigte auf Gabi.

»Was, die Kleine hier ist deine Schwester? Ich dachte, das wäre deine Freundin. Moment mal, das versteh ich jetzt aber nicht. Wer war denn dann die andere? Die sah doch genauso aus wie du, wie dein Zwilling, nur als Mädchen. Genauso groß und dünn, und die gleichen schwarzen Haare. Und auch sonst, wie aus dem Gesicht geschnitten!«

Gabi und Rudi sahen sich an, und Gabi kicherte.

»Das war mal wieder Monika«, raunte sie ihm zu.

»Ach so, ja, das war Monika«, wiederholte Rudi, nun laut an den Imbissverkäufer gerichtet. »Das ist aber nicht meine Schwester, auch nicht meine Cousine oder so. Die hat mit ihren Eltern nur mal bei uns in der Straße gewohnt. Kann schon sein, dass die so aussieht wie ich. Hat neulich schon mal jemand gesagt. Meinetwegen, dann ist das eben so.«

»Ach nee, in derselben Straße gewohnt, sag bloß. Da ist dein Vater damals wohl ab und zu mal in der Nachbarschaft streunen gegangen, was?«

Der Verkäufer grinste breit, aber als er die beiden verständnislosen Gesichter vor sich sah, wurde er sofort wieder ernst.

»Vergesst es, war nur ein schlechter Witz. Müsst ihr auch gar nicht verstehen. Zwei Mark macht das dann für die Pommes.«

Tatsächlich war es nicht das erste Mal, dass eine wildfremde Person Rudi und Monika für Geschwister hielt. Erst vor zwei Wochen war die Verkäuferin in dem Schuhgeschäft für Übergrößen strahlend auf Rudi zugegangen.

»Ach hallo, guten Tag! Jetzt kommt also noch jemand von euch. Das mit den großen Füßen liegt bei euch wohl in der Familie?«

Rudi hatte die Verkäuferin nur stumm angesehen. Er wusste beim besten Willen nicht, was diese Frau von ihm wollte. Auch Gabi war ratlos. Sie waren schließlich zum ersten Mal hier. Wieso wurde Rudi wie ein alter Bekannter begrüßt?

Nun wurde auch die Verkäuferin unsicher.

»Ja, war das denn nicht deine Schwester, die letzte Woche hier war? Das Mädchen sah dir aber wirklich sehr ähnlich. Sie brauchte schon Größe 42, obwohl sie erst dreizehn13 war. Warte mal, der Name fällt mir gleich ein, ihre Mutter hat ihn ja immer gesagt … Marion?«

Jetzt schaltete Gabi.

»Monika vielleicht?«

»Ja, genau, so hieß sie.« Die Verkäuferin war sichtlich erleichtert.

Frau Siebeck hatte Gabi zwar nicht direkt erzählt, dass sie mit Monika in diesem Geschäft gewesen war, aber als Gabi ihr vor ein paar Tagen davon berichtet hatte, welche Schwierigkeiten Rudi mit seiner Schuhgröße 48 beim Schuhkauf hatte, da hatte sie Gabi diese Adresse genannt. Gabi hatte wieder einmal bewundert, dass Frau Siebeck selbst für solch ein ungewöhnliches Problem eine Lösung parat hatte. Dass Monika mit demselben Problem zu kämpfen hatte, war Gabi gar nicht bewusst gewesen. Monikas Schuhgröße war ihr noch nie besonders aufgefallen. Vielleicht, weil ihre Freundin insgesamt sehr groß war und die Füße einfach zum Gesamtbild passten.

Monika überragte Frau Siebeck mittlerweile um einen ganzen Kopf. Es sah ausgesprochen lustig aus, wenn die beiden nebeneinander standen und Monika wie ein Mann ihren Arm um die Schultern ihrer kleinen Mutter legte.

Auch Gabi und Monika zusammen wirkten auf andere amüsant. »Da kommen Pat und Patachon«, den Spruch hatten sie sich schon mehr als einmal anhören müssen. Aber Gabi störte sich daran nicht, sie war so etwas schon gewöhnt. Schließlich sah sie auch zwischen ihren beiden Brüdern komisch aus. Wie ein Fußball zwischen zwei Torpfosten – diesen Vergleich hatte einmal ein Onkelihr r gebracht, und alle hatten gelacht.

Monika und Rudi sahen dagegen zusammen richtig gut aus. Die beiden begegneten sich ab und zu, wenn Monika Gabi zu Hause abholte oder sie zusammen auf der Straße Rollschuh liefen und Rudi zufällig vorbeikam. Als Gabi die beiden einmal nebeneinander stehen und sich unterhalten sah, dachte sie im Stillen, dass die beiden wirklich ein schönes Paar abgeben würden mit ihren langen, schlanken Körpern und den schwarzen Haaren. Bei diesem kurzen Gedanken blieb es dann aber auch. Dass die zwei sich so ähnlich sahen, nahm Gabi einfach hin; nach einer Erklärung dafür zu suchen, kam ihr gar nicht in den Sinn.

Etwas anderes beschäftigte und wunderte Gabi viel mehr: Dass Monika und Rudi sich gleich auf Anhieb so gut verstanden hatten. Damit hätte Gabi niemals gerechnet, denn Rudi hatte normalerweise mit ihren Freundinnen ziemlich wenig am Hut und ließ sie meist links liegen, und Monika war Fremden gegenüber sonst ausgesprochen zurückhaltend. Aber offenbar hatte Rudi etwas an sich, was Monika gleich ohne Scheu losreden ließ, und ihn schien es richtig zu interessieren, was sie da so alles erzählte. Gabi staunte nur, wenn sie die beiden zusammen kichern und herumalbern sah.

Dass ihr Bruder und ihre Freundin nun auch noch große Füße als Gemeinsamkeit hatten, fand Gabi richtig lustig. Eine verrückte Geschichte, die sie da im Schuhladen erlebt hatten. Dass die Frau Monika für Rudis Schwester gehalten hatte!

Auch über die Geschichte am Imbiss lachte sie, doch diesmal schwang ein leichtes Unbehagen mit. Sie hatte nicht wirklich verstanden, was der Imbissverkäufer damit sagen wollte, dass ihr Vater »streunen gegangen« sei, aber sein Tonfall war so gehässig gewesen, dass es sicherlich nichts Nettes gewesen war. Seine Worte beschäftigten sie den gesamten Nachhauseweg über, aber sie kam nicht weiter. Und mit Rudi darüber zu reden, war sinnlos, denn er hatte offensichtlich genauso wenig kapiert wie sie.

Gabi überlegte, ob sie ihrer Freundin Brigitte von der ganzen Sache erzählen und mit ihr zusammen überlegen sollte, was der Mann gemeint haben könnte. Brigitte war ziemlich clever und konnte ihr »Erwachsenensachen« fast immer erklären. Auch sonst erzählten sich die beidenja alles, was sie bewegte.

Aber irgendetwas ließ Gabi diesmal zögern. Es war so ein dumpfes Gefühl in ihr, eine ganz verschwommene Ahnung, dass es um etwas gehen könnte, was sie eigentlich gar nicht wissen wollte. Und wenn sie ganz ehrlich war, hatte sie diese Art von Gefühl schon viel länger, nicht erst seit heute. Der Imbissverkäufer hatte es mit seiner seltsamen Bemerkung nur verstärkt. Sie hätte niemals in Worte fassen können, was genau sie eigentlich empfand, doch wenn sie Brigitte auch nur im Ansatz davon erzählte, würde die keine Ruhe geben. Brigitte war jemand, der nicht lockerließ und den Dingen immer auf den Grund gehen wollte. Sie würde bohren und nachsetzen und sich nicht mit Gabis »irgendwie komischen Gefühl« zufriedengeben. Sie würde es sogar glatt fertigbringen und zu Gabis Vater gehen, um ihn selbst zu fragen. Dann wäre der Teufel los! Und so erwähnte sie Brigitte gegenüber kein Wort, als sie sich das nächste Mal trafen.

»Hallo! Kommt rein«, sagte Gabi, als sie Monika und ihrer Cousine Michaela die Tür öffnete. Sie hatte die beiden am Tag zuvor zu sich nach Hause eingeladen. Ihre Eltern waren bis zum Abend nicht da, und das wollten die Mädchen ausnutzen, um einmal richtig laut Musik zu hören. Gabi selbst besaß bisher zwar nur eine einzige Schallplatte, aber Rudi hatte schon so einiges von seinem Taschengeld in Schallplatten investiert und er hatte ihr auch erlaubt, sie ihren Freundinnen vorzuspielen.

Jetzt allerdings machte er ein bedenkliches Gesicht. Kaum waren die Mädchen ins Wohnzimmer gegangen, da war er aus dem Schlafzimmer geschossen und beäugte misstrauisch jeden von Gabis Handgriffen.

»Pass bloß auf! Wenn da ein Kratzer drankommt … Lass mich mal besser machen«, sagte er.

Vorsichtig nahm er ihr seine Deep-Purple-Platte aus der Hand und legte sie auf den Plattenteller, während sich Gabi achselzuckend in einen Sessel setzte. Rudi drehte den Lautstärkeregler voll auf, lehnte sich mit verschränkten Armen an die Wand und schaute betont lässig zu den beiden Mädchen auf dem Sofa. Deren Musikgeschmack war zwar eigentlich ein völlig anderer, aber das war eher nebensächlich. Mitten am Tag so ein Höllenspektakel zu veranstalten, das war für Monika und Michaela eine unerhörte Sache. Bei beiden war die Mutter immer zu Hause, und weder Hilde Siebeck noch ihre Schwester Gisela hätten so eine «Rockermusik« im Wohnzimmer auch nur eine Minute lang geduldet.

»Ich geh dann mal in mein Zimmer«, sagte Rudi nach dem ersten Stück. »Wenn ihr die zweite Seite hören wollt, könnt ihr mich ja holen.«

Kurze Zeit später sagte Gabie: »Ach Monika, geh du doch mal zu Rudi wegen der Platte. Er soll kommen und sie umdrehen. Ich gehe solange schnell mit Michaela hinters Haus, sie hat mein neues Fahrrad noch nicht gesehen.«

„Ja, ist gut. Bis gleich.«

Alle drei Mädchen standen auf, und Gabi hakte Michaela unter und ging mit ihr nach draußen. Von Monikas Cousinen mochte Gabi Michaela am allerliebsten. Das blonde Mädchen war freundlich und lustig und redete gern. Und sie gab Gabi das Gefühl, dass sie gern mit ihr zusammen war, und zwar nicht nur, weil Gabi Monikas Freundin war. Sie hatten sogar schon einmal Pullover getauscht, weil sie genau gleich groß waren und auch eine sehr ähnliche Figur hatten.

Jetzt hatten sie sich eine Zeit lang nicht gesehen, und so gab es einiges nachzuholen. Erst lästerten sie über Michaelas Cousine Susanne, die in letzter Zeit zu einer echten Zicke geworden war, und dann musste Gabi alles über ihren Klassenkameraden Kurt erzählen, in den sich Michaela auf einer Geburtstagsparty unsterblich verliebt hatte.

»Ach herrje, jetzt haben wir Monika ganz vergessen«, rief Michaela plötzlich. »Die sitzt jetzt bestimmt ganz allein auf dem Sofa und wartet auf uns.«

Doch als sie ins Wohnzimmer kamen, war dort niemand. Dafür kamen aus dem angrenzenden Kinderzimmer seltsame Geräusche. Gabi und Michaela sahen einander an, dann gingen sie gemeinsam auf die Tür zu. Sie war nur angelehnt. Gabi drückte sie vorsichtig auf und schob ihren Kopf durch den Türspalt, während Michaela gespannt über ihre Schulter lugte.

Monika und Rudi lagen in Rudis Bett. Monika lag auf dem Rücken und strampelte mit den Beinen in der Luft herum, während Rudi halb aufgestützt auf der Seite lag und sie mit seiner freien Hand immer abwechselnd rechts und links in ihre Taille drückte und piekte. Monika lachte mit offenem Mund und schnappte dabei immer wieder nach Luft, so sehr hatte sie sich anscheinend schon verausgabt beim Juchzen und Quieken. Ihre beiden Zuschauer bemerkten sie nicht einmal.

Gabi zog die Tür leise wieder zu. Wieder sahen Michaela und sie sich an, und zeitgleich fingen sie wie verrückt an zu kichern.

»Mein Gott, jetzt kitzelt der die durch. Was soll das denn?«, fragte Michaela japsend, als sie sich wieder etwas beruhigt hatten.

»Ich glaub´, die sind verliebt«, sagte Gabi. »Das hab´ ich schon öfter mal gedacht. Die verstehen sich ja immer so gut. Aber wie man sich ausgerechnet in den Rudi verlieben kann …«

Wieder fing sie an zu kichern. Doch Michaela kicherte nicht wie erwartet mit. Stattdessen sah sie plötzlich richtig entsetzt aus.

»Ja, aber …«, fing sie an und schlug sich dann die Hand vor den Mund.

Gabi schaute sie fragend an.

»Das geht doch nicht! Das ist doch total unmöglich!«, rief Michaela jetzt.

»Na ja, komm. So schlimm ist Rudi nun auch wieder nicht.«

Jetzt fühlte sich Gabi doch ein wenig gekränkt. Schließlich war er ja ihr Bruder, und auch wenn er nicht der hellste Kopf und in seiner Art manchmal etwas schwierig war, so hatte sie ihn doch wirklich gern.

»Nein … ach, so meine ich das ja auch nicht. Ist ja auch egal. Monika und ich müssen jetzt jedenfalls nach Hause.«

Gabi verstand überhaupt nichts. Michaela war plötzlich wie verwandelt und riss nun energisch die Tür zum Kinderzimmer auf.

»Monika, los, komm jetzt, wir müssen gehen.«

Monika kam ächzend hoch und setzte sich mit einem völlig verblüfften Gesicht in Rudis Bett auf.

»Wieso das denn auf einmal?«

»Weil … weil deine Mutter zu mir gesagt hat, dass du nicht so spät zurückkommen sollst. Ich glaube, sie wollte noch mit dir für die Schule üben.«

Gabi merkte, dass Michaela nicht die Wahrheit sagte, und sie war wie vor den Kopf geschlagen. Schweigend sah sie zu, wie Michaela die widerstrebende Monika bei der Hand nahm und hinter sich herzog. »Tschüss«, sagten sie immerhin noch, dann waren sie weg.

»Was ist denn jetzt kaputt?«, fragte Rudi Gabi entgeistert. »Habt ihr euch gestritten?«

»Nein, ich weiß es nicht«, sagte Gabi und drehte sich weg. Sie wollte ihm nicht zeigen, dass ihr die Tränen kamen. Sie war so stolz gewesen, dass auch sie endlich einmal Freundinnen zu Besuch hatte, und alles hatte doch so schön und lustig angefangen. Beim besten Willen konnte sie nicht begreifen, was schiefgelaufen war. Aber was auch immer es war, Gabi war todtraurig und wollte erst einmal nichts anderes als allein sein.

Von diesem Tag an war die Freundschaft zwischen Gabi und Monika nicht mehr dieselbe. So sehr sich Monika anfangs um Gabi bemüht hatte, so reserviert verhielt sie sich nun plötzlich. Gabis Pläne für gemeinsame Unternehmungen am Nachmittag quittierte sie bestenfalls mit einem leicht gelangweilten »Mmeinetwegen«. Richtig abweisend wurde sie dagegen, wenn Gabi vorschlug, dass Monika sie von zu Hause abholen sollte, zum Fahrradfahren oder Rollschuhlaufen. Dann kam ein empörtes »Nein, das mach ich nicht!«. Es schien so, als hätte Monika die gesamte Umgebung um das Haus der Knappes herum für sich zur Tabuzone erklärt. Sie weigerte sich sogar, einfach nur mit dem Fahrrad durch die Junkerstraße zu fahren. Fragen nach dem Warum für ihr seltsames Verhalten waren sinnlos; Monikas Antwort lautete stets: »Ich will das eben nicht.«

Schon bald war Gabi von Monikas bockigem Verhalten so genervt, dass sie diese Freundschaft, die eigentlich keine mehr war, am liebsten ganz beendet hätte. Doch um nichts in der Welt wollte sie auf ihre lieb gewonnenen Besuche bei Frau Siebeck verzichten; und wenn der Preis dafür war, sich auch weiter über Monika ärgern zu müssen, dann würde sie ihn eben zahlen.

Frau Siebeck war genauso freundlich und hilfsbereit wie immer. An ihrem herzlichen Verhältnis zu Gabi hatte sich rein gar nichts geändert. Und um diese Beziehung nicht zu gefährden, erwähnte Gabi Monikas merkwürdiges Verhalten mit keinem Wort. Sie befürchtete, dass Frau Siebeck sich sonst genötigt fühlen könnte, Partei zu ergreifen – und zwar im Zweifel für Monika. Frau Siebeck selbst schien von dem abgekühlten Verhältnis der beiden Mädchen nichts zu bemerken, obwohl es doch eigentlich auch ihr seltsam vorkommen musste, dass Monika im Gegensatz zu früher nun gleich nach dem Essen in ihr Zimmer ging und sich kaum noch um Gabi kümmerte.

Aber Gabi sollte es so recht sein. Manchmal verbrachte sie den ganzen Nachmittag allein mit Monikas Mutter in der Küche, und während Frau Siebeck abwusch, bügelte oder nähte, unterhielten sie sich über alles Mögliche. Nach wie vor vertraute Gabi der früheren Nachbarin alles an, was sie bewegte, und immer fühlte sie sich ernst genommen.

Als Frau Siebeck sich wieder einmal geduldig und mitfühlend eine ihrer Liebeskummergeschichten angehört hatte, überkam es Gabi.

»Ich finde es so toll, dass ich mit meinen Problemen immer zu Ihnen kommen darf und dass Sie mir immer so viele Ratschläge geben«, sagte sie zu Frau Siebeck, die mit einer Tasse und einem Geschirrhandtuch in der Hand gerade an der Spüle stand.

»Ach, das ist doch eine Selbstverständlichkeit«, brummelte Frau Siebeck und lächelte Gabi zu. Dann drehte sie sich um, um die Tasse in den Hängeschrank zu stellen.

»Du bist ja schließlich meine Tochter.«

Wie bitte? Gabi erstarrte. Sie hielt den Atem an und starrte auf Frau Siebecks Rücken. Was würde sie als Nächstes sagen? Dieser Satz konnte doch jetzt nicht einfach so allein im Raum stehen bleiben?

Aber Frau Siebeck sagte nichts mehr. Seelenruhig nahm sie die nächste Tasse aus der Spüle und trocknete sie ab. Sie sah vollkommen entspannt aus. Nicht im Entferntesten wie jemand, der gerade etwas vollkommen Unglaubliches gesagt hatte.

Gabi musste sich verhört haben. »Wie eine Tochter«, das hatte Frau Siebeck natürlich gesagt. Schließlich hatte Gabi selbst auch schon oft gedacht, dass Frau Siebeck für sie wie eine Mutter war.

Erleichtert atmete Gabi tief durch. Gut, dass sie ihr gedachtes »Wie bitte?« nicht laut ausgesprochen hatte. Dann wäre sie vor lauter Peinlichkeit jetzt in Grund und Boden versunken! Auf was für Ideen sie manchmal kam …

Kapitel 11

Irgendwann musste es einfach so kommen: Gabi blieb sitzen. Sie musste das achte Schuljahr wiederholen.

So entsetzt sie darüber zunächst war, so gut bekam ihr zu ihrer eigenen Überraschung der erzwungene Klassenwechsel. Die neuen Mitschüler und die neue Klassenlehrerin motivierten sie; gerade als Wiederholerin wollte sie vor ihnen unbedingt gut dastehen und sich beweisen. Statt sich frustriert aufzugeben, setzte sie sich endlich auf den Hosenboden, und als sie den Lehrstoff nun zum zweiten Mal vor sich hatte, wurde ihr plötzlich vieles ganz von alleine klar.

Vielleicht würde sie doch noch einen passablen Schulabschluss hinbekommen und dann eine gute Lehrstelle finden. Fachverkäuferin, das wollte sie wirklich gerne werden, in einem noblen Geschäft für Damenbekleidung vielleicht. Oder in einem Geschäft für Haushaltswaren und schönes Porzellan. Auch eine Stelle in einem eleganten Schuhgeschäft konnte sie sich vorstellen. Hauptsache, sie würde mit vielen verschiedenen Menschen zu tun haben und sie fachkundig beraten und ihnen bei der richtigen Auswahl behilflich sein können. Verkäuferin war für sie einfach der Traumberuf, doch damit war sie nicht allein. Viele Mädchen wollten diesen Weg einschlagen, und ohne einen entsprechenden Schulabschluss war es beinahe aussichtslos, die vielen Konkurrentinnen um eine solche Lehrstelle auszustechen. Aber immerhin war Gabi nun endlich auf dem richtigen Weg, und sie war voller Zuversicht, es schaffen zu können.

»So, junge Dame, nun reicht es. Du hast uns lange genug auf der Tasche gelegen. Wird Zeit, dass du endlich dein eigenes Geld verdienst. Ich war heute in der Schule und habe dich abgemeldet. Nächste Woche kannst du bei einer Familie Hollmann anfangen. Die brauchen eine Hilfe im Haushalt.«

Gabi starrte ihren Vater an. Mit keinem Wort hatte er sie darauf vorbereitet. Wie konnte er ihr das antun? Vor drei Tagen erst hatte sie ihr Zeugnis bekommen, und noch nie hatte sie bessere Noten gehabt. Sicher, es war beileibe kein Spitzenzeugnis, aber immerhin hatte die Lehrerinrin den Begriff »solide Leistung« verwendet. Und jetzt, ausgerechnet jetzt sollte sie einfach aufhören mit der Schule?

»Aber Papa … Ich bin doch jetzt schon so viel besser in der Schule, und ich verspreche dir, dass ich mich jetzt auch noch viel mehr anstrenge. Ich will doch einen guten Abschluss machen. Und das kann ich ganz bestimmt schaffen, die Lehrerin glaubt das auch. Es sind doch nur noch eineinhalb Jahre!«

Rudolf Knappe saß mit verschränkten Armen in seinem Sessel und sah sie nur an.

»Und wenn ich dann eine Lehrstelle gefunden habe, dann verdiene ich doch auch Geld, und ich verspreche dir, dass ich euch jeden Pfennig davon gebe. Ich will gar nichts für mich haben. Ich will nur eine Lehre machen. Ich möchte doch so gern eine richtige Verkäuferin werden. Bitte, bitte!«

Sie faltete die Hände vor der Brust und sah ihren Vater flehend an. Er musste doch irgendetwas sagen! Tatsächlich öffnete er jetzt seine Lippen leicht.

»Tsss.«

Seine ganze Verachtung für sie lag in diesem Zischen. Gabi fing an zu weinen. So hilflos hatte sie sich noch nie zuvor gefühlt. Sie wusste jetzt, dass er sich nicht erweichen lassen würde. Und sie konnte nichts unternehmen, schließlich war sie erst sechzehn16 und musste sich den Anweisungen ihrer Eltern fügen, wie unsinnig sie auch sein mochten. Gabis Weinen steigerte sich in ein lautes Schluchzen. Sie konnte es einfach nicht unterdrücken.

Ohne Gabi anzusehen stand Rudolf Knappe auf und ging zum Fernsehschrank. Er klappte die Türen auf, drückte den Einschaltknopf des Fernsehers, und als das Bild erschien, drehte er den Lautstärkeregler bis zum Anschlag auf. Die Stimme des Tagesschausprechers dröhnte durch das Wohnzimmer. Rudolf Knappe ging zurück zu seinem Sessel, ließ sich hineinfallen, verschränkte wieder seine Arme und seufzte laut und genüsslich: »Aahh«.

Margot Knappe hatte die ganze Zeit über stumm in der Tür gestanden. Nun ging sie zögernd auf ihren Mann zu, blieb neben seinem Sessel stehen und legte ihre Hand leicht auf seinen Oberarm.

»Ach, Rudolf, vielleicht sollten wir …«

»Jetzt reicht es aber!«, schrie Rudolf Knappe so laut, wie Gabi ihn noch nie gehört hatte und schüttelte die Hand seiner Frau mit angewidertem Gesicht ab. »Alle beide raus hier! Und zwar sofort!«

Fluchtartig rannten Gabi und ihre Mutter aus dem Wohnzimmer und schlugen die Tür hinter sich zu. Rudolf Knappe hatte zwar noch nie jemanden aus der Familie geschlagen, aber so wütend, wie er jetzt gerade aus dem Stand heraus geworden war, konnte man es ihm doch zutrauen. Sie hatten es gewagt, seine Entscheidung infrage zu stellen. Aber einen Rudolf Knappe durfte niemand kritisieren! Niemand!

»Gabi, das tut mir so furchtbar leid, aber da kann ich auch nichts machen. Ach Gott, wo du dich doch so angestrengt hast in letzter Zeit. Aber es sind ja nun einmal deine Eltern, und wenn sie das so beschlossen haben …«, sagte Frau Siebeck, als Gabi tränenüberströmt vor ihr saß.

Gabi hatte nicht unbedingt damit gerechnet, dass Frau Siebeck sofort aufspringen und zu Gabis Vater rennen würde, um ihn zur Vernunft zu bringen, aber dass sie gar nichts unternahm, war doch eine Enttäuschung. Bisher hatte Frau Siebeck noch für jedes Problem eine Lösung gefunden. Doch diesmal hieß das Problem Rudolf Knappe, und da musste anscheinend auch eine Frau Siebeck kapitulieren. Aber wenn diese Frau ihr nicht helfen konnte, dann konnte es niemand!

Damit war es unausweichlich: Schon in der nächsten Woche würde sie in einem fremden Haus herumlaufen und die Fenster, Fußböden und Toiletten fremder Leute putzen. Und das dann vermutlich für den Rest ihres Lebens, genau wie ihre Mutter.

»Ach Gabilein, nun lass den Kopf nicht hängen. Vielleicht musst du ja gar nicht lange arbeiten gehen. Du bist doch ein hübsches Mädchen, und dann auch noch so lieb, du findest bestimmt bald einen netten Mann mit einem guten Einkommen, und dann bekommt ihr ein paar Kinderchen, und alles ist gut. Und jetzt guckst du dir diese Hollmanns erst mal an, vielleicht sind das ja nette Leute, bei denen du da arbeiten sollst. Ach, ganz bestimmt sogar.«

Eine braungebrannte Frau mit hochtoupiertem schwarzen Haar und cremefarbenem Seidenmorgenmantel öffnete die Tür und sah Gabi misstrauisch an.

»Ja, bitte?«

»Guten Morgen, Frau Hollmann. Ich bin Gabi Knappe, und ich soll heute hier bei Ihnen anfangen.«

»Wie bitte? Das muss wohl ein Missverständnis sein. Eine Margot Knappe erwarten wir.«

»Ja, das ist meine Mutter, aber …«

»Nein, da gibt es kein ›Aber‹. Wir haben ausdrücklich deine Mutter bestellt. Da kann sie doch nicht einfach ohne Absprache einen Ersatz schicken. Wo kommen wir denn da hin?«

Gabi war vollkommen ratlos, und schon wieder stiegen ihr die Tränen in die Augen. So viel wie in den letzten Tagen hatte sie in ihrem ganzen Leben noch nicht geweint.

Frau Hollmanns strenge Miene wurde etwas weicher.

»Versteh mich nicht falsch, ähm … Gabi war dein Name? Ich erkläre dir die Sache mal kurz. Deine Mutter arbeitet schon sehr lange bei meiner Freundin im Haushalt, und meine Freundin schwärmt immer so von ihr. Und als uns unsere Perle nun leider verlassen musste, habe ich über meine Freundin anfragen lassen, ob deine Mutter nicht auch noch bei uns arbeiten möchte. Weißt du, wir brauchen eine sehr erfahrene Hilfe, wir haben viele empfindliche Stoffe und Antiquitäten und so weiter. Und du bist ja fast noch ein Kind, das kann ja nur schiefgehen. Nein, tut mir leid, das geht wirklich nicht. Sag deiner Mutter bitte, dass sie bei uns vorbeikommen soll, damit wir alles besprechen können.«

»Mein Gott, kriegt ihr Weiber denn nicht mal irgendwas richtig hin? Wahrscheinlich hat die dusselige Frau, bei der deine Mutter arbeitet, dieser Frau Hollmann das nicht richtig weitergegeben.«

Rudolf Knappe war wieder einmal in Rage. Gabi war nur froh, dass er wenigstens nicht ihr die Schuld an dieser Misere gab.

»Was machen wir denn jetzt mit dir? Du kannst ja nicht hier auf der faulen Haut herumliegen. Dann müssen wir wohl schnell was anderes für dich finden, wird ja wohl kein Problem sein.«

Doch es wurde ein Problem. Auf ein so junges und dazu noch ungelerntes Mädchen wartete die Arbeitswelt nicht gerade. Erst nach einem halben Jahr fand Gabi endlich eine Stelle als Aushilfe in einem Lebensmittelladen in Recklinghausen. Frühmorgens musste sie nun in den Bus steigen und in die dreißig30 Kilometer entfernte Stadt fahren. Dann hieß es für sie, sich die weiße Kittelschürze überzuziehen und die nächsten drei Stunden zu putzen, das Lager aufzuräumen und Regale aufzufüllen. Die beinahe schlimmste Zeit kam danach: die zweistündige Mittagspause. Der Laden wurde abgeschlossen, und Gabi musste allein in der Stadt herumlaufen und sich die Zeit vertreiben – bei Wind und Wetter, während der Ladeninhaber und seine Frau nach Hause gingen, um dort zu essen und ein Mittagsschläfchen zu halten.

Diese Stelle konnte kein Dauerzustand sein, allein schon wegen der weiten Fahrt. Das sahen auch ihre Eltern ein. Und so wechselte Gabi nach nur einem Monat in ein ähnliches Geschäft in Neuhausen, einem kleinen Ort in der Nähe von Hürthen. Immerhin war nun die Anfahrt erträglich, und auch das ältere Inhaberehepaar Möller war sehr freundlich.

Trotzdem war Gabi nicht besonders glücklich. Sollte dies nun schon alles sein? Sollte sie ihr Leben lang immer nur anderen Leuten zuarbeiten, für sie die groben Arbeiten im Hintergrund leisten?

Sehnsüchtig beobachtete sie manchmal durch die halb offenstehende Tür zum Lager ihre Chefin, wie sie einer jungen Ehefrau die verschiedenen Aufschnittsorten erklärte, wie sie einer Hausfrau pfiffige Ratschläge für das geplante Mittagessen unterbreitete oder einfach mit diesem und jenem ein charmantes Schwätzchen hielt.

Doch so sehr sie sich auch wünschte, einmal eine genauso beliebte und anerkannte Person wie Frau Möller zu werden, es schien für sie einfach unerreichbar zu sein.

Sie hatte Herrn Möller einmal gefragt, ob er ihr nicht vielleicht doch eine richtige Ausbildung in seinem Geschäft ermöglichen könnte, auch ohne Schulabschluss.

»Ach, Gabi … Die Frage habe ich ja schon befürchtet. Aber ehrlich gesagt … In meinem Alter möchte ich die Verantwortung für einen Lehrling eigentlich nicht noch einmal übernehmen. So oft habe ich das schon gemacht, den jungen Leuten alles von der Pike auf beigebracht, und nun bin ich einfach müde. Und dann müsstest du ja auch zur Berufsschule gehen, aber eigentlich können wir dich hier im Laden gar nicht entbehren. Früher, als meine Frau und ich noch voller Saft und Kraft waren, da ging das wohl. Aber jetzt … Ich weiß wirklich nicht.«

Gabi fragte nicht noch einmal danach. Möglicherweise hätte sie ihn durch penetrantes Nachhaken doch irgendwann weich klopfen können, er hatte ja nicht direkt Nein gesagt. Aber das war einfach nicht ihre Art. Herr Möller war immer so nett zu ihr, da wollte sie ihn nicht noch einmal in Verlegenheit bringen.

Doch damit erstarb langsam aber sicher auch ihre letzte Hoffnung, jemals in einem erstrebenswerten Beruf zu arbeiten. Stattdessen begann sie, sich in Tagträume zu flüchten. Vielleicht hatte das Schicksal für sie ja etwas ganz Besonderes vorgesehen. Vielleicht einen Märchenprinzen, der sie aus ihrem langweiligen Leben befreien und mit ihr in die abenteuerliche Welt hinausziehen würde. Wo genau sie diesen Prinzen finden würde, war ihr allerdings selbst noch ein Rätsel. Aber wenn er erst vor ihr stünde, dann würde sie es schon wissen.

Kapitel 12

»Einen wunderschönen guten Morgen, gnädiges Fräulein, wünsche wohl geruht zu haben. Dürfte ich die Gnädigste untertänigst darum bitten, mir durch Beiseitetreten den Zugang zum prächtigsten aller Brotregale zu ermöglichen?«

Gabi kicherte. Jeden Tag dachte sich Frank etwas Neues aus, um sie zu begrüßen, und sie war begeistert von seinen originellen Einfällen. Frau Möller dagegen hatte ab und an schon einmal missbilligend die Augenbrauen hochgezogen, wenn sie zufällig mit anhörte, was ihr junger Brotlieferant da für einen Unsinn verzapfte.

Frank war Lehrling in der Bäckerei Hilbich, einem alteingesessenen Familienbetrieb, der seit Jahren Möllers Lebensmittelgeschäft belieferte. Bei den Hilbichs lernte Frank aber nicht nur das Bäckerhandwerk, sondern er wohnte auch bei ihnen.

»Wieso machst du das denn? Das muss doch furchtbar sein, wenn man Tag und Nacht mit seinem Chef zusammen ist!«, rief Gabi erstaunt aus, als Frank ihr beim gemeinsamen Auspacken der Ware davon erzählte.

»Ja, stimmt eigentlich, jetzt wo du es sagst … Das ist schon echt schlimm, wenn Herr Hilbich mir nachts beim Schlafen immer so laut ins Ohr pustet und Frau Hilbich mir immer die Bettdecke wegzieht!«, sagte Frank und grinste breit. »Nein, aber mal im Ernst, von dem Lehrlingsgehalt kann ich mir noch keine eigene Wohnung leisten, höchstens ein Zimmer zur Untermiete, aber dann müsste ich mich ja auch noch selbst versorgen. Und so kann ich bei den Hilbichs wohnen und essen, und mein Zimmer hat einen eigenen Eingang. Ich kann mich wirklich nicht beschweren.«

»Ja, das schon, aber … Was ist denn mit deinen Eltern? Wieso wohnst du denn nicht bei denen?«

»Das erzähle ich dir beim nächsten Mal, du neugierige Person«, sagte er und versetzte Gabi einen Nasenstüber. Mit gespielter Empörung schlug sie nach seiner Hand und musste lachen, als sie nur die Luft traf.

»Bis morgen«, rief sie ihm hinterher, als er mit den leeren Brotkisten den Laden wieder verließ. Er hatte recht, sie war wirklich neugierig, jedenfalls was ihn betraf. Sie wollte unbedingt mehr über Frank erfahren. So vergnügt und offen er auch war, irgendetwas Geheimnisvolles hatte er doch auch an sich.

»Ich bin im Kinderheim aufgewachsen«, sagte Frank am nächsten Morgen ohne Vorwarnung, ausnahmsweise einmal ohne seinen scherzhaften Ton.

»Oh!« Gabi wusste überhaupt nicht, was sie sagen sollte. Auch wenn sie ihre Eltern und vor allem ihren Vater manchmal am liebsten auf den Mond schießen würde – aber ganz ohne Eltern musste man sich doch furchtbar alleingelassen fühlen. Bei dieser Vorstellung krampfte sich alles in ihr zusammen. Frank tat ihr unendlich leid.

»Ist nicht so schlimm, nun guck doch nicht wie ein angeschossenes Reh. Ich hab´s ja überlebt. Und jetzt Schluss mit dem Thema und zurück zu den spaßigen Dingen des Lebens«, sagte Frank und begann, sie wild unter dem Kinn zu kitzeln. Und wie schon so oft verfehlte diese Attacke ihre Wirkung nicht und Gabi fing an zu kichern.

»Wie sieht´s denn aus, liebes Fräulein Knappe, wollen wir uns nicht auch mal außerhalb dieser tristen vier Wände hier treffen? Ich könnte dich doch zum Beispiel heute nach Ladenschluss abholen, und wir gehen ein Eis essen?«

Hinterher ärgerte sich Gabi, dass sie gleich so strahlend »Ja, gern!« gerufen hatte. Man sollte sich als junge Frau doch interessant machen und sich erst einmal zieren, damit der Mann einen erobern konnte. Darüber hatten ihre Freundinnen und sie doch schon tausendmal gesprochen. Nun hatte sie gleich zu Beginn schon wieder alles falsch gemacht. Aber Frank gefiel ihr nun einmal so sehr, und sie wollte ihn unbedingt näher kennenlernen. Warum sollte sie dann ihre Gefühle unterdrücken und den Eisberg spielen?

Wochen später.

»So, hier ist das Ding«, sagte Brigitte ein paar Wochen später ruppig und drückte Gabi eine längliche Schachtel in die Hand. »Hat vier Mark gekostet, die will ich wiederhaben. Und die Frau in der Apotheke hat mich so schief angesehen, als ich danach fragte, dafür müsstest du mir glatt auch noch Schmerzensgeld zahlen. Aber gut, was macht man nicht alles, jetzt zisch ab mit dem Ding ins Bad.«

Eine halbe Stunde später kauerten Gabi und Brigitte nebeneinander auf der Bettkante in Brigittes Zimmer. Gabi hatte die Hände vors Gesicht geschlagen. Sie war aus dem Badezimmer zurückgekommen und hatte Brigitte das Teststäbchen wortlos hingehalten.

»Positiv! Verdammt!«, hatte Brigitte nach einem Blick darauf ausgestoßen, und seitdem hatten beide kein Wort mehr gesagt.

»Mein Gott, was mach´ ich jetzt bloß?«, krächzte Gabi endlich mit völlig belegter Stimme. »Schwanger! Mein Vater schlägt mich tot!«

»Ach Quatsch, wenn, dann schlägt er diesen Frank tot. Meinen Segen hätte er. Was für ein Idiot, dieser Frank! Wenn ich so was schon höre, dass einer sagt: ›Ich pass schon auf, da kann nichts passieren!‹ So ein Hornochse!«

»Aber ich bin doch auch schuld, ich hätte doch auch ...«

»Ach was, nichts hättest du. Du hast doch keine Ahnung von gar nichts, was das alles angeht. Er ist ja schließlich dein erster richtiger Freund. Aber er hat doch angeblich die große Erfahrung, nach dem, was du da so alles von ihm erzählt hast. Dann muss er doch dafür sorgen, dass wirklich nichts schiefgehen kann. Aber nein, sich mal wieder für den Größten halten, der alles unter Kontrolle hat. Ganz toll! Aber ist ja auch ganz egal, es ist nun mal passiert. Und jetzt muss es irgendwie weitergehen. Du musst zu deinen Eltern gehen, da führt kein Weg dran vorbei.«

»Mein Gott, Gabi, Kind, wie konntest du denn nur! Du bist doch noch so jung, hast doch alles noch vor dir! Menschenskinder noch mal!«

Gabis Weinen ging in wildes Schluchzen über.

»Ich weiß ... ich ... ich hab so eine Angst ... meine Eltern ...«, brachte sie mühsam hervor.

»Nein, das musst du nicht«, sagte Frau Siebeck jetzt mit viel weicherer Stimme und nahm Gabis Hand. »Ich steh dir zur Seite, das verspreche ich dir.« Sie stand auf, öffnete eine Küchenschranktür und holte ein Päckchen Taschentücher heraus. »Hier, jetzt putzt du dir erst mal die Nase, und dann überlegen wir zusammen.«

Gabis Schluchzen ging in ein Wimmern über. Nach ein paar Minuten hatte sie sich so weit beruhigt, dass sie wieder sprechen konnte.

»So, nun mal ganz von vorne. Was ist denn das überhaupt für ein Junge? Hast du ihn denn auch wirklich lieb? Und taugt er was?«

Gabi erzählte alles, was sie über Frank wusste – und das war nicht allzu viel. Über seine Eltern hatte er nie gesprochen, sie wusste nicht einmal, ob sie beide tot waren oder ob es einen anderen Grund gab, warum Frank im Heim gelebt hatte. Auch von Geschwistern oder sonstigen Verwandten wusste sie nichts. Einmal hatte sie eine vorsichtige Frage in diese Richtung gestellt, aber er hatte nur recht schroff geantwortet, dieses Kapitel sei ein für allemal abgeschlossen. Ansonsten konnte Gabi Frau Siebeck nur noch von zwei älteren Damen berichten, die Frank zu seiner Heimzeit gelegentlich einmal zu sich geholt hatten und die er auch jetzt noch regelmäßig besuchte.

»Na ja, so schön ist das nicht unbedingt, dass man so gar nichts über seine Herkunft weiß und nicht mal mit seinen Eltern sprechen kann. Aber gut, dafür kann er ja nichts. Wenigstens lernt er einen soliden Beruf, und wenn er so klug und lieb ist, wie du sagst, dann wird er wohl auch genug Anstand besitzen, zu der ganzen Sache zu stehen. Was sagt er denn überhaupt?«

Gabi senkte den Kopf.

»Ich hab es ihm noch gar nicht gesagt. Weil … ich dachte … wenn ich das Kind vielleicht gar nicht kriege … dann müsste er es ja auch gar nicht erst erfahren …«

»Gabi! Bist du verrückt? Da versündigst du dich doch! Und stell′ dir vor, deine Eltern würden das dann rausbekommen. So streng katholisch wie dein Vater ist! Um Gottes willen!«

»Aber wenn er erfährt, dass ich schwanger bin, ist das doch genauso schlimm. Der bringt mich um!«

»Nein!« Frau Siebeck sprang auf. »Ich gehe mit dir zusammen zu deinen Eltern. Du kannst dich hundertprozentig darauf verlassen, dass ich mich für dich einsetze. Ich halte zu dir! Wirst sehen, alles wird gut!«

»Warte erst mal draußen in eurer Küche. Es ist besser, wenn ich mit deinen Eltern zuerst allein rede und wir dich dann dazu holen«, hatte Frau Siebeck gesagt und Gabi beruhigend über die Wange gestrichen. Das war vor zwanzig Minuten gewesen. Das Ticken der Küchenuhr dröhnte in Gabis Ohren. Sie überlegte, ob sie die Uhr von der Wand nehmen und in den Schrank legen sollte, aber sie war so gelähmt vor Angst, dass sie gar nicht von ihrem Stuhl aufstehen konnte. Was konnte es denn so lange zu besprechen geben? Sie war sicher gewesen, dass die Wohnzimmertür nach einer Minute aufgerissen würde und ihr Vater brüllend herausstürmt. Und nun war alles so still.

Gabi sah aus dem Fenster. Noch immer war ihr der Ausblick nicht richtig vertraut. Vor einem knappen Jahr waren sie hierher in die Nibelungenstraße umgezogen. Da hatten ihre Eltern endlich eingesehen, dass sie als junge Frau nicht mehr mit ihren beiden Brüdern eng auf eng in einem Zimmer schlafen konnte, und nun hatte sie in der neuen Wohnung zum ersten Mal ein eigenes Zimmer.

Aber wohl nicht mehr lange. Ihre Eltern würden sie mit Sicherheit rauswerfen. Wohin sollte sie dann gehen? Ob die Hilbichs erlauben würden, dass sie mit in Franks kleines Zimmer zog? Aber würde

Frank das überhaupt wollen? Vielleicht würde er ja jetzt gar nichts mehr mit ihr zu tun haben wollen.? Sie hatte keine Ahnung, wie er reagieren würde. Schließlich kannten sie sich kaum. Und trotzdem würden sie jetzt ein Kind zusammen haben!

Gabi versuchte sich vorzustellen, wie sie aussehen würde, mit einem Säugling auf dem Arm, aber es gelang ihr nicht. Sie und ein Baby – das durfte doch alles einfach nicht wahr sein.

»Gabi?«, fragte Frau Siebeck vorsichtig, und blitzartig drehte Gabi den Kopf zu ihr. »Du kannst jetzt zu uns kommen. Keine Angst, alles ist gut, niemand schimpft mit dir.«

Wie Frau Siebeck es fertiggebracht hatte, war Gabi unbegreiflich. Aber die Gesichter ihrer Eltern waren tatsächlich entspannt. Es gab kein Geschrei, kein Weinen, keinen Vorwurf.

»Ja, Gabi, wir wissen ja nun Bescheid. Ändern kann man daran nichts mehr, und deshalb gibt es jetzt nur eins: Der Junge muss dich heiraten«, sagte Rudolf Knappe. »Schaff uns den Burschen hierher, und dann wollen wir mal zusehen, dass das Ganze bald über die Bühne geht. Und nicht erst, wenn du einen dicken Bauch hast. Braucht ja nicht jeder gleich zu sehen, dass du heiraten musst.«

Gabi war fassungslos. Mit allem hätte sie gerechnet, aber sicherlich nicht damit, dass das bisher größte Drama ihres Lebens so nüchtern und beinahe geschäftsmäßig abgehandelt wurde. Ganz kurz durchzuckte sie ein Gedanke: »Sind sie am Ende vielleicht sogar froh, dass sie mich loswerden?«

Am darauffolgenden Tag teilte Gabi Frank mit, dass er in einem halben Jahr Vater werden würde. Das war um fünf Uhr nachmittags.

Um halb sechs saß er ihrem Vater gegenüber und musste Rede und Antwort stehen. Um halb sieben verließ er als Gabis Verlobter das Haus. Und in genau einem Monat würde er ein verheirateter Mann sein. Er brauche sich vorerst um nichts weiter zu kümmern, hatte man ihm versichert, Gabis Eltern würden die Hochzeit ausrichten, so war es üblich.

Frank hatte kaum ein Wort gesagt, aber zu allem genickt.

Schon einen Tag später brach der Stress los. Wenn schon, dann sollte es auch eine richtige Hochzeit werden, hatten die Knappes beschlossen. Ein Saal in der Stadthalle wurde gemietet, das Drei-Gänge-Menü ausgesucht, ein Alleinunterhalter für die Musik gebucht, die Einladungen geschrieben und verschickt und das Brautkleid gekauft.

Franks einzige Aufgabe bestand darin, zusammen mit Gabi Antrittsbesuche bei ihrer Verwandtschaft zu absolvieren. Schließlich sollten ihre Tanten und Onkel ihn vorher wenigstens einmal gesehen haben, damit sie nicht das Gefühl hätten, Gabi würde einen Fremden heiraten. Und Frank schlug sich wacker, er war höflich und freundlich, und Gabi bekam anschließend so manches Kompliment für ihren guten Griff. Sie selbst fragte sich allerdings, wo der übermütige und flapsige Frank geblieben war. Er war jetzt so ernst und zurückhaltend, und selbst, wenn sie beide allein waren, war er für seine Verhältnisse geradezu wortkarg. Aber vielleicht sah so eben einfach seine erwachsene Seite aus.

Natürlich gab es auch einen Besuch bei Frau Siebeck, die offensichtlich ebenfalls sehr zufrieden mit Gabis Wahl war, so oft wie sie Gabi heimlich zuzwinkerte, wenn Frank einmal wegsah. Am Abend nach dem Besuch rief sie Gabi sogar noch an.

»Nun hast du endlich jemanden, der sich richtig um dich kümmert. Ihr werdet ganz bestimmt eine glückliche kleine Familie sein. Ach, ich freu mich so für dich!«

Gabi selbst war sich gar nicht sicher, ob sie sich auch so sehr freute. Alles ging so furchtbar schnell, sie hatte kaum einmal eine Minute, um über die ganze Angelegenheit nachzudenken. Aber andererseits gab es ja auch nichts mehr nachzudenken. Sie konnte ohnehin nichts ändern, die Dinge nahmen einfach ihren Lauf.

Eine Woche vor dem Hochzeitstermin stand Gabi im Flur neben dem Tisch mit dem Telefon. Sie wollte den Pfarrer anrufen, um mit ihm einen Termin für das Traugespräch zu vereinbaren. Aber wo hatte ihre Mutter den Zettel mit der Nummer hingelegt? Gabi hob das Telefonbuch hoch. Vielleicht lag er ja darunter. Als das Telefon klingelte, zuckte sie zusammen.

»Gabi Knappe«, meldete sie sich.

»Ach Gabi, gut, dass du selbst dran bist. Hör mal, ich muss mit dir reden«, hörte sie Franks Stimme.

»Dauert das lange? Ich muss nämlich gleich den Pfarrer anrufen, der ist nur bis fünf Uhr zu sprechen.«

»Nein, es dauert nicht lange. Ich kann dich nicht heiraten. Tut mir leid.«

Es tutete in der Leitung. Frank hatte aufgelegt.

Gabi tastete nach dem Stuhl neben dem Telefontisch und ließ sich darauf fallen. Ihr war alles Blut aus dem Gesicht gewichen. Sie wusste sofort, dass Frank es ernst gemeint hatte. Es würde keine Hochzeit geben. Was würden bloß ihre Eltern sagen?

Rudolf Knappe lief zur Höchstform auf. Gabi wünschte, er hätte sich in ihrem bisherigen Leben auch nur einmal so für sie eingesetzt wie jetzt, als er versuchte, den treulosen Frank ausfindig zu machen. Eine kurze Zeit lang glaubte sie, ihr Vater wolle sich rächen für die Schmach, die man seiner Tochter angetan hatte. Aber dann merkte sie, dass es wieder einmal nur um Geld ging. Rudolf Knappe hatte schließlich schon so einiges ausgegeben für ihr Brautkleid und für die Anzahlung der Feier. Das wollte er zurückhaben von diesem unverschämten Saukerl!

Doch so wütend Rudolf Knappe auch war, Erfolg hatte er trotzdem nicht. Frank hatte gleich nach dem Telefonat seine wenigen Habseligkeiten bei der Familie Hilbich heimlich zusammengepackt und war mitten in der Nacht spurlos verschwunden, ohne Abschied, ohne Dank. Das Kinderheim verweigerte jegliche Auskunft über mögliche Verwandte, bei denen er untergetaucht sein könnte. Und die beiden älteren Damen, die sich um Frank gekümmert hatten, zuckten nur ratlos mit den Achseln.

»Wenn er sich mal wieder bei uns melden sollte, dann geben wir Ihnen Bescheid.«

Natürlich war Gabi am Boden zerstört und weinte sich in den ersten Tagen beinahe die Augen aus vor Enttäuschung, vor Demütigung und vor Angst davor, wie nun alles weitergehen sollte. Doch Und als sich der Schmerz ein wenig gelegt hatte, stellte sie fest, dass in dieser schlimmen Situation plötzlich alle zu ihr hielten und Hilfe anboten.

»Wir werden das Kind schon irgendwie groß kriegen«, diesen Satz hörte sie mehr als einmal, und mit der Zeit wuchs auch Gabis Zuversicht. Und plötzlich merkte sie, dass sie sich freute auf das Kind. Auf ihr Kind.

Gabi nannte ihren Sohn Sven. Er kam im Dezember 1978 im selben Krankenhaus wie neunzehn 19 Jahre zuvor Gabi selbst zur Welt. Ddie Geburt verlief schnell und ohne Probleme. Gabi war unglaublich stolz auf dieses Kind, das in ihrem Arm lag.

Trotzdem mischte sich in ihre Freude auch die Trauer darüber, dass dieser süße kleine Junge nun keinen Vater haben sollte. Sie selbst weinte Frank längst keine Träne mehr hinterher, diesem »Charakterschwein«, wie ihre Familie ihn inzwischen nur noch nannte. Und doch stellte sie sich insgeheim immer wieder dieselbe Szene vor: Es klopfte an die Tür des Krankenhauszimmers und Frank kam herein. Er hatte über irgendwelche Umwege von der Geburt seines Sohnes erfahren und wollte ihn nun unbedingt sehen. Und dann brach er beim Anblick des Babys in Tränen aus und flehte Gabi an, ihm noch eine Chance zu geben. Er sei doch nur in Panik geraten damals. Und sie verzieh ihm natürlich großmütig, und am Ende wurden sie doch noch die glückliche kleine Familie.

Tatsächlich aber sollte Sven seinen Vater niemals zu Gesicht bekommen. Das einzige, was Gabi je wieder von Frank hörte, waren die spärlichen Informationen des Jugendamtes. Wegen des ausstehenden Unterhalts für Sven war das Amt Frank jahrelang auf den Fersen, und sooft er auch seine Wohnung wechselte und unterzutauchen versuchte, man fand ihn doch immer wieder. Schließlich musste er wegen seiner beharrlichen Zahlungsverweigerung sogar ins Gefängnis. Es ging dabei allerdings nicht nur um Svens Unterhalt; Frank hatte mittlerweile mehrere Kinder in die Welt gesetzt und war überall säumig.

Doch irgendwann gelang ihm schließlich das vollständige Untertauchen. Als sich Sven mit Anfang zwanzig20 auf die Suche nach seinem Vater machte, hatten sich dessen Spuren so verloren, dass Sven enttäuscht aufgeben musste.

Als Gabi mit dem kleinen Sven auf dem Arm nach Hause kam, war an Tagträume nicht mehr zu denken. Abgesehen von der Arbeit, die ein Neugeborenes machte, musste Gabi auch noch einen wahren Ansturm von Besuchern über sich ergehen lassen. Jeder schien der jungen Mutter seine ganz persönlichen guten Ratschläge mitteilen zu wollen. Dazu kamen noch all die lustigen Babygeschichten, die auf sie niederprasselten. Meist hörte sie vor lauter Müdigkeit nur mit halbem Ohr hin, wenn bei den Kaffeekränzchen wieder einmal die Anekdoten hin- und herflogen. Nur wenn ihre Mutter etwas aus den Kindertagen ihrer drei Kinder zum Besten gab, horchte sie auf und erfuhr dabei gelegentlich sogar noch Neues über sich selbst. Zum Beispiel, dass ihre Mutter es bei Gabis Ernährung mit den vermeintlich so gesunden Karotten wohl etwas übertrieben hatte. Eine Nachbarin hätte damals irgendwann ausgerufen: »Mein Gott, Frau Knappe, die Gabi sieht ja aus wie eine Möhre! Damit müssen Sie aufhören, das Kind verstopft doch sonst!«

Ein anderes Mal erfuhr Gabi Erstaunliches über ihre Haare.

»Als die Gabi geboren wurde, da hatte sie ganz schwarzes Haar. Richtig schönes, dichtes, schwarzes Haar, so wie der Rudi vorher auch. Und einen Tag nach der Geburt kommt die Krankenhausnonne rein und bringt mir ein Kind mit einer Glatze! Ja, gut, was heißt Glatze, so ein bisschen blonder Flaum war drauf. Ich sag zu ihr: ›Hallo, das ist doch nicht mein Kind. Mein Kind hatte doch gestern schwarze Haare.‹ Und da sagt die Nonne: ›Doch, das ist Ihr Kind. Dem sind über Nacht alle Haare ausgegangen.‹ Da hab ich ja gestaunt.«

»Na, das muss ja ein schöner Anblick für die Nonne gewesen sein, als all die Haare in dem Bettchen lagen!«, sagte eine Nachbarin. »Das erinnert mich an unseren Wellensittich. Der hat auch mal über Nacht alle Federn verloren, der ganze Käfig lag voll. Schockmauser nennt man das, hat mein Mann gesagt.«

Alle lachten, und Gabi lachte mit ihnen.

»Ja, was es nicht alles gibt. Bei meinem Albert war es ja damals so, dass …«, fing eine andere die nächste Geschichte an, und dann ging das Geplauder munter weiter.

Neugeborene und ihre Haare – zu diesem Thema hatte offensichtlich jede etwas beizutragen, und Gabi war beinahe froh, als Sven seinen Hunger meldete und sie sich zum Stillen in das Nebenzimmer zurückziehen und sich dort erschöpft auf das Sofa fallen lassen konnte.

Kapitel 13

»Du kannst doch nicht immer abends nur zu Hause sitzen, Gabi, du musst unbedingt mal wieder raus. Deine Mutter passt bestimmt gerne auf den Kleinen auf, so sind Großmütter doch. Ich hab am Samstag ein paar Leute eingeladen. Es wäre wirklich schön, wenn du auch kommen würdest«, sagte Martina.

Martina war Gabis Kollegin bei der Firma Weißhaupt, einer Fleischwarenfabrik. Die Möllers hatten inzwischen ihr Lebensmittelgeschäft tatsächlich aus Altersgründen aufgegeben, und so hatte sich Gabi etwas Neues suchen müssen. In einer kalten Halle am Band zu stehen und Mettwürste herzustellen, war natürlich alles andere als ein Traumjob, aber Gabi war froh, auf Anhieb eine Stelle gefunden zu haben. Sie musste schließlich wieder Geld verdienen. Ihr Vater hatte unmissverständlich klargemacht, dass sie ihm nicht bis in alle Ewigkeit auf der Tasche liegen konnte.

»Ja, du hast recht«, sagte Gabi zu Martina. »Seit Sven da ist, bin ich praktisch gar nicht ausgegangen. Zweimal nur, in neun Monaten. Ich muss wirklich mal wieder unter Leute, einfach mal ein bisschen feiern. Ich bespreche das mit meiner Mutter, und wenn sie einverstanden ist, dann komme ich gerne!«

Gabi mochte ihn sofort. Er hieß Roland Hoffmann, war Bergmann, wohnte in Recklinghausen und war ein Bekannter von Martinas Freund. Mit seinen siebenundzwanzig27 Jahren war er sieben Jahre älter als Gabi und wirkte auf sie schon sehr erwachsen. Roland hatte einen ausgesprochen trockenen Humor und war in seiner Art sehr bedächtig und überlegt – und so sollte es nach dem gemeinsamen Abend bei Martina auch mehrere Wochen dauern, bis er Gabi endlich anrief. Er lud sie zu einem gemeinsamen Discoabend ein, und von da an waren sie ein Paar.

Gabi war an Rolands Seite so zufrieden wie noch nie zuvor. Alles fühlte sich einfach richtig an. Auch Gabis große Sorge hatte sich im Handumdrehen in Luft aufgelöst: Roland und der kleine Sven verstanden sich vom ersten Augenblick an blendend.

Als Gabi ein halbes Jahr später erneut vor einem positiven Schwangerschaftstest saß, hatte sie diesmal nur Grund zur Freude. Roland machte ihr auf der Stelle einen Antrag, und schon kurz darauf, im März 1980, wurde geheiratet. Und als Roland dann auch noch Sven adoptierte und ihn damit offiziell zu seinem Sohn machte, war das Glück für Gabi perfekt.

Zusammenziehen wollten sie allerdings erst nach der Geburt, und zwar in Recklinghausen. Gabi plante, noch bis zum Mutterschutz bei der Firma Weißhaupt zu arbeiten und blieb deshalb vorerst bei ihren Eltern wohnen.

Roland kam so gut wie jedes Wochenende nach Hürthen und übernachtete dann in Gabis Zimmer.

»Was, noch ein Esser mehr? Das wird ja immer bunter. Da muss der Roland uns aber Kostgeld geben. Und am besten schaffst du dir eine eigene Wasserstelle an, und einen eigenen Kühlschrank auch«, forderte Rudolf Knappe von Gabi.

»Wie bitte? Und die Freundin von Rudi darf hier jeden Tag ein und aus gehen und muss nichts zahlen?« Gabi war empört. Warum wurde sie immer schlechter behandelt als ihre Brüder?

Rudi arbeitete inzwischen als Tankwart und war zur Überraschung aller seit längerer Zeit mit einem netten Mädchen befreundet, das praktisch schon bei den Knappes wohnte.

»Das ist doch wohl etwas ganz anderes«, sagte Rudolf Knappe belehrend. »Du bist ja jetzt schließlich verheiratet!«

Also suchten und fanden Gabi und Roland deutlich schneller als geplant eine Wohnung in Recklinghausen, ganz in der Nähe von Rolands Elternhaus.

Seine Eltern waren relativ alt, der Vater bereits weit über siebzig70, und beide nicht bei bester Gesundheit. Bei der Mutter hatte man fortgeschrittenen Krebs festgestellt, und der Vater war schwer herzkrank. Roland wollte sich um die beiden kümmern, wenn es nötig wurde. Gabi hatte gegen diese Nähe nichts einzuwenden, denn sie fühlte sich bei seinen Eltern ausgesprochen willkommen, und auch der kleine Sven wurde von ihnen aufgenommen wie ein eigenes Enkelkind. Nun warteten sie mit Gabi und Roland gespannt auf das neue Leben, das bald auf die Welt kommen sollte.

Am 17. November 1980 war es so weit. Daniela wurde geboren. Sie war gesund und kräftig und von Anfang an ein Sonnenschein. Auch Rolands Eltern liebten das kleine Mädchen abgöttisch und wollten sie so oft wie möglich um sich haben. Gabi und Roland taten ihnen den Gefallen gern; niemand konnte sagen, wie viele Jahre den beiden noch blieben.

Auch am Freitag, den 13. Februar 1981, machten sich Gabi und Roland am Vormittag wieder auf den Weg dorthin. Sie waren zum Mittagessen eingeladen. Roland hatte sich den Tag freigenommen, am Nachmittag wollten sie zusammen noch verschiedene Besorgungen machen. Deshalb hatten sie das Auto genommen und Daniela in die Tragetasche gelegt.

Als sie ankamen, war das Kind gerade eingeschlafen. Gabi trug sie in ihrer Tasche vorsichtig ins Schlafzimmer und stellte sie dort auf das Bett. Dann ging sie in die Küche, um ihrer Schwiegermutter bei den Essensvorbereitungen zu helfen.

Eine Stunde später war es Zeit zum Stillen. Gabi schob die Schlafzimmertür langsam auf, sie wollte Daniela nicht erschrecken. Es war ganz still im Zimmer. Die Kleine schlief noch immer. Anscheinend war sie im Tiefschlaf, so ruhig, wie sie in ihrer Tasche lag. Aber es nützte nichts, nun musste sie geweckt werden, sonst geriet der ganze Zeitplan durcheinander.

Behutsam griff Gabi in die Tasche und hob Daniela hoch. Noch immer wachte sie nicht auf. So ein müder Fratz. Hatte sie denn heute Nacht nicht genügend Schlaf bekommen?

Gabi strich ihr mit dem Zeigefinger vorsichtig über die weiche Wange bis zum Mundwinkel. Das war Danielas empfindlichste Stelle. Gleich würde sie reflexartig ihren kleinen Mund öffnen und dann aufwachen.

Nichts. Nicht das kleinste Zucken.

Sie versuchte es auf der anderen Seite noch einmal.

Wieder nichts.

Und plötzlich schnürte sich Gabis Herz zusammen. Mit einem Schlag wurde ihr bewusst, dass schon die ganze Zeit über in diesem Zimmer etwas nicht gestimmt hatte. Es war viel zu still. Totenstill. Daniela gab nicht das leiseste Geräusch von sich. Ihr Baby atmete nicht!

Gabi stieß einen gellenden Schrei aus. Nur Sekunden später stürzte Roland in den Raum.

»Sie atmet nicht! Daniela atmet nicht!«, schrie Gabi.

Wortlos riss er ihr das Baby aus dem Arm, legte es auf das Bett, kniete sich hin und begann mit einer Mund-zu-Mund-Beatmung. Wieder und wieder legte er seinen Mund auf die Lippen seiner kleinen Tochter und versuchte, ihr Leben einzuhauchen.

Schließlich sah er hoch zu Gabi. Die Tränen liefen ihm über sein Gesicht. Er schüttelte den Kopf.

Daniela war tot.

In diesem Moment senkte sich ein Schleier über Gabi. Wie aus weiter Ferne sah sie all die Leute, die irgendwann hereinstürzten. Feuerwehrleute, Sanitäter, Ärzte. Ihre Schwiegereltern hatten in ihrer Panik alle Notrufnummern angerufen, die ihnen einfielen.

Gabi rannte aus dem Zimmer. Sie wusste nicht, wohin sie lief, ihre Beine bewegten sich von allein. Irgendwann fand sie sich unten vor dem Haus wieder. Sie schlug mit dem Kopf gegen die Haustür, wieder und wieder. Schließlich fasste sich eine Nachbarin ein Herz und zog die verzweifelte Gabi behutsam weg. Dann gab ihr irgendjemand eine Spritze.

Daniela lag jetzt im Krankenwagen. Ein kleines Bündel auf einer riesigen Trage. Gabi wollte zu ihr, wollte zu ihrem Baby, aber irgendjemand hielt sie fest. Sie hatte keine Kraft, sich dagegen zu wehren. Mit hängenden Armen blieb sie stehen und starrte in den Krankenwagen.

Plötzlich schrie sie auf. »Mein Gott, das Kind ist doch noch nicht einmal getauft.«

Gabi geriet in Panik. Wenn ein Kind starb, bevor es getauft war, dann kam es doch in die Vorhölle! Das konnte sie auf keinen Fall zulassen! Ihre kleine Daniela musste zum lieben Gott in den Himmel! Sie stürzte zurück ins Haus.

»Roland, wir brauchen einen Pfarrer. Daniela muss getauft werden. Wo ist denn hier das nächste Pfarramt? Ach, Gott, du bist ja evangelisch, dann weißt du das gar nicht. Aber ich brauche die Telefonnummer, unbedingt ...«

»Setz dich hin, Gabi, ich gehe kurz rüber zu den Kurbjuhns, die sind auch katholisch, die können mir das bestimmt sagen.«

Nach wenigen Minuten war Roland mit einem Zettel in der Hand wieder zurück. Er bot Gabi an, für sie beim Pfarrer anzurufen, doch sie wollte es selbst machen. Mit zitternden Händen wählte sie die Nummer.

»Nein, tut mir leid, dafür kann ich nicht extra zu Ihnen kommen. Ich hab heute noch viel zu tun. Wenn Sie unbedingt wollen, dann kommen Sie mit dem Kind hierher. Ansonsten wird Ihre Tochter sicher noch ins Krankenhaus gebracht, und dann kann der Krankenhauspfarrer das ja machen.«

Gabi war fassungslos.

»Er will nicht kommen«, sagte sie tonlos zu Roland.

»Ich rufe unseren Herrn Pastor an. Dann wird sie eben evangelisch getauft«, sagte Roland energisch.

»Im Namen des Vaters, des Sohnes und des Heiligen Geistes. Amen.«

Nachdem der Pastor diese Worte gesprochen hatte, fiel Gabi wieder in sich zusammen. Sie hatte all ihre Kraft zusammengenommen, um das Taufritual durchzustehen, und nun gab es nichts mehr, was sie noch tun konnte.

Roland legte seinen Arm um ihre Schulter und führte sie langsam ins Wohnzimmer. Sie war beinahe steif, und nur mit Mühen brachte er sie dazu, sich auf das Sofa zu legen. Kaum hatte er sie mit einer Wolldecke zugedeckt, da klingelte es wieder. Rolands Vater öffnete die Tür, und einige Augenblicke später kamen sie ins Wohnzimmer gepoltert: zwei Polizisten.

»Es tut uns leid, Frau Hoffmann, aber wir müssen Ihnen ein paar Fragen stellen.«

Gabi sah die beiden verständnislos an.

»Muss das unbedingt jetzt sein? Sie sehen doch, in welchem Zustand sich meine Frau befindet. Ich kann die Fragen doch sicher auch beantworten«, sagte Roland, der sich schützend vor Gabi gestellt hatte.

»Nein, leider können wir Ihrer Frau das jetzt nicht ersparen.«

Gabi setzte sich mühevoll wieder auf.

»Ist schon gut, Roland.«

Dann prasselten die Fragen auf sie ein.

»War Ihr Kind krank? Hat es normal gegessen, getrunken, geschlafen? Wurde es regelmäßig vom Kinderarzt untersucht? Gibt es in Ihrer Familie andere Fälle von Säuglingssterben?«

Das alles fragte der Jüngere der beiden, und Gabi antwortete mechanisch.

Dann setzte sich der ältere der beiden neben sie und legte ihr die Hand auf die Schulter.

»Sagen Sie mal«, begann er mit sanfter Stimme. »Kann es sein, dass Ihnen die neue Situation über den Kopf gewachsen ist, mit den zwei kleinen Kindern? Die kleine Daniela hat doch sicher viel geweint. Und heute wollte sie dann einfach nicht mehr aufhören zu schreien, obwohl sie doch gar keinen Grund hatte. Sie haben alles versucht, um sie zu beruhigen, aber nichts hat geholfen. Und schließlich haben Sie sie hoch genommen und geschüttelt, damit sie endlich still ist. So war es doch, nicht wahr?«

»Nein!«, schrie Gabi. »Mein Gott, ich habe doch mein Baby nicht geschüttelt! Daniela hat auch überhaupt nicht viel geweint, das stimmt doch alles gar nicht, was Sie da reden!«

»Jetzt reicht es aber«, rief Roland. »Wollen Sie etwa meine Frau beschuldigen?«

Der ältere Polizist stand wieder auf.

»Wir tun hier nur unsere Pflicht. Bei unbekannter Todesursache müssen wir in alle Richtungen ermitteln. Sie hören von uns.«

Die polizeilich angeordnete Obduktion ergab, dass Daniela erstickt war. Eine erkennbare Ursache hierfür gab es nicht. Jegliche Form von Fremdeinwirkung konnte ausgeschlossen werden. »Plötzlicher Kindstod« wurde in den Akten vermerkt. Damit waren die Ermittlungen abgeschlossen.

Die Beerdigung erlebte Gabi wie durch einen Nebel. Man hatte ihr ein so starkes Beruhigungsmittel gegeben, dass sie sich nur mit Mühe an Rolands Arm voranschleppen konnte. Sie war mehr tot als lebendig, und sie fühlte nichts. Wie erstarrt ließ sie alles über sich ergehen, später konnte sie sich an diesen Tag nicht einmal mehr erinnern.

Roland war in den vergangenen Tagen vor Trauer mehrmals beinahe zusammengebrochen, und so hatten sich ihre Schwiegereltern um alles gekümmert. Vor allem ihr schwer herzkranker Schwiegervater hatte ihnen beiden unglaublich viel Kraft und Unterstützung gegeben. Als dann alles vorbei war, brach er selbst zusammen und kam für mehrere Tage ins Krankenhaus.

Wochenlang konnte Gabi ihr Schlafzimmer nicht betreten – das Zimmer, in dem Daniela neben ihnen immer so selig geschlummert hatte. Sie saß den ganzen Tag im abgedunkelten Wohnzimmer und lag nachts stundenlang schlaflos auf dem Sofa. Wenn sie dann schließlich doch in einen bleiernen Schlaf fiel, wachte sie schon nach kurzer Zeit mit einem durchdringenden Schrei wieder auf. In ihrem immer wiederkehrenden Alptraum hatte sie Daniela nach Hilfe schreien hören.

Schweißgebadet setzte sich Gabi dann auf, und die immer selben Gedanken begannen zu kreisen. Was hatte sie nur falsch gemacht? Noch einen Tag vor Danielas Tod war sie beim Kinderarzt zur Vorsorgeuntersuchung gewesen, und er hatte ihr versichert, dass alles in bester Ordnung sei. Dann konnte es doch nur an ihr liegen. Sie musste einen Fehler gemacht haben. Ein vollkommen gesundes Kind erstickte doch nicht einfach so. Hätte sie Daniela aus der Tasche nehmen müssen? Hätte sie das Fenster in dem Schlafzimmer öffnen müssen? Hätte sie Daniela ihren kleinen Teddy aus der Hand nehmen müssen, war er ihr vielleicht vor das Gesicht gerutscht? Und warum nur hatte sie die Tür zugemacht? Warum hatte sie nicht zwischendurch einfach mal nach ihrer kleinen Tochter gesehen?

Jeden Morgen, wenn die Tür aufging, und Sven leise zu ihr auf das Sofa geschlichen kam und sich in ihren Arm kuschelte, versetzte es ihr einen Stich. Sie durfte sich einfach nicht so gehen lassen, und sie durfte nicht andauernd darüber nachdenken, dass sie nicht mehr leben wollte. Ihr kleiner Junge brauchte sie doch! Irgendwie schaffte sie es, die aufsteigenden Tränen zu unterdrücken und erst dann wieder zu weinen, wenn Rolands Eltern ihn abgeholt hatten, um ihr die nötige Zeit für sich zu geben.

Dann zwang der nächste Schicksalsschlag Gabi dazu, sich aus ihrer Apathie zu befreien und wieder am Leben teilzunehmen. Rolands Mutter starb im April, nur zwei Monate nach Danielas Tod.

Von diesem Tag an verfiel der Vater zusehends. Er konnte sich bald nicht mehr allein versorgen, lief orientierungslos umher und vergaß die einfachsten Dinge. Gabi und Roland holten ihn zu sich. Doch sein Zustand verschlechterte sich rapide. Er fand nachts die Toilette nicht und benutzte stattdessen den Wohnzimmerteppich, er lief ständig weg und erkannte an manchen Tagen nicht einmal mehr seinen Sohn. Als Gabi einmal mit Sven schimpfte, sprang ihr Schwiegervater dazwischen und ging wie wild auf Gabi los. Sie bekam mit der Zeit richtig Angst vor ihm und seinen ungeahnten Kräften. Schließlich gab es keine andere Möglichkeit mehr: Nach einem halben Jahr brachten sie ihn in ein Heim.

Zwei Wochen später war er tot. Gabi und Roland machten sich schwerste Vorwürfe. Sie hätten doch wissen müssen, dass er es nicht verkraften würde, in ein Heim gesperrt zu werden. Wie hatten sie ihm das nur antun können, nach allem, was er für sie getan hatte?

Trotz all dieser harten Schläge ging das Leben weiter und Gabi wurde wieder schwanger. Wieder bekamen sie eine gesunde Tochter. Sie nannten sie Tanja.

Es war die Hölle. Gabi schlief praktisch gar nicht. Die ganze Nacht horchte sie auf den Atem ihres Babys. Und wenn sie sich nicht hundertprozentig sicher war, stand sie auf und ging mit ihrem Gesicht ganz nah an ihr Baby heran. Zwei Jahre lang ging das so. Nach dem zweiten Lebensjahr – so hatten ihr mehrere Ärzte versichert – konnte man ausschließen, dass es noch zu einem plötzlichen Kindstod kommen konnte.

Nun endlich konnte Gabi beginnen, das Glück mit ihrer kleinen Tochter zu genießen. Tag für Tag, Woche für Woche entspannte sie sich etwas mehr. Doch traumatisiert blieb sie, vielleicht für immer; sie konnte an kaum einem Kinderwagen vorbeigehen, ohne automatisch ihren Kopf hineinzustecken und die Atmung des fremden Babys zu kontrollieren. Selbst wenn sie den Atem ihres Mannes nachts einmal nicht deutlich hörte, geriet sie in Panik.

Im Nachhinein wunderte sie sich selbst über den Mut, den sie nach Danielas Tod für eine erneute Schwangerschaft aufgebracht hatte. Der Wunsch, Sven nicht als Einzelkind aufwachsen zu lassen, hatte ihre Ängste und Bedenken wohl für kurze Zeit besiegt. Aber noch einmal wollte sie das Schicksal nicht herausfordern. Ein weiteres Kind kam für sie nicht mehr infrage.

Und noch etwas anderes stand für sie fest: Wenn sie selbst irgendwann einmal ein Enkelkind haben sollte, so würde sie niemals allein auf das Kleine aufpassen. Auch wenn man ihr noch so oft versichert hatte, sie sei nicht verantwortlich für Danielas Tod – tief in ihrem Innern würde sie sich wohl nie freimachen können von dem Gefühl, irgendetwas falsch gemacht zu haben. Irgendeine scheinbar unbedeutende Kleinigkeit, auf die sie bis heute nicht gekommen war. Allein der Gedanke, ihr könnte derselbe unerkannte Fehler bei Svens oder Tanjas Kind noch einmal unterlaufen, jagte ihr vor Entsetzen Schauer über den Rücken.

Eine Großmutter, die sich weigerte, mit ihrem Enkelkind allein in einem Raum zu sein – das würde für Sven und Tanja sicher schwer zu verstehen sein. Aber sie würde den beiden ganz offen von ihren Ängsten erzählen, und sie konnte nur hoffen, dass ihre Kinder ihrer Mutter dann Verständnis entgegenbringen würden.

Kapitel 14

Gabi war in Recklinghausen nie richtig heimisch geworden, es waren einfach zu viele traurige Dinge passiert. Immer stärker wurde sie von Heimweh geplagt. Auch wenn sie nicht das innigste Verhältnis zu ihren Eltern hatte, so hing sie doch an ihnen, vor allem an ihrer Mutter. Und sie vermisste auch ihre beiden Brüder.

Rudi war inzwischen verheiratet, und auch Markus hatte seit langer Zeit eine feste Freundin – eine Freundin, die sichtlich gut für ihn war. Seit sie Markus kannte, hatte sie ihn ermutigt, etwas aus sich zu machen.

»Du kannst doch mehr!«, hatte sie wieder und wieder zu ihm gesagt.

So bestärkt hatte es Markus über den zweiten Bildungsweg vom Hauptschüler zum Studenten gebracht und war nun Lebensmittelchemiker. Gabi war unglaublich stolz auf ihren jüngeren Bruder.

Es war aber nicht nur ihre Familie, die Gabi immer öfter über eine Rückkehr nach Hürthen nachdenken ließ. Sie sehnte sich auch nach ihrer besten Freundin. Sicher kam Brigitte häufig zu Besuch zu ihr nach Recklinghausen, aber die Fahrt mit dem Bus bedeutete doch jedes Mal einen Aufwand. Es war einfach etwas ganz anderes, wenn man bei der anderen jederzeit auch unangekündigt auf ein kleines Schwätzchen vorbeikommen konnte.

Gabi war sich nicht sicher, ob Roland von ihrer Umzugsidee sonderlich begeistert sein würde, doch schon bei ihrer ersten vorsichtigen Anfrage reagierte er positiv. Nach dem Tod seiner Eltern hielt auch ihn nicht mehr viel in seiner Heimatstadt. Und so stand es bald fest: »Wir ziehen nach Hürthen.«

Dort eine passende Wohnung zu finden, erwies sich allerdings als Problem. Sie hatten nicht damit gerechnet, dass die Suche länger als drei Monate dauern könnte und hatten in ihrem Optimismus ihre Wohnung in Recklinghausen bereits gekündigt. Als der Auszugstermin immer näher rückte, blieb ihnen schließlich nichts anderes übrig, als die nächstbeste Wohnung in Hürthen zu mieten, die ihnen angeboten wurde.

Es war eine riesengroße Luxuswohnung, die von allen Besuchern bestaunt und von einigen sogar mit offensichtlicher Missgunst betrachtet wurde.

»Na, ihr habt´s ja wohl dicke, wenn ihr euer Geld für so was hier verpulvert. Wenn ihr so viel Kohle habt, könntet ihr euren armen alten Eltern ja ruhig auch mal was zukommen lassen.« Diese Worte kamen natürlich von Rudolf Knappe.

Gabi schnappte nach Luft, aber Roland machte zu ihr hin eine abwinkende Handbewegung.

»Lass ihn doch reden«, bedeutete diese Geste.

Gabi war froh, dass sich Roland von ihrem Vater grundsätzlich nicht provozieren ließ. Sie kannte ihren Mann gut genug, um schon an kleinsten Regungen in seinem Gesicht zu erkennen, dass er sich durchaus ärgerte, aber nie stieg er auf den angebotenen Schlagabtausch mit seinem Schwiegervater ein. Wenn es Roland reichte, drehte er sich einfach um und ging. Er wollte nicht riskieren, sich Rudolf gegenüber im Ton zu vergreifen, denn schließlich war dieser Mann der Vater seiner Frau und der Großvater seiner Kinder.

Gabi liebte die Wohnung, das riesige Wohnzimmer, die moderne Einbauküche und vor allem das wunderschön geflieste Badezimmer mit

Badewanne und Dusche. Trotzdem war ihr klar, dass sie hier nicht ewig wohnen bleiben konnten. Die Kaltmiete von tausend1000 Mark war für eine Wohnung dieser Art sicherlich angemessen, doch auf Dauer würden sie sich damit finanziell übernehmen, wenn sie nicht mitverdiente. Gabi hatte zwar wieder bei der Firma Weißhaupt angefangen, hatte jeden Samstag in der Verpackungsabteilung gearbeitet, aber die Kälte dort hatte ihr eine schmerzhafte Blasenentzündung nach der anderen beschert, und so hatte sie diesen Job wieder aufgegeben. Eine Vollzeitstelle kam für sie nicht in Betracht, solange Tanja noch so klein war; und eine stundenweise Aushilfstätigkeit zu finden, die einigermaßen gut bezahlt wurde und sich dazu noch mit Rolands Arbeitszeiten koordinieren ließ, schien wenig wahrscheinlich.

Also mussten sie über kurz oder lang aus ihrer Traumwohnung ausziehen und sich etwas anderes suchen. In dieser Situation fiel ihnen ein Kaufangebot in die Hände: Ein Zechenhaus in der Elisenstraße war für gut achtzigtausend80 000 Mark zu haben. Ein ausgesprochen günstiger Kaufpreis, der daher rührte, dass es in diesem Haus noch einiges zu renovieren gab.

Warum sollten sie noch länger viel Geld für Miete ausgeben, wenn sie doch auch ein eigenes Haus haben konnten? Kurz entschlossen schlugen sie zu – vielleicht zu kurz entschlossen, wie sie im Nachhinein oft dachten.

»Unsere Bruchbude« nannte Gabi das Haus schon bald. Die Voreigentümer hatten sie nicht kennengelernt, aber es schienen recht spezielle Menschen gewesen zu sein, wie die Nachbarn zu berichten wussten.

»Die Leute, die hier von Ihnen gewohnt haben, hatten so eine ganz besondere Art zu wischen. Die haben einfach einen Eimer Wasser genommen und ihn mit Schwung ausgeschüttet. Einmal die Treppe runter und dann noch einmal quer durch das Haus.«

Kein Wunder, dass sich die Holzböden vollgesogen hatten und das gesamte Haus jetzt feucht war. Gabi fiel von einer Krise in die nächste. Statt ihres geliebten Luxusbadezimmers hatte sie nun – gar kein Badezimmer. Ihre Vorgänger mussten hier geradezu gehaust haben. Gabi wollte es sich lieber gar nicht näher vorstellen. Es gab noch nicht einmal einen richtigen Anschluss an die Kanalisation – eine Sickergrube hatte die entsprechenden Dienste geleistet. Bis endlich alle Anschlüsse verlegt und ein richtiges Bad eingebaut war, mussten sie sich mit einer uralten Zinkbadewanne behelfen.

»Wie nach dem Krieg!«, rief Gabi aus, wenn sie Sven und Tanja dort hineinhob oder selbst hineinkletterte.

Und dasselbe dachte sie, wenn sie auf dem Kohlenherd kochte. So schön er auch war, der Original-Herner-Herd aus der Zeit der Jahrhundertwende, so mühsam war es, ihn für jeden Topf Wasser erst einmal mit Kohle anheizen zu müssen.

Bald wurde das gesamte Haus zur Baustelle und damit praktisch unbewohnbar. Mit Kind und Kegel zogen sie bei Brigitte ein. Aus den geplanten Tagen wurden Wochen, doch dann endlich war es so weit: Sie konnten endgültig in ihr eigenes Haus einziehen.

»Hier will ich jetzt bleiben«, dachte Gabi. So viele aufwühlende Jahre lagen hinter ihr. Nun wollte sie endlich zur Ruhe kommen und einfach ein zufriedenes Leben führen. Ein liebevoller Ehemann, zwei gesunde Kinder, ein Häuschen mit Garten, die Familie in der Nähe, die beste Freundin zwei Straßen weiter – Gabi hatte das Gefühl, endlich angekommen zu sein.

Kapitel 15

»Wieso seid ausgerechnet ihr zu Monikas Hochzeit eingeladen?«, fragte Gabi entgeistert.

Margot Knappe zuckte nur mit den Achseln.

»Ihr habt doch mit Monika nie viel zu tun gehabt. Gerade mal, dass ihr sie von früher vom Sehen kennt, als meine Freundin. Und das ist doch auch schon Ewigkeiten her. Wollt ihr da etwa hingehen?«, fragte Gabi ungläubig.

»Na sicher, man kann doch so eine Einladung nicht einfach ausschlagen. Mal gucken, was die Siebecks da so alles auffahren«, grinste Rudolf Knappe.

Gabi schüttelte den Kopf. Sie verstand das alles nicht. Schon am Tag zuvor, als sie selbst Monikas Einladungskarte in ihrem Briefkasten gefunden hatte, hatte sie sich mehr als gewundert. Sie war nun seit sechs Jahren wieder in Hürthen und hatte Monika in dieser Zeit vielleicht drei- oder viermal getroffen, durch reinen Zufall in der Stadt oder einmal im Supermarkt. Jedes Mal hatten sie sich nur kurz unterhalten, so wie flüchtige Bekannte. Es waren die üblichen gegenseitigen Fragen gewesen: »Wie geht es dir? Was treibst du so?«

Monika hatte eine Ausbildung gemacht, zur Fleischereifachverkäuferin, wie sie betonte, und seit einigen Jahren arbeitete sie in der stadtbekannten Fleischerei Pasch. Bei ihrem letzten Treffen vor ungefähr einem halben Jahr war dann plötzlich auch von einem Freund die Rede gewesen. Monika war nicht müde geworden, ihn zu erwähnen. Er hieß Jürgen. Dieser Name hatte sich bei Gabi geradezu eingebrannt, denn sie hatte ihn in dem kurzen Gespräch so oft gehört:

»Jürgen sagt auch immer …«, »Jürgen findet, dass …«, »Also, Jürgen und ich …«.

Nun wollte sie diesen Jürgen also heiraten. So weit so gut. Aber was hatte sie, Gabi, bei dieser Hochzeit verloren? Sie hatte inzwischen ja nicht einmal mehr Kontakt zu Monikas Mutter. Frau Siebeck war einmal bei Gabi in Recklinghausen vorbeigekommen, aber es war nur ein kurzer Besuch gewesen, dazu noch im Beisein von Monika; dabei hatte sich die alte Vertrautheit zwischen ihnen nicht mehr so recht einstellen wollen. Hier in Hürthen waren sie sich erst zweimal über den Weg gelaufen, und beide Male war Frau Siebeck in Begleitung ihres Mannes gewesen, der offensichtlich nicht stehen bleiben wollte, und so hatten sie sich nur von Weitem zugewinktunken.

Ob Monika und ihre Mutter mit der Einladung den früheren Kontakt wieder aufleben lassen wollten? Aber warum wollte Monika bei ihrer Hochzeit auch Gabis Eltern dabeihaben? Sie waren ja seit Langem nicht einmal mehr Nachbarn. Wahrscheinlich brauchte Monika einfach noch ein paar Gäste, um den Saal vollzukriegen. So einfach war es wohl.

Auf jeden Fall würde sie hingehen. Sie war mehr als gespannt auf den Mann, der Monika heiraten wollte.

»Mutter, meinst du denn wirklich, dass der Jürgen der Richtige für die Monika ist?«, fragte Detlef besorgt.

»Ach Junge, nun lass mal gut sein. So verkehrt ist er auch wieder nicht. Und wo soll sie denn noch was Besseres finden? Monika ist ja bald schon dreißig, da wird es wirklich höchste Zeit. Du weißt doch selbst, was für ein Pech sie bisher mit den Männern hatte.«

Detlef seufzte. Natürlich wusste er das. Er war über Monika und ihr gesamtes Leben immer bestens informiert. Schließlich war sie nach wie vor das Thema Nummer eins, wenn er seine Eltern am Wochenende besuchen kam – allerdings erst, wenn Thema Nummer zwei abgehandelt war, und das hieß: Kurt.

Der Ablauf seiner Besuche war immer gleich. Meist kam Detlef am Sonntagvormittag, und so gut wie jedes Mal wartete seine Mutter schon im Vorgarten auf ihn und zog ihn beiseite.

»Ich muss dir erst mal was erzählen …«, raunte sie ihm zu, und los ging es mit irgendeiner vermeintlichen Missetat, die sein Vater wieder begangen hatte. Sie ließ nicht eher locker, bis Detlef schließlich ins Wohnzimmer ging, um ihm »gehörig die Meinung zu sagen«, wie sie forderte. Auch wenn es Detlef noch so zuwider war, seinen mittlerweile gesundheitlich stark angeschlagenen Vater zu tadeln, ließ er sich trotzdem darauf ein, um dem sonst unausweichlichen Streit mit der Mutter zu entgehen. Hatte er diese Pflicht hinter sich gebracht, ging er in die Küche, um sich dann für den Rest seines Besuchs das Neueste aus Monikas Leben anzuhören.

Seine Mutter hatte Monika nicht nur die Lehrstelle besorgt, sondern sich mit gleicher Inbrunst auch um deren Privatleben gekümmert. Als sie merkte, dass sich Monika mit dem Kennenlernen junger Männer schwertat, gab Hilde Siebeck kurzerhand Bekanntschaftsanzeigen auf.

Der erste, der sich meldete, war recht passabel, doch er verabschiedete sich schnell wieder.

»So richtig gut unterhalten kann man sich mit deiner Schwester aber nicht gerade«, hatte er zu Detlef gesagt, als sie sich das erste und auch letzte Mal trafen.

Mit dem zweiten Interessenten lief es zunächst besser. Monika zog zu ihm in die Wohnung oben im Haus seiner Eltern und glaubte fest an eine gemeinsame Zukunft, investierte sogar zehntausend10 000 Mark in eine neue Küche. Dann stellte sich heraus, dass sie mit einem Kriminellen zusammenlebte. Ihr Freund hatte ein Kind entführt und wurde zu einer Gefängnisstrafe verurteilt. Als Monika aus der Wohnung ausziehen wollte, kam es zum Streit mit seinen Eltern, die die neue Küche nicht herausgeben wollten. Nach langem Hin und Her zog Monika schließlich mit einer halb abgesägten Kücheneinrichtung in eine Wohnung im Haus ihrer Tante Gisela.

Zum ersten Mal in ihrem Leben war Monika nun für sich selbst verantwortlich, und Detlef fand, dass es ihr gut bekam. Er ging sogar ab und zu abends mit ihr aus. Das hatte es zuvor nie gegeben.

Doch für Hilde Siebeck war diese Situation unerträglich. Eine Frau mit Ende zwanzig20,, unverheiratet, nicht einmal mit einem festen Freund an der Seite? Das durfte es in ihrer Familie nicht geben. Und ganz besonders Monika brauchte doch jemanden, der sich um sie kümmerte.

So war nun Jürgen da.

Was für ein seltsamer Kauz, dachte Detlef jedes Mal, wenn er Monikas neuen Freund sah. Der reinste Alm-Öhi, mit seinem langen Rauschebart und seiner schweigsamen Art. Detlef konnte sich beim besten Willen nicht vorstellen, worüber sich Jürgen und Monika unterhielten, wenn sie allein waren, aber er musste zugeben, dass Monika neben ihm einen zufriedenen Eindruck machte. Anscheinend reichte es den beiden, ohne viele Worte einfach nur zusammen zu sein.

Für Detlef selbst wäre so eine Beziehung undenkbar gewesen. Seine eigene Ehe war von ständigem Gespräch und Gedankenaustausch geprägt. Christine war eine ausgesprochen lebendige Frau, die ihn mitriss und auch forderte, und das Zusammenleben mit ihr hatte ihn sehr verändert. Er hatte gelernt, viel offener auf andere Menschen zuzugehen und war insgesamt einfach selbstbewusster geworden.

Sicherlich war es neben Christines Einfluss auch sein beruflicher Werdegang, der zu seiner positiven Entwicklung geführt hatte. Nach der Lehre als Dekorateur und dem ersten Gesellenjahr mit einem Gehalt von nur 450 Mark hatte er gekündigt und bei Opel in Bochum angefangen, wo er das Dreifache verdiente. Doch nach kurzer Zeit wurde ihm klar, dass er nicht sein Leben lang am Band stehen und Motoren zusammenschrauben wollte. Ohnehin wurde er zu dieser Zeit zur Bundeswehr einberufen, und dort erzählte man ihm von den vielfältigen Ausbildungsmöglichkeiten beim Bund. Hier endlich konnte Detlef seinen alten Traum verwirklichen und sich zum Krankenpfleger ausbilden lassen. Nach vier Jahren, für die er sich bei der Bundeswehr verpflichtet hatte, wechselte er dann an eine Fachklinik für Psychiatrie und wurde schließlich Stationsleiter einer Abteilung für Kinder- und Jugendpsychiatrie. So hart und belastend die Arbeit mit psychisch erkrankten Menschen manchmal auch sein mochte, es war genau das, was Detlef immer gewollt hatte. Und in

Christine hatte er auch die richtige Partnerin gefunden, die ihn auf diesem Weg tatkräftig und verständnisvoll unterstützte.

Als Detlef Christine kennenlernte, hatte er bereits eine kurze und unglückliche Ehe hinter sich. Schon mit zweiundzwanzig22 Jahren hatte er Anke geheiratet. Vollkommen überstürzt, wie er im Nachhinein empfand. Nicht ganz unschuldig daran war seine Mutter gewesen. Obwohl Anke erst neunzehn19 Jahre alt und noch gar nicht lange Detlefs Freundin war, hatte Hilde Siebeck die beiden immer wieder gedrängt, endlich zu heiraten. Und jung wie sie waren, hatten sie sich auch drängen lassen. Doch ihre Ehe funktionierte überhaupt nicht. Nach drei Jahren reichten sie in gegenseitigem Einvernehmen die Scheidung ein.

»Ihr wollt euch scheiden lassen? Das dürft ihr nicht! Was sollen denn dann die Leute sagen?«, war Hilde Siebecks entsetzte Reaktion. Dass ihr Sohn und auch ihre junge Schwiegertochter in dieser Ehe kreuzunglücklich waren, war für sie zweitrangig. Das würde sich mit der Zeit schon alles zurecht biegen, beschwor sie die beiden – doch diesmal blieb sie ohne Erfolg.

Warum seine Mutter damals ihn und später auch Monika schon in so jungen Jahren unbedingt »unter der Haube« haben wollte, verstand Detlef bis jetzt nicht. Aber ein Gutes hatte die gescheiterte Ehe doch gehabt: Er war deutlich reifer und erfahrener aus ihr hervorgegangen; vielleicht hätte er sonst vor der vier Jahre älteren und gestandenen Christine auch gar nicht bestehen können.

Auch Christine war schon einmal verheiratet gewesen. Sieben Jahre lang hatte sie es in einer Ehe ausgehalten, die der reinste Alptraum war. Kurz nach der Hochzeit hatte sich ihr Mann als schwerer Alkoholiker entpuppt. Sie hatte alles versucht, um ihm zu helfen, aber letztlich war sie machtlos gewesen. Einzig der gemeinsame Sohn Thorsten ließ sie noch an dieser Ehe festhalten, bis sie einsah, dasses besser ist, wenn das Kind besser ohne Vater als mit diesem unberechenbaren Menschen aufwuchsächst. Nach einer dramatischen Trennung gegen den Widerstand ihres Mannes, der sie nicht gehen lassen wollte, folgte schließlich die Scheidung. Christine begann ihr nicht immer einfaches Leben als alleinerziehende Mutter. Dann begegnete sie Detlef – und damit dem Richtigen, sowohl für sich selbst als auch für den kleinen Thorsten, der mit seinen acht Jahren schon vieles zu verkraften gehabt hatte.

Eine ältere Frau, geschieden, dazu noch mit Kind – Detlef erwartete das Schlimmste, als er Christine seinen Eltern vorstellte. Doch zu seiner großen Überraschung wurde sie in seiner Familie sofort gut aufgenommen. So gut, dass Detlefs Mutter schon nach kürzester Zeit wieder von Heirat sprach. Aber diesmal fühlte sich Detlef nicht gedrängt, denn Christine und er waren sich ohnehin schon einig.

Seit dreizehn13 Jahren war er nun mit Christine in einer lebhaften Ehe glücklich, natürlich mit Höhen und Tiefen, wie es sie wohl in jeder Beziehung gab.

Und jetzt sollte also auch Monika Ehefrau werden. Ehefrau und Mutter – darauf legte Jürgen großen Wert. Er wollte unbedingt Kinder, das war einer der wenigen Sätze, die man bisher aus seinem Mund zu hören bekommen hatte. Hoffentlich würde dieser Wunsch auch in Erfüllung gehen, dachte Detlef, vielleicht bliebe in dieser Ehe sonst nicht allzu viel übrig, was die beiden verband.

»Ach, übrigens …«, riss Hilde Siebeck ihren Sohn aus seinen Gedanken. »Ich habe Herrn und Frau Knappe zur Hochzeit eingeladen. Und Gabi mit ihrem Mann natürlich auch.«

»Was?« Detlef sah seine Mutter fassungslos an.

»Na ja, du weißt doch wohl, warum!«, fuhr sie ihn ungeduldig an und stand mit einem Ruck von ihrem Stuhl auf.

Ende der Diskussion. So war es immer. Über »die Sache mit Gabi und Monika« wurde nicht gesprochen. So lautete die unausgesprochene Regel in ihrer Familie.

Eine Person allerdings machte von dieser Regel immer wieder eine Ausnahme, und das war seine Mutter selbst. Sie pfefferte eine Aussage in den Raum, die ihr Gegenüber fassungslos machte, weigerte sich dann aber, noch ein einziges Wort mehr zu sagen.

Wie oft hatte es Detlef seit seiner Kindheit erlebt, dass sie vor fremden Leuten plötzlich herausplatzte: »Die Monika ist gar nicht meine Tochter. Sie ist als Baby im Krankenhaus vertauscht worden. Mit dem Baby von Familie Knappe.«

Meist waren es neue Nachbarn oder neue Mitglieder im Schrebergarten oder Kegelverein, die nur ganz harmlos bemerkt hatten: »Ihre Tochter sieht Ihnen ja nicht gerade besonders ähnlich.«

Ohne Vorwarnung warf Hilde Siebeck ihnen dann die unglaubliche Wahrheit an den Kopf. Doch sobald die Leute nach dem ersten Schock anfangen wollten, Fragen zu stellen, hob sie abwehrend die Hände und rief: »Bitte, nein, ich möchte nicht weiter darüber reden. Das belastet mich einfach zu sehr.«

Die verschreckten Leute verstummten auf der Stelle und fragten nie wieder.

Detlef selbst wusste über »die Sache« noch immer nicht mehr als damals vor beinahe dreißig Jahren, als seine Mutter ihm wie beiläufig am Küchentisch erzählt hatte, dass er mit der falschen Schwester aufwuchs. Seitdem hatten sie kein Wort mehr darüber verloren.

Indirekt war seine richtige Schwester allerdings häufig Thema. Hilde Siebeck hielt Detlef ständig darüber auf dem Laufenden, was es Neues in Gabis Leben gab: ihre frühe Schwangerschaft, die Hochzeit, der Tod ihres zweiten Kindes, die Geburt ihrer Tochter Tanja, ihre Rückkehr nach Hürthen. Doch sobald er auch nur Luft holte, stoppte sie ihn. »Nein, ich möchte jetzt nicht mehr über die Gabi reden. Belaste mich nicht!«

Obwohl es Detlef in seinem sonstigen Leben inzwischen gewohnt war, die Dinge zu ergründen und zu hinterfragen, schaffte er es in diesem Punkt nicht. Lange Zeit hatte es ihm schwer auf der Seele gelegen, dieses ungeheuerliche Wissen mit sich herumzutragen, ohne mit jemandem darüber reden zu können – und ohne die Geschichte auch nur irgendwie begreifen zu können. Im Laufe der Jahre hatte er dann gemerkt, dass es ihm am besten bekam, die Situation einfach hinzunehmen und jeden aufkommenden Gedanken zu verdrängen. Doch immer wieder schaffte es seine Mutter, die Wunde schlagartig aufzureißen. So wie jetzt.

»Du weißt doch wohl, warum!« Ehrlich gesagt wusste er nicht, warum Herr und Frau Knappe eingeladen waren. Gut, die beiden waren Monikas leibliche Eltern. Aber das waren sie schließlich seit dreißig30 Jahren, und nicht ein einziges Mal hatten sie in dieser langen Zeit Monikas Nähe gesucht. Warum war es jetzt auf einmal eine

Selbstverständlichkeit, dass sie an der Hochzeit ihrer Tochter teilnahmen, die sie doch bestenfalls flüchtig kannten? Würden sich die Knappes über diese Einladung nicht noch mehr wundern als er? Oder war alles mit ihnen abgesprochen? Wollten sie vielleicht wenigstens an diesem besonderen Tag ihrer leiblichen Tochter nahe sein? Und was war mit Gabi? War sie nicht auch erstaunt? Oder kannte sie die Wahrheit längst – im Gegensatz zu Monika?

Je länger Detlef über alles nachdachte, desto aufgeregter wurde er. Es würde das erste Mal sein, dass alle Beteiligten dieser Vertauschungsgeschichte zusammen in einem Raum wären. Eigentlich völlig absurd, diese Vorstellung, dass da zwei Elternpaare mit ihrer jeweils falschen Tochter ruhig und entspannt zusammensitzen und feiern sollten. Vielleicht würde irgendetwas passieren. Was genau das sein könnte, wollte er sich lieber nicht vorstellen. Aber eine Sache stand auf jeden Fall fest: Er würde seine leibliche Schwester treffen.

Am Montag vor der Hochzeit klingelte Detlefs Telefon. Es war seine Mutter.

»Gabis Opa ist gestern gestorben. Der Vater von Herrn Knappe. Die Beerdigung ist am Freitagmittag. Dann können sie natürlich unmöglich am selben Abend noch feiern gehen. Deshalb kommen sie nicht zu Monikas Hochzeit. Nur, dass du Bescheid weißt.«

Detlef war zutiefst enttäuscht. Er hatte sich auf die Begegnung mit Gabi wirklich gefreut. Ob es jemals eine neue Chance geben würde, seine Schwester kennenzulernen?

Kapitel 16

Jemand klingelte Sturm.

»Ja, Moment«, rief Gabi und legte das Geschirrtuch zur Seite. Hatte Tanja schon wieder ihren Schlüssel vergessen? Aber das war trotzdem kein Grund, einen solchen Rabatz zu machen. Sie öffnete die Tür.

»Also, sag mal …«

Aber es war nicht Tanja. Brigitte stand schwer atmend vor ihr.

»Was ist denn mit dir los? Sind sie hinter dir her?«, fragte Gabi lachend.

»Du glaubst nicht, was ich gerade erlebt habe«, keuchte Brigitte, während sie an Gabi vorbei ins Haus ging und sich dann in der Küche auf einen Stuhl fallen ließ.

»Also, pass auf«, fing sie an, während sich Gabi ihr gegenüber setzte. »Du weißt ja, dass Annika das kleine Stück vom Kindergarten nach Hause eigentlich immer allein geht.«

Annika war Brigittes Tochter. Brigitte hatte sich mit dem Kinderkriegen mehr Zeit gelassen als Gabi. Annika war gerade erst vier geworden, während Tanja nun schon zwölf Jahre alt war.

»Aber heute komme ich auf dem Rückweg vom Zahnarzt durch Zufall genau um zwölf Uhr beim Kindergarten vorbei und denke: ›Ach, holst du die Kleine mal ab, dann freut sie sich.‹ Ich gehe also rein, stehe dann in diesem Flur, der immer so schlecht beleuchtet ist, und denke: ›Nanu, was ist das denn? Da vorne steht ja der Rudi Knappe. Was macht der denn hier? Der hat doch gar kein Kind!‹ Ich gehe also hin, will ihn ansprechen, und was meinst du? Da ist das gar nicht der Rudi! Da ist das eine Frau! Aber ich schwöre dir, sie sah genau aus wie Rudi, genauso! Nur ohne Schnurrbart.«

»Tja, das wird wohl Monika gewesen sein«, sagte Gabi trocken. »Sie hat ja inzwischen eine Tochter, ich hab sie mal in der Stadt mit einem kleinen Mädchen gesehen.«

»Also, sag mal, mehr hast du dazu nicht zu sagen? Das gibt es doch wohl nicht!«

»Wieso, ich hab dir doch immer erzählt, dass Monika und Rudi sich ähnlich sehen.«

»Ja, ähnlich. Aber die sehen sich doch nicht nur ähnlich. Die sehen absolut gleich aus!«

»Ja, da hast du wohl recht, aber…«

»Was heißt hier aber? Mensch Gabi, das glaub ich jetzt einfach nicht. Das kann doch kein Zufall sein, wenn zwei Menschen wie eineiige Zwillinge aussehen. Da muss es doch irgendeine Verbindung geben. Seid ihr vielleicht verwandt mit Monikas Familie? Gibt es einen gemeinsamen Großvater oder so etwas in der Art? Du bist doch ständig bei dieser Frau Siebeck gewesen. Habt ihr denn nie darüber gesprochen, dass dein Bruder haargenauso aussieht wie ihre Tochter?«

»Nein, irgendwie war das kein Thema. Ich fand es eigentlich immer nur lustig, wenn wieder jemand meinte, er hätte Rudis Schwester gesehen, und in Wirklichkeit war es Monika. Aber darüber mit Frau Siebeck zu sprechen … Auf die Idee bin ich gar nicht gekommen.«

»Also, tut mir leid, ich finde das überhaupt nicht lustig. Irgendetwas stimmt doch da nicht. Ich finde, wir sollten der Sache mal auf den Grund gehen.«

»Ach, ich weiß nicht so recht …«, sagte Gabi. Ihr war unbehaglich zumute, und sie hatte Brigitte auch nicht die Wahrheit gesagt. Sie hatte damals durchaus darüber nachgedacht, Frau Siebeck auf diese Ähnlichkeit anzusprechen, mehr als einmal sogar, aber dann war sie immer wieder davor zurückgescheut. Sie hatte einfach das Gefühl gehabt, dass es besser wäre, diesem Thema nicht zu viel Bedeutung beizumessen, sondern nur darüber zu lachen. Und dieses Gefühl hatte sie auch heute noch. Dass Brigitte nach all den Jahren nun plötzlich auf diese Sache gestoßen war und gleich so ein Drama daraus machte, passte ihr überhaupt nicht. Aber sie wusste, dass jede Widerrede zwecklos war. Was Brigitte sich in den Kopf gesetzte hat, das zog sie auch durch; und je mehr man versuchte, sie davon abzuhalten, desto mehr trieb man sie nur an. Gabi beschloss, ihre Freundin einfach machen zu lassen. Wahrscheinlich würde die Geschichte dann bald schlichtweg im Sande verlaufen.

Eine Woche später saß Brigitte wieder bei Gabi am Küchentisch.

»Also, Gabi, wenn du mir noch mal erzählen willst, dass das Zufall ist mit der Ähnlichkeit … Ich war gestern Nachmittag bei Monika zu Besuch, und …«

»Wie bitte? Wie bist du da denn hingekommen?«

»Na ja, da hat der Zufall mitgeholfen. Nachdem ich neulich bei dir war, hab ich gleich am nächsten Tag Annika wieder vom Kindergarten abgeholt. Und bei der Gelegenheit stellte sich dann heraus, dass sich Annika ausgerechnet mit Monikas Tochter Juliane angefreundet hat. Na ja, und dann hab ich dem Ganzen ein bisschen nachgeholfen und Annika gefragt, ob sie sich nicht mal nachmittags zum

Spielen mit ihrer neuen Freundin treffen will. Ich würde sie auch hinbringen und wieder abholen, hab ich ihr versprochen. Und zwei Tage später kam Annika und sagte, Julianes Mutter hätte uns beide eingeladen. Und so saß ich dann gestern bei Monika auf dem Sofa und hab mit ihr Kaffee getrunken.«

»Also, das ist doch wieder mal typisch Brigitte.« Gabi musste gegen ihren Willen lachen.

»Wieso, man muss doch die Dinge auch in die Hand nehmen, wenn man etwas in Erfahrung bringen will«, sagte Brigitte. »Aber wie dem auch sei, jetzt mal zum Wesentlichen. Diese Monika sieht nicht nur aus wie Rudi. Sie redet auch wie er, sie geht wie er, und sie raucht sogar wie er. Ich musste mich richtig zusammenreißen, dass ich sie nicht die ganze Zeit mit offenem Mund anstarrte. Ich kann einfach nicht begreifen, dass du mir das nie erzählt hast.«

»Ich weiß auch nicht …« Gabi zuckte mit den Schultern.

»Aber dann ging es ja noch weiter. Monika hat mir Fotos gezeigt. Von ihrer Familie. Ich dachte wirklich, mich trifft der Schlag. Sie sieht ja aus wie eine völlig Fremde zwischen ihren Eltern und dem Bruder! Genau wie du in deiner Familie. Bei den Knappes ein blondes Mädchen zwischen lauter Schwarzhaarigen, bei den Siebecks ein schwarzhaariges Mädchen zwischen lauter Blonden. Ich hab mir ja nie etwas dabei gedacht, dass du so anders aussiehst als der Rest der Familie Knappe. Aber jetzt, wo es genau den gleichen Fall noch einmal gibt, nur umgekehrt …«

»Was willst du denn damit sagen?« Gabi lehnte sich zurück und verschränkte die Arme.

»Na ja, eigentlich gibt es da doch wohl nur eine …« Brigitte stockte und atmete laut aus. Dann schüttelte sie den Kopf. »Ich weiß ja auch nicht, was da los ist. Also, eines steht jedenfalls fest: Monika passt hundertprozentig in deine Familie, und zwar in jeder Hinsicht. Du dagegen passt überhaupt nicht in deine Familie, zu den Siebecks dagegen viel eher. Ich habe die Leute zwar nur auf dem Foto gesehen, aber wenn ich mir vorstelle, du würdest auf diesem Foto an Monikas Stelle stehen, dann würde es irgendwie … ja, es würde einfach richtig aussehen.«

Die beiden Freundinnen sahen sich an. Brigitte schien darauf zu warten, dass Gabi etwas sagte, aber Gabi wandte nur stumm ihren Blick ab.

»Na gut, Gabi, dann sag ich dir, welcher Gedanke mir einfach nicht aus dem Kopf gehen will: dass ihr beide vertauscht worden seid!«

Gabi schreckte hoch und schnappte nach Luft.

»Aber dann denke ich sofort wieder, dass das natürlich Blödsinn ist«, sprach Brigitte hastig weiter. »Wie sollte denn so etwas passieren können? Man kann sich ja wohl kaum vorstellen, dass eure Mütter sich irgendwann einmal auf der Straße begegnet sind und dann nach einem Schwätzchen aus Versehen mit dem falschen Kinderwagen nach Hause …«

»Nein, das nicht«, sagte Gabi langsam und machte eine Pause, bevor sie zögernd weitersprach. »Aber vielleicht ist im Krankenhaus etwas schiefgegangen. Monika ist ja nur einen Tag vor mir geboren worden, unsere Mütter waren also zur selben Zeit im Krankenhaus.«

»Wie bitte? Das gibt es doch wohl nicht! Das hast du mir ja nie erzählt!«, rief Brigitte aus.

»Es ist trotzdem absoluter Blödsinn!«, fiel ihr Gabi hart ins Wort. »Monika und ich sahen damals schon vollkommen unterschiedlich aus. Ich habe ja Babyfotos von ihr gesehen. Sie war immer schon so ein dunkler Typ. Uns konnte man doch nicht verwechseln!«

»Hm …«, machte Brigitte. Dann schwiegen beide wieder. Gabi verschränkte die Arme wieder und sah aus dem Fenster.

»Ja, gut … Wahrscheinlich hast du recht«, sagte Brigitte schließlich. Sehr überzeugt klang sie nicht. »Aber ich glaube trotzdem nicht an einen Zufall. Irgendetwas ist da ganz und gar nicht richtig.«

»Ach, komm jetzt, ich will davon nichts mehr hören. Das sind doch alles Hirngespinste. Lass uns einfach aufhören mit diesem Unsinn. Willst du Kaffee, oder soll ich uns einen Tee machen?«

Aber Brigitte hörte nicht auf. Natürlich ging sie die Sache eigentlich nichts an, aber sie hatte das Gefühl, Gabi helfen zu müssen. Sie kannte ihre Freundin gut genug, um ihr anzumerken, wie sehr ihr der Verdacht, dass etwas Grundlegendes in ihrem Leben nicht stimmen könnte, auf der Seele lastete. Gabi war sonst immer so offen und lustig und nahm sich selbst auch gern auf die Schippe. Wenn sie sich nun so ungewohnt abweisend verhielt, dann musste Brigitte tatsächlich eine Wunde aufgerissen haben – eine Wunde, die anscheinend schon lange existierte und nur notdürftig bedeckt war. Und die mit Sicherheit nicht verheilen würde, wenn man sie ignorierte. Aber genau das tat Gabi. Auch auf die Gefahr hin, dass sie ihrer Freundin zu nahe treten würde, beschloss Brigitte, nicht lockerzulassen. Sie war sich sicher, dass es für Gabi besser sein würde, wenn die Sache mit der seltsamen Ähnlichkeit geklärt wäre: Ob es nun wirklich einfach

Zufall war oder ob nicht doch etwas Ungeheuerliches dahintersteckte.

Monika würde ihr allerdings nicht weiterhelfen können, das hatte Brigitte schnell gemerkt. Auf ihre Ähnlichkeit mit Rudi Knappe angesprochen, hatte sie nur desinteressiert die Achseln gezuckt und etwas wie »kann schon sein« gemurmelt. Anders als bei Gabi hatte Brigitte bei Monika das Gefühl, dass sie sich darüber tatsächlich noch nie Gedanken gemacht hatte.

Trotzdem nahm Brigitte jede Gelegenheit wahr, Monika zu treffen. Vielleicht würde sie doch noch mehr herausfinden, wenn sie bei Monika zu Besuch war. Eine andere Möglichkeit fiel ihr auch nicht ein. Schließlich konnte sie ja wohl kaum bei Frau Siebeck vorbeigehen – die sie ja nicht einmal kannte – und sie auf den Kopf zu fragen, wie sie sich die Ähnlichkeit ihrer Tochter mit dem Sohn der Knappes erkläre. Das würde wirklich zu weit gehen. Schließlich wollte sie auf keinen Fall ihre Freundschaft mit Gabi riskieren. Ihr blieb nichts übrig, als darauf zu hoffen, über die Treffen mit Monika weitere Indizien für ihre Theorie zu finden.

Als bei einem dieser Treffen eines Nachmittags Detlef Siebeck unerwartet vorbeikam, um Monika etwas vorbeizubringen, fiel Brigitte fast aus allen Wolken. Die schwarzhaarige, dünne und hektische Monika neben dem blonden, kräftigen und ruhigen Detlef – diese beiden waren ein genauso ungleiches Geschwisterpaar wie Gabi und Rudi. Sie waren wie das passgenaue Gegenstück.

Bisher war Brigitte von ihrer Verwechslungstheorie nicht so wirklich überzeugt gewesen. Zwar schien eine Vertauschung die einzig mögliche Erklärung zu sein, aber es war einfach zu unvorstellbar, dass so etwas passieren konnte – und dass keiner es bemerkt hatte. Doch dieser unharmonische Anblick von Monika und Detlef sagte ihr etwas anderes. In natura wirkten die beiden noch viel fremder nebeneinander als auf den Fotos. Sie musste sich zusammenreißen, um nicht herauszuplatzen: »Ihr beide seid doch keine Geschwister!«

Brigitte überlegte, ob sie Detlef nicht wie beiläufig darauf ansprechen sollte, dass er seiner Schwester ja gar nicht ähnlich sehe. Um dann zu beobachten, wie er reagierte. Vielleicht wusste er ja irgendetwas.

Aber sie entschied sich dagegen. Sie durfte sich nicht noch mehr einmischen. Gabi musste selbst etwas unternehmen, wenn sie es für richtig hielt. Falls dieser Zeitpunkt überhaupt jemals kommen würde.

Gabi schwankte zwischen zwei Extremen. Wenn Brigitte von einem ihrer Besuche bei Monika erzählte und dabei wieder einmal auf ihre Vermutung zurückkam, konnte es passieren, dass Gabi ihre Freundin beinahe anschrie.

»Jetzt hör endlich auf, du gehst mir wirklich auf die Nerven mit deinem ewigen Gerede, dass ich vertauscht sein soll oder was auch immer. Das ist doch alles Quatsch! Ich will davon nichts wissen! Und ich will erst recht nichts unternehmen!«

Genauso gut konnte es aber auch sein, dass sie mit unsicherer Stimme fragte: »Meinst du denn wirklich, dass das sein kann? Wenn das wahr wäre … Mein Gott, Brigitte, wenn ich nur versuche, es mir vorzustellen, dann wird mir schon ganz schwindelig. Hoffentlich irrst du dich!«

Im Laufe der Monate ließ Gabis abweisendes Verhalten gegenüber Brigittes Vermutung immer mehr nach. Immer weniger konnte sie das Gefühl unterdrücken, dass in ihrem Leben etwas ganz und gar nicht stimmte. Schließlich war es nicht nur die Ähnlichkeit zwischen Rudi und Monika, die Anlass zum Grübeln gab.

»Hast du eigentlich nie darüber nachgedacht, warum sich Frau Siebeck so intensiv um dich gekümmert hat? Ich hab dir damals ja schon immer gesagt, wie seltsam ich das finde«, sagte Brigitte.

»Wenn ich ehrlich bin … nein. Ich fand es einfach nur schön, dass sich jemand so sehr für mich interessiert hat. Und ich dachte, dass ich ihr eben leidtue, weil meine Mutter nie Zeit hatte, und mein Vater … na ja, du weißt ja.«

»Ja, sicher, und ich hab mich damals ja auch für dich gefreut, dass du da fast so etwas wie ein Ersatz-Zuhause hattest. Aber stutzig hat es mich trotzdem gemacht. Na ja, aber jetzt ist es ja klar. Glauben kann man es trotzdem kaum. Da sitzt die dir immer gegenüber und guckt dich an und kann das aushalten. Sagt kein Wort.«

»Du meinst, sie hat es gewusst?«

»Na sicher! Mensch Gabi, ich versteh das gar nicht, du bist doch sonst so pfiffig, und in dieser Sache siehst du die einfachsten Zusammenhänge nicht.«

Gabi legte ihren Arm auf den Tisch und ließ ihren Kopf schwer darauf sinken. Brigitte legte ihre Hand auf die Schulter ihrer Freundin.

»Ich verstehe ja, dass das für dich schrecklich sein muss. Ich kann es ja auch noch immer nicht wirklich fassen, und eigentlich hoffe ich, dass wir falschliegen mit unserer Vermutung. Aber ich fürchte, sie stimmt. Und ich glaube wirklich, dass du etwas unternehmen musst. Du brauchst endlich Klarheit.«

Schließlich weihte Gabi auch Roland ein. Eigentlich hatte sie nicht vorgehabt, ihn mit diesen »Hirngespinsten«, wie sie Brigittes und mittlerweile auch ihre eigene Vermutung immer noch nannte, zu belasten. Aber Roland merkte, dass seiner Frau etwas schwer zu schaffen machte, und bohrte so lange, bis sie ihm alles erzählte.

Wie immer ging er die Sache äußerst sachlich an.

»Wenn dir heute jemand sagen würde: ›Ja, Gabi, du bist vertauscht worden.‹ – wWas wäre denn dann? Würde sich irgendetwas ändern? Du wärst doch trotzdem noch immer dieselbe Gabi. Was gewesen ist, ist gewesen. Daran lässt sich nichts mehr ändern. Und du hast doch jetzt deine eigene Familie, die Kinder, mich ... Es ist doch eigentlich alles gut so, wie es ist. Oder nicht?«

»Doch«, brachte Gabi nur mühsam heraus.

Roland hatte recht. Sie selbst sagte sich solche Dinge auch ständig. Es war wirklich alles gut so, wie es war. Sie war zufrieden mit ihrem Leben, und Roland und die Kinder machten sie glücklich. Aber in ihr war diese Stimme, die immer wieder sagte: »Du musst es einfach wissen.« Und diese Stimme wurde ständig lauter. Was würde passieren, wenn sie ihr nachgeben würde? Wenn sie wirklich herausfinden würde, dass man sie vertauscht hatte? Würde sie dann völlig aus der Bahn geworfen werden? Und würde Roland auch dann noch zu ihr stehen?

»Gabi, komm mal her.« Roland nahm ihre Hand. »Ich persönlich glaube, es wäre besser, mit dieser Sache aufzuhören. Aber wenn du trotzdem etwas unternehmen willst, dann unterstütze ich dich. Hauptsache, du machst dich nicht kaputt.«

Doch genau das machte Gabi. Sie war nicht in der Lage, sich zu entscheiden: Sollte sie wirklich etwas unternehmen und versuchen, sich Klarheit über ihre Herkunft zu verschaffen, so wie ihr Brigitte immer wieder riet? Oder sollte sie einfach einen Schlussstrich unter die ganze Angelegenheit ziehen und sich nicht mehr damit belasten? In ihr tobte ein ständiges Hin und Her; sie fing an, schlecht zu schlafen und war am nächsten Tag gereizt und unkonzentriert.

Roland war der Meinung, dass man nicht alles im Leben unbedingt wissen und ergründen müsse, und er riet ihr noch ein zweites Mal, die Sache auf sich beruhen zu lassen. Gabi stimmte ihm zu, denn in diesem Moment schien ihr sein Rat der einzig vernünftige zu sein. Doch nur einen Tag später sah es in ihr schon wieder anders aus. Es gelang ihr einfach nicht, nicht an diese Sache zu denken. Im Gegenteil, sie hatte das Gefühl, als wäre kaum noch Platz für einen anderen Gedanken.

Wenigstens schaffte sie es, ihr Gefühlschaos vor Roland einigermaßen zu verbergen. Sie fürchtete, er könne für ihre dauernde Unentschlossenheit irgendwann doch nicht mehr so viel Verständnis aufbringen. Stattdessen bombardierte sie Brigitte mit ihren Stimmungsschwankungen.

»Ich muss etwas unternehmen! Ich halte diese Ungewissheit nicht mehr aus!«, ließ sie an einem Tag kämpferisch verlauten.

Am nächsten Tag sah die Welt allerdings wieder ganz anders aus.

»Ach, wir haben uns da doch in etwas verrannt. Das kann doch einfach gar nicht sein. Vertauscht! Und mit so einem Blödsinn soll ich zu Frau Siebeck gehen? Oder am besten noch zu meinen Eltern? Die lassen mich ja einweisen!«, hieß es dann.

Am häufigsten bekam Gabis Freundin aber zu hören: »Ach, Brigitte, was soll ich bloß machen? Ich weiß einfach nicht, was das Richtige ist, ich dreh noch durch.«

Wieder und wieder dieselben Gespräche, alles drehte sich im Kreis. Bei allem Verständnis für Gabi – so konnte es einfach nicht weitergehen. Seit Brigitte im Kindergarten Monika mit Rudi verwechselt hatte, waren nun schon ganze zwei Jahre vergangen. Jetzt musste doch endlich etwas passieren. Gabi musste eine Entscheidung treffen – so oder so.

Eines Freitagnachmittags saßen Brigitte und Gabi wie so oft bei Kaffee und Kuchen zusammen.

»Ich war heute Vormittag in der Stadt, und da habe ich von Weitem Monika gesehen«, erzählte Gabi. »Sie hatte eine dicke schwarze Jacke an, und anscheinend war sie auch beim Friseur gewesen, jedenfalls hatte sie ziemlich kurze Haare. Sie sah aus wie ein Mann, und dadurch sah sie dem Rudi noch ähnlicher als sonst. Und da hab ich wieder gedacht: ›Mensch, Gabi, das kann kein Zufall sein, du musst da was unternehmen‹, und …«

»So!« Brigitte sprang auf. »Es tut mir leid, ich kann es nicht mehr hören. Komm, los, steh auf und komm mit.«

Erschrocken stand Gabi von ihrem Stuhl auf und ging hinter Brigitte her in den Flur. Brigitte blieb vor dem Telefon auf der Kommode stehen.

»So. Hier.« Brigitte nahm den Hörer ab und drückte ihn Gabi in die Hand. »Du rufst jetzt Frau Siebeck an und sagst, dass du vorbeikommen und mit ihr reden willst.«

Gabi wurde blass und schnappte nach Luft.

»Nein, du machst das jetzt«, sagte Brigitte und stemmte ihre Hände in die Hüften. »Eher gehe ich hier nicht weg.«

Wie in Trance nahm Gabi den Hörer und wählte die Nummer. Sie wusste sie noch immer auswendig.

Am anderen Ende der Leitung klingelte es. Gabi zählte mit. Sechsmal. Siebenmal. Achtmal.

»Da geht keiner ran«, sagte sie zu Brigitte und stieß einen erleichterten Seufzer aus. Sie nahm den Hörer vom Ohr und wollte ihn wieder auf die Gabel legen.

»Halt, stopp, so schnell geben wir ja wohl nicht auf. Lass es weiterklingeln. Vielleicht ist sie gerade im Garten und muss erst reinkommen.«

»Ich glaube eher, dass sie …«

»Ja? Siebeck hier«, hörte Gabi im selben Moment die vertraute Stimme aus dem Hörer in ihrer Hand. Schnell hielt sie ihn sich wieder an ihr Ohr und antwortete.

»Frau Siebeck, ja, hallo, hier ist Gabi.«

Stille.

»Ach, Gabi, hallo … Das ist ja eine Überraschung«, hörte sie Hilde Siebeck schließlich sagen.

»Ja, ich … ich …«, stammelte Gabi und brach ab. Sie warf Brigitte einen hilfesuchenden Blick zu. Doch bevor ihre Freundin ihr etwas zuraunen konnte, sprach Frau Siebeck schon weiter.

»Ist irgendetwas passiert? Mit deinen Eltern?«

»Nein, nein, alles in Ordnung. Es ist nur so, dass …«, Gabi holte tief Luft. »Ich wollte fragen, ob wir uns vielleicht mal treffen können. Ich würde gern mit Ihnen reden.«

Wieder Stille.

»Ja … gut … meinetwegen …« Es war nicht zu überhören, dass Frau Siebeck mit diesem Vorschlag überhaupt nicht einverstanden war.

Am liebsten hätte Gabi auf der Stelle einen Rückzieher gemacht.

»Aber dann schieben wir es auch nicht auf die lange Bank!«, sagte Frau Siebeck plötzlich ganz energisch. »Du kommst gleich morgen Vormittag zu uns. Gegen elf. Oder passt dir das etwa nicht?«

»Doch.« Mehr fiel Gabi nicht ein. Nach dieser langen Zeit des Grübelns und Zweifelns ging ihr das alles jetzt viel zu schnell. Aber ein Zurück gab es nicht.

»Gut, dann bis morgen«, sagte Frau Siebeck.

»Ja, bis morgen«, gab Gabi mechanisch zurück. Sie hörte das Klacken in der Leitung, dann legte auch sie auf.

»Sie hat nicht einmal gefragt, worum es geht«, stellte Brigitte verblüfft fest.

Gabi sah ihre Freundin nur an.

»Dann weiß sie es also!«, rief Brigitte.

Noch immer starrte Gabi ihre Freundin stumm an.

»Soll ich morgen mitkommen?«, fragte Brigitte.

Gabi schüttelte langsam den Kopf. Dann räusperte sie sich.

»Nein. Danke für das Angebot, aber das muss ich jetzt allein durchstehen.«

»Komm mal her.« Brigitte nahm ihre Freundin in den Arm und drückte sie fest an sich. »Keine Angst, Gabi, es wird bestimmt alles gut werden. Du machst auf jeden Fall das Richtige.«

»Hoffentlich«, murmelte Gabi und biss sich dann auf die Lippen, um das aufsteigende Angstschluchzen zu unterdrücken.

Kapitel 17

Frau Siebeck wartete schon. Regungslos stand sie im Vorgarten vor dem grauen Reihenhaus und sah Gabi entgegen. Die Hände hatte sie in die Taschen ihrer blauen Strickweste gesteckt. Gabi winkte ihr vom Fahrrad aus zu. Frau Siebeck antwortete mit einem kurzen stummen Nicken.

Es war ein warmer Spätsommertag, dieser letzte Samstag im September 1996, und es war der Tag, der Gabis Leben für immer verändern sollte.

Sie stieg von ihrem Fahrrad und lehnte es an die Hecke. Frau Siebeck beobachtete jede ihrer Bewegungen. Gabi nahm ihre Handtasche vom Lenker und ging am Jägerzaun entlang auf die kleine Gartentür zu. Sie zog den Riegel an der Innenseite hoch und sah, wie ihre Hände zitterten.

Die ganze Nacht hatte sie kein Auge zugetan, hatte sich stundenlang im Bett hin und her gewälzt. Schließlich war sie aufgestanden und ins Wohnzimmer gegangen. Die letzten Stunden bis zum Morgengrauen hatte sie dort in eine Decke gehüllt auf dem Sofa gesessen und gegrübelt.

War es wirklich richtig, was sie heute vorhatte? Wenn sie sich nun irrte mit ihrem Verdacht? Wie würde sie dann dastehen?

Und was, wenn sie wirklich recht hatte? Wie sollte es denn dann weitergehen? Sie würden doch nicht einfach so weitermachen können wie bisher.?

Gegessen hatte sie heute auch noch nichts; schon nach dem ersten Bissen hatte sie das Brötchen über den Küchentisch zu ihrem Mann geschoben. Der hatte nur stumm den Kopf über sie geschüttelt. Er brauchte auch nichts zu sagen, sie kannte seine Meinung schließlich.

»Doch, ich fahr da jetzt hin«, hatte sie ihm auf sein Schweigen geantwortet, »ich muss es endlich wissen.«

Gabi schob die Gartentür auf und ging den gepflasterten Weg entlang auf Frau Siebeck zu, die noch immer an derselben Stelle stand.

Mit rauer Stimme sagte Frau Siebeck: »Hallo Gabi«, und Gabi sagte: »Hallo Frau Siebeck«, und sie gaben sich die Hand. Dann sahen sie sich an.

Warum sagte Frau Siebeck denn jetzt nichts? So etwas wie: »Schön, dass du da bist. Wir haben uns ja so lange nicht mehr gesehen. Komm doch rein, ich mach uns einen Kaffee.«

So in der Art hatte Gabi es sich Gabi vorgestellt. Doch Frau Siebeck blieb stumm. Sie schien darauf zu warten, dass Gabi den Anfang machte.

Also gut. Aber auf keinen Fall würde sie gleich mit der Tür ins Haus fallen, das hatte sich Gabi fest vorgenommen. Erst einmal ein bisschen plaudern wollte sie mit der Nachbarin aus ihren Kindertagen, sie fragen, wie es ihr ginge nach all den Jahren.

Sehr verändert hatte sich Frau Siebeck nicht seit damals, vielleicht hatte sie noch etwas zugenommen und vielleicht waren da auch ein paar neue Falten, doch sie wirkte sehr gepflegt, und das kurze Haar war noch immer hellblond und sorgfältig frisiert. Gabi überlegte, ihr ein Kompliment für das gute Aussehen zu machen. Aber vielleicht sollte sie besser erst einmal mit einer Bemerkung über das schöne Spätsommerwetter anfangen, das war noch unverfänglicher. Oder sie könnte etwas Nettes über die Blumenpracht hier im Garten sagen.

Gabi holte Luft.

»Wissen Sie, warum ich hier bin, Frau Siebeck?«, hörte sie sich im selben Moment herausplatzen. »Wissen Sie, warum ich mit Ihnen reden will?«

Hilde Siebeck sah Gabi noch immer ausdruckslos an. Eine gefühlte Ewigkeit lang. Dann stieß sie einen langen Seufzer aus.

»Ja«, sagte sie. »Weil du meine Tochter bist.«

Im Fernsehen hatte Gabi schon unzählige Sendungen gesehen, in denen Menschen zusammengeführt wurden. Adoptierte trafen ihre leibliche Mutter, verschollen geglaubte Väter waren aufgespürt worden, durch Kriegswirren getrennte Geschwister fanden sich nach Jahrzehnten wieder. Immer fielen sich diese Menschen tränenüberströmt in die Arme, und der Moderator der Sendung hatte oft Mühe, überhaupt noch ein vernünftiges Wort aus ihnen herauszubekommen. Zu sehr waren die endlich wieder vereinten Verwandten von ihren Gefühlen überwältigt.

Genauso erging es nun auch Gabi. Sie hatte sich so vieles zurechtgelegt, was sie sagen und fragen wollte, wenn sich ihr Verdacht bestätigte. Aber in diesem Moment war das alles wie weggeblasen. Jetzt wollte sie ihre leibliche Mutter einfach nur in den Arm nehmen und fest an sich drücken. Und zusammen mit ihr weinen. Oder lachen. Oder beides gleichzeitig.

Sie machte einen Schritt nach vorne, doch im selben Augenblick wich Frau Siebeck nach hinten zurück. Gabi blieb erschrocken stehen.

Frau Siebeck machte eine ruckartige Kopfbewegung und zeigte mit dem Kinn Richtung Haustür.

»Komm, wir gehen rein. Mein Mann ist auch da, er sitzt im Wohnzimmer.«

Sie ging los, und Gabi lief wie betäubt hinter ihr her. Im Flur öffnete Frau Siebeck die Tür zum Wohnzimmer ein kleines Stück und steckte ihren Kopf durch den Spalt.

»Kurt, Gabi ist jetzt da.«

Dann drehte sie sich zu Gabi um.

»Geh schon mal rein. Ich komm gleich nach. Ich mache uns in der Küche noch etwas zu trinken.«

Gabi schob die Tür vorsichtig ein Stück weiter auf. Ihr Herz klopfte bis zum Hals. So oft sie sich auch vorgestellt hatte, was heute passieren würde – dass sie Herrn Siebeck allein gegenüberstehen würde, hatte sie nicht erwartet. Was sollte sie nur sagen? Sie kannte diesen Mann doch praktisch gar nicht. Diesen Mann, der nun plötzlich ihr leiblicher Vater sein sollte.

Er saß in einem der Sessel und hatte den Kopf in ihre Richtung gedreht. Alt war er geworden. Wahrscheinlich hätte sie ihn im Vorbeigehen auf der Straße nicht einmal erkannt.

»Guten Tag, Herr Siebeck«, sagte sie, machte zwei Schritte in seine Richtung und blieb dann stehen.

»Ja«, sagte er nur und starrte sie ausdruckslos an. Er schien nicht aufstehen zu wollen, also ging Gabi noch weiter auf ihn zu, um ihm die Hand zu geben. Doch er zeigte mit einer unwirschen Bewegung auf das Sofa. Dorthin sollte sich Gabi setzen, ihm gegenüber, mit dem Tisch zwischen ihnen. Eingeschüchtert drehte sie ab und kauerte sich ganz an den Rand des Sofas.

»Also, was willst du von uns?«, fragte er barsch.

Gabi war ganz erschrocken über seinen aggressiven Tonfall. Sie wusste im Moment gar nicht, was sie sagen sollte.

»Ach, du brauchst überhaupt nicht zu antworten«, sagte Kurt Siebeck in verächtlichem Ton. »Ist ja sowieso klar: Du willst Geld.«

»Was?« Gabi war vollkommen vor den Kopf geschlagen.

»Jetzt tu doch nicht so. Wie viel willst du?«

»Ich … nein, das stimmt nicht … Ich will doch kein Geld!« Gabi merkte, wie sich ihre Stimme beinahe überschlug. Sie konnte nicht fassen, was er ihr unterstellte.

»Na bitte, dann eben nicht. Musst du ja selbst wissen. Hauptsache, du lässt uns einfach in Ruhe.«

»Aber ich …«

»So, jetzt hör mir mal gut zu. Über diese Sache gibt es nichts zu sagen. Und sie geht auch niemanden etwas an. Ich verlange von dir, dass du über die ganze Angelegenheit schweigst. Und zwar ein für alle Mal!«

Gabi sprang auf.

»Das können Sie doch nicht im Ernst meinen!«

Sie hörte ein leises Klirren. Hilde Siebeck kam herein mit einem Tablett, auf dem drei Gläser und eine Flasche Apfelsaft standen. Sie stellte das Tablett auf dem Tisch ab.

»Gabi, nun setz dich doch«, sagte sie, während sie drei Untersetzer auf den Tisch legte, die Gläser darauf abstellte und selbst auf dem Sofa Platz nahm. Zögernd setzte sich Gabi wieder hin.

»Ich hab ihr schon gesagt, dass sie uns mit der Sache in Ruhe lassen soll. Und dass sie gefälligst den Mund halten soll«, sagte Kurt Siebeck zu seiner Frau, so als wäre Gabi gar nicht im Raum.

Gabi drehte ihren Kopf zur Seite und sah Frau Siebeck an. Sie würde ihren Mann doch jetzt wohl zurechtweisen und ihm klarmachen, wie absurd es war, was er verlangte. Und dass er auf keinen Fall in diesem Ton mit Gabi reden durfte.

Aber Frau Siebeck reagierte nicht. Nicht auf die harten Worte ihres Mannes, nicht auf den hilfesuchenden Blick ihrer leiblichen Tochter. Sie schaute einfach nur zu ihrem Mann.

Wie erstarrt saßen alle drei da. Es war totenstill. Gabi wagte nicht einmal zu atmen.

Dann stand Frau Siebeck auf. Gabi sah zu ihr hoch. Ihr Herz begann wieder wild zu pochen.

»Jetzt sagt sie bestimmt, dass wir beide erst einmal in die Küche gehen und alles in Ruhe unter uns Frauen bereden sollten«, dachte sie erleichtert.

Doch Frau Siebeck blieb stumm. Sie griff nach der Flasche, drehte sie auf und schenkte reihum die Gläser voll. Dann drehte sie den Verschluss wieder zu, stellte die Flasche zurück auf den Tisch und setzte sich wieder. Sie nahm ihr Glas in die Hand, trank einen Schluck daraus und stellte es zurück auf den Untersetzer.

»Ich sehe das ganz genauso wie mein Mann. Monika und du, ihr seid damals im Krankenhaus vertauscht worden. Das ist nun einmal passiert, daran lässt sich nichts mehr ändern. Und damit ist alles gesagt. Endgültig.« Kein einziges Mal hatte sie Gabi bei diesen Worten angesehen.

Dann herrschte wieder absolute Stille. Gabi starrte die Frau neben sich an. Die Frau, die einmal ihre engste Vertraute gewesen war. Und die sich jetzt wie eine vollkommen Fremde aufführte. Wie konnte jemand, der immer so warmherzig und fürsorglich gewesen war, plötzlich solch eine Kälte ausstrahlen?

Gabi wusste nicht, wie lange sie schon so dasaßen. Vollkommen unbeweglich, wie festgefroren. Sie wollte aufspringen, Frau Siebeck schütteln, ihr ins Gesicht schreien: »Was ist los mit Ihnen? Ich bin es doch, Gabi. Ich will doch nichts Böses!« Aber die Feindseligkeit in dem Raum war so erdrückend, dass sie wie gelähmt sitzen blieb.

Irgendwann stützte sie sich schließlich mühsam von dem weichen Polster hoch und stand auf.

»Ja … ich geh dann wohl«, hörte sie sich selbst wie aus weiter Ferne sagen.

Frau Siebeck reagierte nicht. Sie starrte nur weiter geradeaus. Gabi sah hinüber zu Herrn Siebeck. Er nickte einmal kurz, ohne sie dabei anzusehen.

Gabi drehte sich um und ging zur Tür. Mit jedem Schritt wurde sie langsamer. Jetzt musste Frau Siebeck ihr doch hinterher rufen: »Gabi, nun komm wieder zurück. So war das doch nicht gemeint!«

Aber es blieb still.

Gabi ging zurück durch den Flur, zog die Haustür hinter sich zu, setzte sich auf ihr Fahrrad und fuhr wie ferngesteuert los. Als sie endlich die Feldstraße hinter sich gelassen und in die Bürgerstraße abgebogen war, stieg sie nach ein paar Metern schwer atmend ab. Unwillkürlich fasste sie sich an die Wange und betrachtete dann ihre Hand. Sie war vollkommen nass. Erst jetzt merkte sie, dass ihr die Tränen nur so aus den Augen liefen. Es war ihr egal. Sie stieg wieder auf das Fahrrad und fuhr weiter.

Kapitel 18

Gabi konnte nicht aufhören zu weinen. Tagelang. Vor den Kindern konnte sie sich gerade noch zusammenreißen, doch sobald die beiden morgens aus dem Haus oder am Abend ins Bett gegangen waren, ging es wieder los. Die Tränen überwältigten sie einfach, sie konnte nichts dagegen tun.

Roland versuchte ihr zu helfen, wollte mit ihr über alles reden, aber Gabi schüttelte nur den Kopf. Sie war nicht in der Lage, ihre Gefühle in Worte zu fassen. Zu groß war das Durcheinander, das in ihr tobte. Ihr ganzes Leben stimmte einfach nicht mehr. Auch wenn sie mit Brigitte noch so oft Vermutungen angestellt hatte – die Erkenntnis, dass sie tatsächlich vertauscht worden war, hatte ihr regelrecht den Boden unter den Füßen weggerissen.

»Wer bin ich überhaupt?«, fragte sie immer wieder sich selbst und schließlich auch Roland.

»Du bist Gabi Hoffmann. Du bist meine Frau, und du bist die Mutter von Sven und Tanja. Wir sind deine Familie, und das ist alles, was für mich zählt.«

Natürlich, Roland hatte recht, sie gehörte zu ihrem Mann und ihren Kindern. Das wusste sie. Zwischen ihnen war ihr Platz im Leben. Doch das, worauf sie dieses Leben aufgebaut hatte, das war verschwunden. Das Fundament ihres Lebens war mit einem Schlag eingestürzt. Ihre Eltern waren nicht ihre Eltern, ihre Brüder nicht ihre Brüder, ihre Großeltern nicht ihre Großeltern. Einfach niemand aus ihrer Familie war mit ihr verwandt.

Auch wenn sie über so viele Dinge in ihrer Familie unglücklich gewesen war, so war sie doch immer ein Teil von ihr gewesen, unabänderlich mit ihren Eltern und Brüdern verbunden durch dieselben Gene, dieselbe Herkunft, dieselben Wurzeln – so hatte sie geglaubt. Es war eine Selbstverständlichkeit gewesen, »eine Knappe« zu sein. Sechsunddreißig36 Jahre lang. Und nun war sie plötzlich »eine Siebeck«. Mit anderen Genen, anderer Herkunft und anderen Wurzeln – über die sie so gut wie nichts wusste. Sie war jetzt Teil einer Familie, die sie gar nicht kannte. Sie wusste nicht einmal, ob ihre leiblichen Großeltern noch lebten; sie hatte mit Frau Siebeck nie über deren Eltern geredet, erst recht natürlich nicht über Herrn Siebecks Verwandtschaft.

Erst nach einiger Zeit begriff Gabi, dass sie zumindest einen Teil ihrer leiblichen Familie doch kannte: Monikas Cousinen, zu deren Kindergeburtstagen sie als Monikas Freundin früher eingeladen worden war – das waren ihre Cousinen! Wie schön wäre es gewesen, diese netten und lustigen Mädchen von Kindesbeinen an zu kennen und mit ihnen verwandt zu sein – und nicht das fremde Mädchen, das man nur als Anhängsel einlud.

»Wie wäre mein Leben verlaufen, wenn man mich nicht vertauscht hätte? Was hätte aus mir werden können, unter den richtigen Umständen? Wer wäre ich heute, wenn ich als Monika Siebeck aufgewachsen wäre?«

Ständig kreisten Gabis Gedanken um diese Fragen, vor allem nachts, wenn sie schlaflos neben Roland lag. Sie versuchte, diese Gedanken aus ihrem Kopf zu verbannen, denn sie wusste, dass es bei allem Grübeln keine Antwort geben würde. Doch es gelang ihr nicht. Beinahe zwanghaft ließ sie immer wieder Fantasiebilder vor sich entstehen: Gabi im Kreis der fröhlich lachenden Familie Siebeck an einem schön gedeckten Tisch. Gabi zusammen mit Frau Siebeck eifrig über ein Schulheft gebeugt. Gabi strahlend und hüpfend mit ihrem Zeugnis in der Hand auf dem Nachhauseweg. Gabi voller Stolz über den gerade bestandenen Führerschein in der Tasche hinter dem Lenkrad. Gabi im eleganten Hosenanzug als Verkäuferin im Modehaus Schneider.

In einem Punkt war sich Gabi ganz sicher: Wäre sie bei ihren richtigen Eltern aufgewachsen, so hätte sie es in Schule und Beruf viel weiter gebracht – selbst wenn sie nur halb so viel Förderung und Unterstützung bekommen hätte wie Monika. Ganz bestimmt wäre aus ihr nicht nur die einfache Reinigungskraft geworden, als die sie inzwischen arbeitete. Sie wollte sich über ihre Arbeit nicht beschweren, es war kein schlechter Job, den sie hatte. Doch die Vorstellung, dass sie unter den richtigen Umständen wahrscheinlich heute einem angesehenen und gut bezahlten Beruf nachgehen würde, machte ihr schwer zu schaffen. Sie könnte es so viel leichter haben. Roland und sie würden sich einfach mehr leisten und auch ihren Kindern mehr bieten können und …

An dieser Stelle kamen Gabis Gedankenspiele ins Stocken. Würde es Roland und die Kinder denn überhaupt geben, wenn Gabis Leben so verlaufen wäre, wie es eigentlich vorgesehen war? Wenn sie tatsächlich einen besseren Schulabschluss erreicht und eine entsprechende Ausbildung absolviert hätte, wäre sie doch niemals bei der Firma Weißhaupt gelandet und hätte somit auch Martina nicht kennengelernt. Wie und wo hätte sie dann jemals Roland begegnen sollen? Die einzige Schnittstelle zwischen ihnen beiden war damals Martinas Freund gewesen. Und selbst wenn sie Roland durch einen Zufall doch irgendwo über den Weg gelaufen wäre – vielleicht hätte er sie gar nicht gemocht.? Oder sie ihn nicht.? Vielleicht wäre sie ein ganz anderer Mensch geworden, vielleicht hätte sie sogar anders ausgesehen.? Oder vielleicht hätte sie längst einen anderen Freund gehabt.? Möglicherweise auch schon ein Kind. Aber dieses Kind wäre nicht Sven gewesen. Denn sie hätte ja nicht im Lebensmittelgeschäft bei den Möllers gearbeitet und deshalb auch Frank niemals getroffen. Und Sven wäre nie geboren worden.

Gabi wurde schwindelig. Ein Leben ohne ihren Mann und die Kinder? Das war einfach unvorstellbar, im wahrsten Sinne des Wortes. Sie war schlichtweg nicht in der Lage, sich selbst ohne Roland, Sven und Tanja zu sehen. Nein, das, was sie an ihnen hatte, würde sie für nichts in der Welt hergeben wollen, nicht für einen besseren Beruf und nicht für ein schöneres Elternhaus.

Dieser Gedanke half ihr immer wieder, bei all ihren Grübeleien über das Gewesene und das Nichtgewesene nicht in Verbitterung zu geraten. Ihr Leben war jetzt gut so, wie es war. Punkt.

Doch dass sie zu dieser Erkenntnis gelangt war, hieß noch lange nicht, dass »die Sache«, wie sich Herr Siebeck ausgedrückt hatte, für sie damit abgeschlossen war. Schließlich waren es nicht nur die Grübeleien über ihre eigene Identität, die sie beschäftigten. Immer mehr Fragen und Gedanken kamen ihn ihr hoch. Manches schoss ihr urplötzlich in den Sinn und ließ sie regelrecht aufschrecken.

»›Alle meine Papiere sind ja falsch! Ich bin doch eine geborene Siebeck, keine geborene Knappe! Muss ich das jetzt ändern lassen? Vielleicht sogar auch den Vornamen? Streng genommen heiße ich doch Monika! Oder ist das jetzt Blödsinn? Muss ich zu irgendeinem Amt gehen? Ich brauche doch auch eine neue Geburtsurkunde. Oder muss Monika mir ihre geben? Die gehört ja eigentlich mir. Und darauf steht, dass ich am 21. November geboren bin. An einem Samstag. Und nicht am 22. November. Dabei hab ich mein Leben lang gesagt, ich wäre ein Sonntagskind. Und zwar ein ganz besonderes, nämlich ein Totensonntagskind. Und jetzt stimmt das gar nicht!.«

»Bin ich überhaupt katholisch? Die Siebecks sind doch evangelisch. Ich bin zwar katholisch getauft und bin auch zur Kommunion gegangen, aber das alles ist ja unter falschen Voraussetzungen passiert. Kann man das Kind evangelischer Eltern einfach katholisch taufen lassen? Vielleicht war die Taufe gar nicht gültig und ich bin eine Heidin!«

»Ich muss unbedingt meinem Hausarzt sagen, dass meine Krankenakte falsch ist! Als ich damals als neue Patientin zu ihm kam, sollte ich ihm ja von den Krankheiten meiner Eltern und Großeltern berichten, und er hat betont, wie wichtig es für ihn ist, diese Dinge zu wissen und hat alles haarklein aufgeschrieben. Und jetzt stimmt nichts davon! Keine der Krankheitsgeschichten aus Mamas und Papas Familien hat irgendetwas mit mir zu tun, nichts davon kann sich auf mich weitervererbt haben. Ich muss wissen, welche Krankheiten in der Familie Siebeck vorgekommen sind, väterlicher- und mütterlicherseits. Mein Gott, vielleicht gibt es in der einen oder anderen

Familie eine Veranlagung für eine bestimmte Art von Krebs oder so etwas in der Richtung. Das muss ich doch wissen! Wenigstens über solche Dinge müssen sie mir doch einfach Auskunft geben!«‹

Gabi konnte noch immer nicht fassen, wie die Siebecks sie behandelt hatten. Wie eine Kriminelle! Sie wollten nichts mit ihr zu tun haben, vor allem Herr Siebeck nicht. Aber warum nicht? Gut, vielleicht hatte er sich in die Vorstellung hineingesteigert, dass Gabi sie erpressen wollte. Aber als er sie mit seinem Geldangebot konfrontierte, hatte er doch an ihrer Reaktion gemerkt, dass seine Idee vollkommen absurd war. Und Frau Siebeck hätte ohnehin wissen müssen, dass Gabi nie im Leben überhaupt nur auf einen solchen Gedanken kommen würde.

Hinter ihrer kalten Ablehnung musste etwas anderes stecken. Hatte sie Angst, dass Gabi es Monika erzählen würde? Und dass Monika mit dieser unglaublichen Wahrheit nicht fertig werden würde? Aber das war doch trotzdem kein Grund, Gabi jegliches Gespräch zu verweigern.

Konnte Frau Siebeck denn nicht nachvollziehen, was in Gabi vor sich ging, wie vollkommen verwirrt sie war? Konnte sie denn nicht verstehen, dass Gabi so viele Fragen auf der Seele brannten?

»Das ist nun einmal passiert, daran lässt sich nichts mehr ändern«, hatte Frau Siebeck gesagt, und damit hatte sie natürlich recht. Aber wie war es passiert? Wie konnte so etwas nur geschehen? Wieso hatte niemand etwas gemerkt? Wer hatte dann schließlich doch die Wahrheit entdeckt? Wann war das gewesen? Hatten die Siebecks sich mit den Knappes zusammengesetzt und beratschlagt, was man jetzt unternehmen sollte?

»Warum gehst du denn nicht einfach zu deinen Eltern – damit meine ich die Knappes – und fragst sie? Ich kann sowieso nicht verstehen, wieso du nicht längst bei ihnen warst.«

»Ach Brigitte, das bringt doch nichts. Der Papa macht bestenfalls einen blöden Spruch, und die Mama … du weißt ja, was mit ihr los ist. Ich will sie damit gar nicht belasten.«

Gabi machte sich große Sorgen um ihre Mutter. Immer schon war Margot Knappe still und zurückhaltend gewesen, aber in letzter Zeit sprach sie kaum noch und saß nur mit starrer Miene dabei. Vielleicht war der Umzug nach Hilmen schuld daran, mutmaßte Gabi. Rudolfs Mutter war gestorben, und Rudolf hatte das Haus geerbt. Für ihn war es eine Selbstverständlichkeit, dass sie dort hinzogen. Margot hatte wieder und wieder ausgerufen: »Nein, ich will das nicht! Ich will hierbleiben!«, aber wie immer hatte ihr Mann ihre Wünsche ignoriert und wie immer hatte sie sich am Ende gefügt.

Allerdings hattefand Gabi ihre Mutter auch schon vor dem Umzug oft seltsam verändert gefunden.

»Gabi, kannst du für mich diesen Topf abspülen? Ich gebe dir auch hundert Mark dafür.«

Gabi hatte gelacht, aber Margot hatte es ernst gemeint. Solche Vorfälle häuften sich. Margot Knappe schien immer häufiger den Bezug zur Realität zu verlieren. Aber immerhin hatte sie noch Interesse an allem gezeigt. Doch nach dem verhassten Umzug war sie in absolute Teilnahmslosigkeit verfallen.

»Was heißt hier belasten?«, fragte Brigitte ungeduldig. »Wenn jemand belastet ist, dann ja wohl du selbst. Sieh doch mal in den Spiegel, wie fertig du aussiehst. Ich sag dir eins: Wenn du versuchst, die

Sache auf sich beruhen zu lassen, dann gehst du kaputt. Hör mal, du bist vertauscht worden! Das ist doch wohl das Unglaublichste, was man je gehört hat. Damit kann man doch nicht einfach so fertig werden. Du musst darüber reden. Aber nicht nur mit mir oder Roland. Wir wissen doch auch nichts und können nur mutmaßen, und alles dreht sich wieder nur im Kreis. Du musst einfach herausfinden, was damals passiert ist, und das können dir nun mal nur deine Eltern und die Siebecks sagen.«

»Was bist du? Vertauscht? Das glaubst du doch selbst nicht«, dröhnte Rudolf Knappe drei Tage später.

»Aber Frau Siebeck hat es gesagt. Und das ist nicht nur so ein Verdacht von ihr, sondern sie hat klipp und klar gesagt, dass es so ist. Dass Monika und ich vertauscht worden sind.«

»Ach ja, die Frau Siebeck … Die hat früher schon mal so was erwähnt. Aber die spinnt doch. Stimmt doch, Margot, die Siebeck spinnt. Oder was meinst du?«

Margot Knappe sagte nichts. Sie schüttelte nicht den Kopf, sie nickte nicht. Sie weinte nur. Die Tränen liefen ihr unaufhörlich über die Wangen, seit Gabi ihre Eltern in deren Wohnzimmer gebeten und gesagt hatte: »Ich muss mit euch über etwas sehr Wichtiges reden.«

So leid ihre Mutter ihr tat, so wütend war Gabi auf ihren Vater. Dieses erstaunte Getue. Sie glaubte ihm kein Wort. »Die hat früher schon mal so was erwähnt.« Man erwähnte doch nicht beiläufig, dass das eigene Kind vertauscht worden war, und plauderte anschließend munter über das Wetter. Wenn Frau Siebeck das Thema angesprochen hatte, dann mussten Margot und Rudolf doch aus allen

Wolken gefallen sein, und sie mussten ausführlich darüber gesprochen und sich beraten haben. Oder hatte Frau Siebeck damals vielleicht nur eine ganz vage Andeutung gemacht und damit ganz vorsichtig testen wollen, wie die Knappes reagieren würden? War Rudolf Knappe ihr sofort über den Mund gefahren und hatte ihr sogar ins Gesicht gesagt, sie würde spinnen? Wann war dieses »damals« überhaupt gewesen? Als Monika und Gabi noch Säuglinge waren? Oder erst etwas später? Vielleicht sogar erst viel später?

Wieder taten sich so viele neue Fragen auf. Und wieder hatte sie jemanden vor sich, der ihr keine Antworten geben würde. Dieses bockige Grinsen auf dem Gesicht ihres Vaters kannte sie nur zu gut. Es hatte überhaupt keinen Sinn, noch weiter auf der Sache herumzuhacken. Sie würde nur noch dumme Antworten bekommen. Es war genau so gekommen, wie sie es geahnt hatte.

»Hallo Gabi. Na, gibt`s was Neues?«

Rudi hatte seinen Kopf zur Tür hereingesteckt. Er wohnte inzwischen wieder bei seinen Eltern. Alles, was sich so gut angelassen hatte in seinem Leben, war gescheitert. Seine Frau hatte sich scheiden lassen; sie hatte es nicht länger ertragen, dass Rudi für irgendwelche unsinnigen Anschaffungen ständig Geld ausgab, das sie gar nicht hatten, und dass er auch dann noch immer weitermachte, als sie längst völlig verschuldet waren. Auch seinen Job als Tankwart hatte er verloren. Er hatte Rückenprobleme bekommen, doch statt etwas dagegen zu unternehmen, meldete er sich einfach nur ständig krank, bis es dem Tankstellenbetreiber zu bunt wurde und er die Kündigung aussprach. Danach kamen noch einige Gelegenheitsjobs als Fernfahrer, doch seit einigen Jahren war Rudi jetzt durchgehend arbeitslos.

»Ja, Rudi, hier gibt´s wirklich was Neues. Deine Schwester meint, sie wäre nicht unsere Tochter«, grinste Rudolf Knappe.

»Aha?«, sagte Rudi und sah Gabi ratlos an.

»Ja, dir ist doch wohl auch schon mal aufgefallen, dass ich ganz anders aussehe als der Rest der Familie. Und du kannst dich doch bestimmt daran erinnern, dass immer alle dachten, Monika wäre deine Schwester«, sagte Gabi.

»Wieso Monika? Was hat die denn jetzt damit zu tun?«

»Monika ist wirklich deine Schwester. Sie und ich sind vertauscht worden. Als Babys im Krankenhaus.«

»Ach, hör doch auf. So einen Quatsch hab ich ja noch nie gehört. Ich hab echt keine Lust, mich hier so veralbern zu lassen. Ich geh wieder nach oben.« Rudi drehte sich um und schlug die Wohnzimmertür zu.

»Na bitte«, sagte Rudolf Knappe triumphierend. »Das hast du ja gut hinbekommen, jetzt ist dein Bruder auch noch beleidigt. Und nun ist mal Schluss hier mit dem ganzen Unfug. Oder soll deine Mama sich noch die Augen ausweinen?«

Am selben Abend rief Gabi ihren jüngeren Bruder Markus an und erzählte ihm alles. Markus wohnte inzwischen in Viersen – zu weit weg, um spontan zu ihm zu fahren, wie Gabi es am liebsten getan hätte.

»Ehrlich gesagt hab ich mir das schon lange gedacht. Eigentlich war es ja offensichtlich, dass ihr beide vertauscht seid«, sagte er völlig ruhig.

»Ja, aber wieso hast du denn nie etwas gesagt?«, rief Gabi erregt.

»Wozu denn? Du siehst doch selbst, dass du vollkommen aus der Bahn geworfen bist, jetzt wo du es weißt. Aber auch wenn du dich noch so sehr aufregst und versuchst, die Einzelheiten herauszubekommen – die Vergangenheit lässt sich ja nicht mehr ändern. Du gehörst zur Familie Knappe. Und auch wenn das rein biologisch nicht stimmt, bist du doch als Mitglied unserer Familie aufgewachsen und dadurch auch geprägt worden, genauso wie Rudi und ich. Gabi, du bist und bleibst meine Schwester. Wenn die Monika irgendwann einmal von der Sache erfahren und dann zu mir kommen sollte, um ihren leiblichen Bruder einmal näher kennenzulernen, dann hätte ich nichts dagegen. Aber wenn nicht, ist es auch in Ordnung. An meinem Verhältnis zu dir würde sich jedenfalls rein gar nichts ändern. Und dir wünsche ich wirklich, dass du mit dieser ganzen Angelegenheit bald irgendwie abschließen und deinen Frieden finden kannst.«

»Danke, Markus«, flüsterte Gabi. Es tat ihr gut, dass ihr kleiner Bruder die Sache so ruhig und nüchtern betrachtete. Hoffentlich würde ihr selbst das eines Tages auch gelingen.

Wochen später.

»Du, Mama, da hat ein Mann für dich angerufen«, rief ihr Sven ein paar Wochen später entgegen, als Gabi gerade aus dem Supermarkt zurückkam.

»Was für ein Mann denn?«

»Warte mal, ich hab seinen Namen aufgeschrieben, und auch die Telefonnummer …« Sven lief zu der Kommode, auf die er den Zettel gelegt hatte. »Ich hab den Nachnamen nicht so genau verstanden, er hat ziemlich schnell gesprochen. Detlef hieß er auf jeden Fall mit Vornamen, und der Nachname war dann irgendwas mit ›Sieb‹. Tut mir leid, dass ich nicht noch mal nachgefragt habe.«

Gabi brach der kalte Schweiß aus, und sie musste die schweren Tüten absetzen.

»Was wollte er denn?«, fragte sie mit zittriger Stimme.

»Weiß ich nicht, hat er nicht gesagt. Nur, dass du zurückrufen sollst.«

»Dass ich zurückrufen soll«, murmelte Gabi tonlos.

»Hat er irgendetwas mit dieser Sache zu tun, von der du uns neulich erzählt hast? Dass du vertauscht worden bist?«

Sie hatten es den Kindern gesagt. Dass Gabi vollkommen durcheinander war, hatte sie vor den beiden irgendwann nicht mehr verbergen können. Und sich irgendeine Erklärung ausdenken, das hatte sie nicht gewollt. So sehr hatte man sie selbst belogen und getäuscht, da war es ihr jetzt umso wichtiger, ihren Kindern gegenüber absolut ehrlich zu sein.

Sven und Tanja hatten die Geschichte erstaunlich gelassen aufgenommen. Gabi hatte den Eindruck gehabt, dass die beiden die Tragweite der Sache gar nicht erkannten. Aus ihrer Sicht schien es einfach eine seltsame und beinahe lustige Geschichte zu sein, die ihrer Mutter passiert war. Ihnen war ganz offensichtlich nicht klar, dass auch sie selbst davon betroffen waren. Schließlich waren ihre Großeltern gar nicht ihre Großeltern, und ihre Onkel waren nicht ihre Onkel, und Markus` Kinder waren nicht ihre Cousinen und Cousins. Aber Gabi drängte ihnen diese Erkenntnis nicht auf. Wahrscheinlich war es sogar besser, wenn Sven und Tanja die Auswirkungen dieser Geschichte erst nach und nach erkannten. Die beiden hatten sich nicht einmal für den Namen der leiblichen Eltern ihrer Mutter interessiert. Der Name »Siebeck« war nur ein- oder zweimal gefallen. Wahrscheinlich hatte Sven deshalb am Telefon den Namen »Detlef Siebeck« gar nicht zuordnen können. Der Mann, der sein leiblicher Onkel war, war für ihn nur irgendein Anrufer gewesen.

»Ja, das ist auch jemand aus der anderen Familie. Danke, dass du es aufgeschrieben hast«, sagte sie zu Sven und lächelte, als wäre dieser Anruf weiter nichts Besonderes. Sie wollte ihrem Sohn nicht zeigen, wie sehr es sie schockierte, dass ihr leiblicher Bruder sie hatte sprechen wollen.

»Nein, Roland, ich mach das nicht. Ich ruf den nicht an!«

»Na ja, gut, das musst du ja selbst entscheiden, aber so wirst du natürlich nie erfahren, was er wollte. Dann hast du eben noch eine ungeklärte Frage mehr.«

»Ach, was soll der denn schon wollen? Das ist doch völlig klar. Der will mich fertigmachen! Ich soll seine Eltern in Ruhe lassen und so weiter. Oder meinst du, er will mit mir bei einem Gläschen Sekt händchenhaltend die Heimkehr der verlorenen Schwester feiern? Ja, genau, er will mich bestimmt groß ausführen und mit mir Arm in Arm durch Hürthen promenieren. Und dann ruft er noch jemanden von der Presse dazu, und am nächsten Tag stehen wir dann mit Bild in der Zeitung. Titel: Nach 36 Jahren endlich vereint – Detlef Siebeck und seine Schwester Gabi!«

Roland lachte.

»Na, langsam scheinst du deinen Humor ja wiederzufinden.«

»Na ja, ich würde das eher als Galgenhumor bezeichnen«, sagte Gabi und verzog ihren Mund spöttisch.

»Da wollen wir jetzt mal nicht so kleinlich sein. Humor ist Humor. Wenn du dich ein bisschen über alles lustig machst, wird es für dich bestimmt leichter.«

»Ja, da hast du wahrscheinlich recht. Ich sollte endlich lockerer werden. Es nützt mir ja sowieso nichts, wenn ich krampfhaft versuche, irgendetwas herauszufinden. Ich renne ja sowieso überall gegen Mauern. Am besten lasse ich die Dinge jetzt einfach mal laufen. Mal sehen, vielleicht passiert ja zufällig etwas. Oder auch nicht. Was geschehen soll, geschieht.«

Kapitel 19

»Das gefällt mir aber gar nicht, Frau Hoffmann«, sagte der Orthopäde. »Sie haben wirklich massive Nackenverspannungen. Ihre Muskulatur ist ja hart wie Stahl. Hatten Sie mal einen Unfall?«

»Nein. Oder warten Sie mal, doch. Es war nicht direkt ein Unfall, aber es könnte sein, dass ich als Kind vom Wickeltisch gefallen bin.«

»Hm. Nein, das kann es eigentlich nicht sein, dann hätten Ihre Probleme schon viel eher auftreten müssen. Und Sie sagten ja, dass Sie die Schmerzen erst seit einem knappen Jahr haben, ungefähr seit dem vergangenen September.«

»Ja, das stimmt.«

»Ich will Ihnen jetzt nicht zu nahetreten, aber kann es sein, dass Ihnen buchstäblich etwas im Nacken sitzt? Hatten Sie vielleicht besonders viel Stress in letzter Zeit? Stress im Sinne von psychischer Belastung, meine ich.«

»Ja, das kann man wohl sagen«, lachte Gabi rau auf.

»Stress ist eine der häufigsten Ursachen für Schmerzen im Rücken allgemein und ganz besonders im Nacken. Gut, das Beste wäre natürlich, Sie könnten den Stress abstellen, aber das ist ja meist leichter gesagt als getan. Ich denke, wir behandeln Sie jetzt erst einmal mit den klassischen Methoden: Massage und Krankengymnastik. Wenn das nicht hilft, sehen wir weiter, es gibt dann noch andere Möglichkeiten.«

Mit dem Rezept in der Tasche ging Gabi langsam die Stufen im Treppenhaus des Ärztehauses hinab. Sie schüttelte den Kopf. Dass ihre Psyche schuld war an ihren Nackenproblemen ... Der Körper ließ sich also nicht so einfach etwas vormachen. Eigentlich hatte sie geglaubt, es wäre ihr ganz gut gelungen, die ganze Sache mit der Vertauschung in eine Schublade zu packen und sie gut zu verschließen. Aber offensichtlich hatte sie sich geirrt. Ihr Unterbewusstsein ließ sich wohl nicht so einfach wegschieben und machte sich jetzt eben über diesen Umweg bemerkbar.

Sie würde keinem erzählen, was der Arzt diagnostiziert hatte. Es war ihr peinlich, dass sie sich selbst so wenig im Griff hatte. Andere Leute hatten doch schließlich ganz andere Schicksale zu bewältigen und ertrugen es klaglos. Wieso musste sie, der es doch eigentlich gut ging, psychosomatische Beschwerden bekommen? Das war doch geradezu lächerlich. Nein, das würde sie schön für sich behalten.

Gabi war unten angekommen und ging auf die Eingangstür zu, die im selben Moment von außen aufgedrückt wurde. Ein Mann kam herein und stand dann direkt vor ihr. Es war Kurt Siebeck.

Instinktiv streckte Gabi ihm sofort ihre Hand entgegen, und nach einem beinahe unmerklichen Zögern ergriff er sie.

»Hallo Herr Siebeck«, sagte sie und wunderte sich, wie fest ihre Stimme klang.

»Ja, hallo Gabi«, sagte er und räusperte sich.

Er ließ ihre Hand wieder los und sah sie an.

›Jetzt bloß schnell irgendetwas sagen, sonst geht er bestimmt einfach weiter‹, dachte Gabi.

»Müssen Sie auch zum Arzt?«, fragte sie und fand ihre Frage im selben Moment schon albern. Was sollte er in einem Ärztehaus denn sonst wollen?

»Ja, da komm ich wohl nicht drum herum. Ich hab Probleme mit der Lunge. Staublunge. Von der Arbeit.«

»Ach, das tut mir leid. Das hört man ja oft hier bei uns in der Gegend, dass die Bergleute damit zu tun haben. Ich hoffe, es ist bei Ihnen nicht allzu schlimm ausgeprägt. Aber man kann es doch sicher ganz gut behandeln? Früher wusste man ja nicht so richtig, was man dagegen tun soll, aber inzwischen müssten sie ja …«

»Und was ist mit dir? Warum warst du beim Arzt? Bist du krank?«, unterbrach Herr Siebeck Gabis hektisches Geplapper.

»Ich … krank … nein … nicht so richtig. Nur Nackenprobleme«, stammelte Gabi.

»Na ja, dann ist ja gut, das ist ja nicht so schlimm. Ich muss jetzt auch mal nach oben. Ich hab einen Termin.« Er gab ihr zum Abschied noch einmal die Hand. »Dann mach´s mal gut, Gabi.«

»Ja, tschüss«, antwortete sie.

Kurt Siebeck ging die Treppe hinauf, ohne sich noch einmal umzudrehen. Gabi schaute ihm so lange nach, bis er hinter der Treppenbiegung verschwand.

Was für eine seltsame Begegnung! Als wäre nie etwas zwischen ihnen vorgefallen. Als wäre er einfach nur ein netter Nachbar von früher, mit dem man im Vorbeigehen ein paar Worte wechselt. Aber er war ihr leiblicher Vater, der erst wenige Monate vorher versucht hatte, sich ihr Schweigen mit Geld zu erkaufen und der sie dabei so feindselig angesehen hatte, dass sie beim Gedanken daran noch heute schauderte. Wohl niemand, der sie beide beobachtet hätte, hätte auch nur ahnen können, was für eine außergewöhnliche Beziehung tatsächlich zwischen ihnen bestand.

Ob ihr kurzes Gespräch von eben vielleicht ein erster Schritt gewesen sein könnte? Ein Schritt hin zu einer Annäherung, die sie sich doch so sehnlichst wünschte? Auch wenn sie sich noch so sehr darum bemühte, alles zu verdrängen oder mit ironischen Kommentaren ins Lächerliche zu ziehen – in Wahrheit wollte sie nichts lieber als den Kontakt zu ihren leiblichen Eltern. Sie wollte einfach mit ihnen zusammen sein, mit ihnen reden, sie ansehen und sich selbst in ihnen finden.

Sie hatte versucht, sich damit abzufinden, dass es einen solchen Kontakt vielleicht niemals geben würde. Doch diese Begegnung jetzt ließ sie neuen Mut schöpfen. Sicher, Herr Siebeck war nicht überschäumend begeistert gewesen, sie zu treffen, so ehrlich musste sie schon sein. Aber es war auch nichts mehr da gewesen von der Abneigung, die er ihr damals so offen gezeigt hatte.

Vielleicht würde er nachher seiner Frau erzählen, dass er Gabi getroffen hatte. Nein, nicht nur vielleicht, ganz bestimmt würde er das machen. Dieses unerwartete Treffen musste doch auch für ihn etwas Besonderes gewesen sein. Und vielleicht würde dann bald ihr Telefon klingeln, und Frau Siebeck wäre dran und würde sie zum Kaffee einladen. Ganz bestimmt, die Sache würde sich doch noch zum Guten wenden, über kurz oder lang.

Das Telefon klingelte. Gabi nahm ab und meldete sich.

»Ich habe keine guten Nachrichten«, hörte sie Brigittes Stimme. »Herr Siebeck liegt im Krankenhaus. Und es soll nicht gut um ihn stehen.«

»Was? Wieso … Woher weißt du das denn?«

»Ich habe Monika zufällig in der Stadt getroffen. Sie war ganz durcheinander.«

»Aber was hat er denn? Wahrscheinlich irgendetwas mit seiner Lunge, oder?«

»Nein. Schlaganfall.«

»Oh Gott!«

Die Begegnung im Ärztehaus lag jetzt ein gutes halbes Jahr zurück. Gabi hatte Herrn und Frau Siebeck seitdem weder gesehen noch etwas von ihnen gehört. Sie war darüber maßlos enttäuscht. Und trotzdem glaubte sie noch immer daran, dass ihre leiblichen Eltern eines Tages auf sie zugehen würden. Sie hatte fest in sich ein Bild verankert, das sie alle drei fröhlich plaudernd an einem Tisch zeigte. Und nun kam diese schreckliche Nachricht und brachte alles ins Wanken.

Ein Schlaganfall konnte so furchtbare Auswirkungen haben. Meist war danach nichts mehr, wie es gewesen war. Vielleicht würde Herr Siebeck nie mehr in der Lage sein, fröhlich zu plaudern.

»Was heißt denn, dass es nicht gut um ihn steht? Hat er irgendwelche Ausfallerscheinungen? Ist er gelähmt? Oder kann er nicht mehr sprechen?«, fragte sie. Ihre Stimme klang unsicher. Eigentlich wollte sie die Antwort gar nicht hören.

»Einzelheiten kenne ich nicht. Aber Monika sagte, die Ärzte sind sich sicher, dass er stirbt. Es ist nur eine Frage von Tagen.«

»Er stirbt?«, schrie Gabi. »Nein, Brigitte, sag, dass das nicht wahr ist. Er kann doch nicht einfach sterben!«

»Ich … Mensch, Gabi, ich hätte nicht gedacht, dass dich das so umhaut. Sonst hätte ich es dir doch etwas schonender beigebracht. Das tut mir leid!«

Gabi merkte, wie etwas in ihr hochstieg.

»Ist schon gut. Aber ich muss jetzt erst mal auflegen. Ich glaub, ich fange gleich ganz schlimm an zu weinen.«

»Ach Gabi …«

»Mach´s gut«, brachte Gabi gerade noch heraus, und bevor sie den Hörer aufgelegt hatte, begann sie schon zu schluchzen.

Sie war selbst überrascht, wie sehr die Vorstellung sie schmerzte, Herr Siebeck könnte sterben. Sie kannte ihn doch kaum. Aber so durfte es einfach nicht sein. Ihr Vater konnte doch nicht einfach so gehen, ohne dass er noch ein einziges Mal mit ihr gesprochen hatte. Ohne dass er sich mit ihr ausgesöhnt hatte. Ohne dass er ein einziges Mal im Leben seine eigene Tochter in den Arm genommen hatte.

Nein, so würde es auch nicht kommen! Gabi begann, sich die Tränen wegzuwischen. Frau Siebeck würde sie anrufen, heute, morgen, übermorgen, und sie würde sagen: »Gabi, mit deinem Vater geht es zu Ende. Er möchte dich sehen. Bitte komm ins Krankenhaus.« Und Gabi würde alles stehen und liegen lassen und sofort dorthin fahren, und sie würde sich an sein Bett setzen und die Hand ihres Vaters halten.

Gabi verließ das Haus nur noch, wenn es sich nicht vermeiden ließ; und wenn sie wusste, dass niemand zu Hause sein würde, achtete sie beinahe panisch darauf, dass der Anrufbeantworter auch wirklich angeschaltet war. Zu groß war ihre Angst, sie könnte den Anruf aus dem Krankenhaus verpassen.

»Fahr doch einfach hin, wenn es dir so wichtig ist, ihn noch mal zu sehen. Dieses Warten ist ja fürchterlich!«, sagte Brigitte, die wieder einmal den Kopf über ihre Freundin schüttelte.

»Damit die mich dann rausschmeißen? Ganz bestimmt nicht. Da muss etwas von denen kommen. Herr Siebeck muss von sich aus nach mir fragen. Sonst hat das keinen Sinn. Ich lasse mich nicht noch einmal so demütigen.«

Brigitte zuckte mit den Achseln.

»Na gut. Ich persönlich würde es ja drauf ankommen lassen und einfach hin marschieren … «

»Nein, um Gottes willen. Stell dir mal vor, ich würde dann dort mit Frau Siebeck in Streit geraten. An seinem Sterbebett! Oder ich würde dort ankommen und Monika wäre zufällig auch gerade da. Die würde doch aus allen Wolken fallen, wenn sie mich sehen würde. Und was sollte ich ihr denn dann zur Erklärung sagen?«

»Ja, stimmt. Soweit habe ich gar nicht gedacht. Dann ist es wohl wirklich das Beste, auf den Anruf zu warten …«

Drei Tage später klingelte das Telefon. Gabi sprang hin und nahm ab.

»Ja, hallo Gabi. Hier ist Hilde Siebeck.«

Endlich!

»Hallo Frau Siebeck.«

»Gabi, ich … ich muss dir leider etwas Trauriges mitteilen. Dein … Mein Mann ist heute Nacht verstorben.«

Gabi spürte, wie ihr die Beine wegsackten. Sie taumelte einen Schritt nach hinten und lehnte sich gegen die Wand.

»Das tut mir sehr leid. Mein herzliches Beileid«, hörte sie sich von Weitem sagen. Die Worte waren wie von selbst aus ihrem Mund gekommen.

»Danke. Es waren so schwere Tage, ich bin am Ende meiner Kräfte. Der Kurt konnte einfach nicht sterben, er hat sich so gequält. Für uns alle war es eine solche Qual! Aber nun hat er es geschafft. Das ist auch das Beste, es wäre nie wieder etwas geworden mit ihm, da waren sich alle Ärzte einig.«

Gabi wusste einfach nicht, was sie sagen sollte.

»Die Beerdigung ist am Mittwoch. Das heißt, es ist eigentlich nur eine Trauerfeier. Der Kurt lässt sich verbrennen, die Urnenbestattung findet dann irgendwann später statt. Ja, und jetzt wollte ich dich einladen zu dieser Trauerfeier. Um elf Uhr, in der Kapelle neben der Christuskirche.«

»Ich … ja, vielen Dank für die Einladung. Dann wünsche ich Ihnen alles Gute, Frau Siebeck, und dass Sie die nächsten Tage auch noch gut durchstehen.«

»Ich danke dir, Gabi. Dann bis Mittwoch.«

Gabi schleppte sich in die Küche und ließ sich auf einen Stuhl fallen. Nun war es also endgültig: Sie würde ihren leiblichen Vater nie wiedersehen, nie wieder seine Stimme hören, nie mehr die Gelegenheit haben, ihm von sich zu erzählen. Es war vorbei. Unwiederbringlich. Sie hatten ihr nicht die Chance gegeben, sich von ihm zu verabschieden.

Aber warum durfte sie nun plötzlich zu seiner Beerdigung kommen, warum wurde sie sogar ausdrücklich eingeladen? War das nicht geradezu widersinnig?

Doch sie hatte einfach keine Kraft mehr, sich schon wieder so viele Gedanken zu machen. Gabi verschränkte die Arme vor sich auf dem Küchentisch und ließ ihren Kopf darauf sinken. Sie fühlte sich so unendlich erschöpft. Es war ihr im Moment schlichtweg egal, was Frau Siebeck dazu bewogen hatte, sie anzurufen. Sie würde hingehen zur Beerdigung, und damit Schluss.

Kapitel 20

Der 3. Dezember 1997 war ein grauer Tag. Es nieselte. Gabi schloss jetzt auch noch den obersten Knopf an ihrem schwarzen Mantel, als sie den Weg zu der kleinen Kapelle entlangging. Sie war allein. Roland hatte ihr zwar angeboten, sie zu begleiten, aber dieses Angebot war bestenfalls halbherzig gewesen, und sie hatte abgelehnt. Ihr Mann schien der ganzen Sache langsam überdrüssig zu werden. Sie hatte seine Geduld und sein Mitgefühl wohl überstrapaziert. So verständnisvoll er all die Monate zuvor gewesen war – Gabis übergroße Trauer um Herrn Siebeck konnte er nicht mehr nachvollziehen. Sicher, er war ihr leiblicher Vater, aber nüchtern betrachtet war er für Gabi doch kaum mehr als ein Fremder gewesen. Ein Fremder, der sich noch dazu vollkommen unmöglich aufgeführt hatte. Warum sein Tod Gabi nun erneut so sehr aus der Bahn warf, nachdem sie sich mit der ganzen Angelegenheit eigentlich doch inzwischen ganz gut arrangiert hatte, konnte Roland nicht nachempfinden.

Noch heute Morgen hatte er den Kopf über sie geschüttelt.

»Findest du es nicht etwas übertrieben, dass du so ganz und gar in tiefschwarz gehst? Gut, wir beide wissen, dass er dein Vater war, aber die anderen Leute wissen das nicht. Das macht doch einen ziemlich seltsamen Eindruck, wenn die ehemalige Nachbarstochter so tiefe Trauer zeigt. Willst du nicht zur Auflockerung wenigstens ein paar Sachen in dunkelgrau anziehen?«

»Nein, du verstehst das nicht. Ich bin so angezogen, wie ich mich fühle. Und das ist mir wirklich wichtiger als das, was die anderen Leute denken.«

Gabi schob die schwere Tür auf. Vermutlich würde sie als einer der letzten Trauergäste ankommen. Sie war absichtlich erst spät losgegangen, um vor dem Gottesdienst mit niemandem sprechen zu müssen.

Nun stand sie allein hinten im Gang. Auf der rechten Seite der Kapelle sah sie in der ersten Reihe gleich am Gang Frau Siebeck sitzen, neben sich Monika und deren Mann. Daneben saß noch ein Paar. Das mussten Detlef Siebeck und seine Frau sein. In der Reihe dahinter zwei junge Mädchen und ein junger Mann. Wahrscheinlich Monikas und Detlefs Kinder. Gabi ließ ihre Blicke schnell über die weiteren Reihen auf der rechten Seite schweifen. Sie erkannte Michaela und deren Mutter Gisela, Hilde Siebecks Schwester. Bei einigen anderen war sie nicht ganz sicher, aber vermutlich waren es all die Cousinen, die sie von früher kannte.

Eines stand jedenfalls fest: Auf der rechten Seiten saß die Verwandtschaft. Und links saßen die Fremden. Die Nachbarn, ehemalige Arbeitskollegen, Skatbrüder, Bekannte aus dem Schrebergarten. Einige von ihnen kannte sie von Fotos, die Frau Siebeck ihr damals gezeigt hatte.

Wohin sollte sie sich nur setzen? Darüber hatte sie sich vorher überhaupt keine Gedanken gemacht, obwohl ihr klar war, dass es bei solchen Anlässen immer eine bestimmte Sitzordnung gab. Eigentlich gehörte sie als Kurts Tochter in die erste Reihe auf der rechten Seite. Aber das war ja ausgeschlossen. Sie wollte mit Sicherheit keinen Skandal provozieren. Und außerdem würde sie so viel Mut ohnehin nicht aufbringen können.

Aber sie war doch auch keine Fremde. Sie wollte nicht bei diesen Leuten sitzen, die wahrscheinlich nicht einmal besonders traurig über den Tod von Kurt Siebeck waren. Die meisten von ihnen saßen doch sicher nur aus Pflichtgefühl hier. Es gehörte sich nun einmal so, dass man zur Beerdigung eines Nachbarn oder Vereinskameraden ging. Sie beobachtete zwei Frauen, die miteinander tuschelten und dann hinter vorgehaltener Hand leise lachten. Ganz bestimmt gedachten diese beiden in diesem Moment nicht des Toten.

Zwischen diesen Menschen konnte doch nicht ihr Platz sein. Ob sie sich allein in eine Reihe hinter den Verwandten setzen sollte? Aber wie würde Frau Siebeck beim Rausgehen reagieren, wenn sie Gabi dort sehen würde?

»Entschuldigung, würden Sie sich bitte setzen? Wir wollen jetzt beginnen«, sagte eine Stimme leise zu ihr. Sie drehte sich um. Der Küster stand neben ihr und sah sie auffordernd an.

»Ja, natürlich«, flüsterte sie, und ohne nachzudenken huschte sie in die nächstbeste Reihe auf der linken Seite. Sie setzte sich direkt an den Gang.

Jetzt erst fiel ihr Blick auf den Sarg, der am Ende des Ganges stand, bedeckt von einem Meer an Blumengestecken und Kränzen. Da vorne lag ihr Vater, den sie nie mehr sehen würde. Im selben Moment setzte die Orgel ein, und Gabi konnte sich nicht mehr beherrschen. Ein tiefes Schluchzen ließ ihren ganzen Körper erbeben, und dann begannen die Tränen zu fließen, den ganzen Gottesdienst hindurch. Die Worte des Pastors drangen nur in Fetzen in ihr Bewusstsein: »Ein arbeitsreiches Leben …. ein geradliniger, aufrichtiger Mensch … mit seiner ruhigen und besonnenen Art …, seine geliebte Frau Hilde …, sein ganzer Stolz, … seine beiden Kinder Detlef und Monika …und seine drei Enkelkinder Juliane, Meike und Thorsten …«

Gabi saß wie betäubt da und ließ alles auf sich einströmen. So wild ihre Gedanken sonst immer kreisten, nun war alles in ihr still. Sie dachte einfach gar nichts mehr.

Dann war der Gottesdienst zu Ende. Alle erhoben sich. Der Sarg wurde von vier Trägern angehoben. Langsam schritten sie durch den Gang zum Ausgang. Hinter dem Sarg ging die Familie. Als erste Hilde Siebeck mit Monika am Arm, dahinter Detlef mit seiner Frau, danach Monikas Mann mit den Kindern.

Gabis Herz fing an zu rasen. Sie wollte so gern mit ihnen mitgehen, ganz dicht hinter dem Sarg, noch einmal ihrem Vater nahe sein. Aber sie durfte nicht! Sie durfte es nicht!

Die Träger mit dem Sarg waren an ihr vorbeigeschritten, Hilde Siebeck war nun genau auf ihrer Höhe. Sie stand so dicht vor ihr, dass Gabi nur den Arm hätte ausstrecken müssen, um sie zu berühren. Gabi sah ihrer leiblichen Mutter ins Gesicht, doch die blickte starr geradeaus. Dabei musste sie Gabi doch wahrnehmen! Monika, die sich bei Frau Siebeck untergehakt hatte, schien Gabi tatsächlich nicht zu sehen. Ihre Augen waren rot geschwollen, und ihr Kinn zitterte. Es versetzte Gabi einen Stich, ihre frühere Freundin so traurig zu sehen. Sie war so sehr mit ihrer eigenen Trauer beschäftigt gewesen, dass sie über Monika gar nicht nachgedacht hatte. Aber auch Monika hatte ihren Vater verloren.

»Gabi?«

Sie zuckte zusammen und schaute hoch. Vor ihr stand Detlef Siebeck. Ihr leiblicher Bruder. Auch seine Augen hinter den Brillengläsern waren gerötet, und er wirkte mitgenommen. Detlef sah ihr direkt in die Augen. Gabi merkte, dass er unsicher war, dass er nicht wusste, wie sie auf ihn reagieren würde. Dann begann er ein vorsichtiges Lächeln, und irgendwie schaffte Gabi es zurückzulächeln.

Wortlos breitete Detlef seine Arme aus und schlang sie um seine Schwester. Gabi schluchzte in seiner Umarmung auf. Sie bekam am ganzen Körper eine Gänsehaut. So schrecklich dieser Tag für sie bisher gewesen war, so unglaublich schön war nun dieser Moment.

Dann löste sich Detlef vorsichtig wieder.

»Komm«, sagte er, nahm ihren Arm und hakte sie unter. Der Trauerzug hatte sich kaum weiterbewegt. Sie reihten sich gemeinsam an derselben Stelle wieder ein. Detlefs Frau nahm auf der anderen Seite Gabis Arm, und mit ihrer freien Hand strich sie ihr über den Unterarm.
Gabi fragte sich, ob die beiden auch nur ahnten oder eine Vorstellung hatten, wie viel diese Gesten ihr bedeuteten.? Nie im Leben würde sie ihnen vergessen, was sie in diesem Augenblick für sie getan hatten. An diesem Tag, der nach Danielas Tod der schwärzeste Tag ihres Lebens war.

Gemeinsam schritten die drei aus der Kapelle und den Weg bis zum Vorplatz entlang. Dann blieben sie stehen, ein paar Schritte hinter Hilde und Monika. Die beiden hatten sich kein einziges Mal umgedreht; dass Gabi hinter ihnen gegangen war, hatten sie anscheinend gar nicht bemerkt.

Der Wagen des Bestattungsunternehmens stand schon bereit, die Träger schoben den Sarg hinein. Dann wurde die Heckklappe des Wagens geschlossen und der Wagen fuhr los. Er bog um die Kurve, das Motorengeräusch wurde leiser. Dann war alles still.

Detlef zog Gabi noch näher an sich heran. Sie hatte beim Anblick des davonfahrenden Autos wieder zu beben begonnen und war kurz davor, erneut in Tränen auszubrechen. Doch der tröstende Druck an ihrem Arm half ihr, es zu unterdrücken. Sie schluckte nur und sah mit einem kleinen Lächeln zu Detlef hoch. Er lächelte ganz leicht zurück und nickte ihr zu.

Dann ließ er Gabis Arm los. Die anderen Trauergäste strömten aus der Kirche und wollten der Familie ihr Beileid aussprechen. Detlef musste sich neben seine Mutter und Monika stellen und die Beileidsbekundungen entgegennehmen.

»Ja, also, ich bin die Christine«, sagte Detlefs Frau, die neben Gabi stehen geblieben war.

»Und ich bin Gabi. Ich bin …« Sie stockte. Eigentlich hatte sie sagen wollen, dass sie Kurts Tochter sei, aber sie brachte es nicht über sich.

»Ich weiß, wer du bist«, half ihr Christine sofort aus ihrer Verlegenheit. »Ich kenne die ganze Geschichte. Schon seit so vielen Jahren. Das ist alles so unglaublich. Aber dassdich Hilde dich zur Trauerfeier eingeladen hat, das ist doch schon ein gutes Zeichen. Mal sehen, wie sich jetzt alles so weiterentwickelt. Eines kann ich dir mit Sicherheit sagen: Der Detlef möchte unbedingt Kontakt zu dir haben. Er hat ja auch mal bei dir angerufen …«

»Ja, Sven, mein Sohn, hat es mir erzählt. Aber ich habe mich nicht getraut zurückzurufen, weil ich dachte, Detlef will mich beschimpfen und fertigmachen.«

»Ach, um Gottes willen. Im Gegenteil. Er wollte dich so gern kennenlernen. Aber als du nicht angerufen hast, dachte er, du willst mit ihm nichts zu tun haben.«

Die beiden Frauen sahen sich an. Gabi schüttelte den Kopf und seufzte. Christine legte ihre Hand auf Gabis Arm.

»Ach komm, es wird alles gut werden. Jetzt habt ihr beide euch gefunden, das ist doch schon eine tolle Sache, und mit der Hilde … Na ja, mal abwarten, wie es weitergeht. Aber ich muss sagen, ich bin da ganz optimistisch.«

Christine und Gabi sahen hinüber zu Frau Siebeck, die zwischen Monika und Detlef stand. Noch immer standen Leute Schlange, um zu kondolieren.

»Ich geh dann auch mal hin«, sagte Gabi, und Christine nickte ihr zu.

Fünf Leute standen noch vor ihr, dann war sie an der Reihe.

»Mein herzliches Beileid, Monika!«

Sie gaben sich die Hand. Monika nickte nur stumm. Gabi konnte aus ihrem Gesicht nicht lesen, ob sie überrascht war, ihre frühere Freundin hier zu sehen. Es kam ihr beinahe so vor, als würde Monika gar nicht richtig wahrnehmen, was um sie herum passierte.

Dann ging sie weiter zu Frau Siebeck. So gern hätte sie ihre leibliche Mutter umarmt, sie für einen Moment an sich gedrückt. Doch Frau Siebecks ausgestreckter Arm war unmissverständlich. Mehr als einen Händedruck wollte sie nicht. Dabei hatte sie Gabi früher so oft in den Arm genommen.

»Gabi, schön, dass du gekommen bist«, sagte sie, und diesmal war es Gabi, die nur stumm nickte.

Auch Detlef und sie reichten sich nur die Hand.

»Mein herzliches Beileid«, sagte Gabi zu ihrem Bruder.

»Danke«, sagte er und beugte sich zu ihr nach vorne. »Auch dir mein Beileid, Gabi!«

Sie nickte ihm kurz zu und drehte sich dann schnell weg. Ihr stiegen wieder die Tränen in die Augen, doch diesmal weniger vor Trauer als vielmehr vor Rührung über Detlefs Mitgefühl.

Beim anschließenden Essen im Gemeindehaus saß Gabi wie selbstverständlich bei Detlef und Christine. Niemand schien das seltsam zu finden, auch Hilde Siebeck und Monika einen Tisch weiter zeigten keine Reaktion. Bei derart vielen Leuten konnte es sich schließlich zufällig so ergeben haben, dass Gabi an den Tisch geraten war, den man eigentlich für die Verwandtschaft vorgesehen hatte.

Nach und nach löste sich die Trauergesellschaft auf, bis nur noch die engsten Verwandten übrig waren – und Gabi. Sie hatten sich alle erhoben und standen im Kreis zusammen.

»Wir gehen jetzt noch mit zu Mutter nach Hause. Gabi, du kommst doch auch mit?«, stellte Detlef eher fest, als dass er fragte.

»Ja, gern«, antwortete Gabi sofort.

»Was, wieso soll die Gabi denn mitkommen? Die gehört doch gar nicht dazu!«, rief Monika aus.

Detlef holte Luft, doch seine Mutter kam ihm zuvor.

»Ja weil wir die Gabi doch schon so lange kennen. Das ist in Ordnung, sie kann ruhig dabei sein«, sagte sie hastig und schoss einen warnenden Seitenblick in Detlefs Richtung ab.

Gabi bereute, so spontan »Ja« gesagt zu haben. Plötzlich kam sie sich wie ein Eindringling vor. Monika hatte doch eigentlich recht. Gabi gehörte wirklich nicht dazu. Jedenfalls nicht zu denen, die Monika von Kindesbeinen an als ihre engsten Familienangehörigen kannte und mit denen sie an einem solchen Tag noch trauernd zusammensitzen wollte. Doch ein Zurück gab es nicht mehr, das hätte die Situation noch seltsamer gemacht. Sie würde jetzt mitgehen, etwas trinken und sich dann so schnell wie möglich wieder verabschieden.

Es fiel Gabi nicht schwer, sich an diesen Vorsatz auch zu halten. Sie fühlte sich ausgesprochen unwohl im Haus der Siebecks. Kaum jemand sagte etwas, als sie im Wohnzimmer bei einer Tasse Tee zusammensaßen. Lag es an ihrer Anwesenheit, dass die Atmosphäre so angespannt war? Oder war es einfach die allgemeine Trauer und Erschöpfung, dass jeder nur vor sich hin starrte? Wenigstens Detlef und Christine lächelten ihr von der anderen Seite des Tisches aus aufmunternd zu, wann immer sich ihre Blicke trafen. Doch nach einer knappen halben Stunde hielt Gabi es nicht mehr aus.

»Ich fürchte, ich muss jetzt gehen. Die Kinder warten sicher schon auf mich.«

Sie gab reihum jedem die Hand.

»Ich bring dich noch raus«, sagte Detlef, als sie bei ihm angekommen war, und stand auf.

»Auch wenn es ein so trauriger Anlass war, kann ich dir gar nicht sagen, wie froh ich bin, dass wir uns endlich getroffen haben«, sagte er an der Haustür zu ihr. »Und ich hoffe, dass es auch in deinem Sinne ist, dass wir jetzt Kontakt halten. Ich möchte meine leibliche Schwester wirklich gerne kennenlernen.«

»Nichts lieber als das. Du glaubst nicht, wie viel mir das bedeutet!«, sagte Gabi und umarmte ihren Bruder.

»Wir sehen uns bald wieder, Gabi, das verspreche ich dir, wir sehen uns ganz bald wieder.«

Kapitel 21

»Ach du lieber Himmel – Champagner! So etwas habe ich ja noch nie im Leben getrunken«, sagte Gabi ehrfurchtsvoll, als Detlef die Flasche aus dem Kühlschrank nahm.

»Täglich gibt es den bei uns hier auch nicht gerade, das kannst du mir glauben. Aber bei so einem Anlass … Wie oft passiert es schon, dass man seine eigene Schwester nach siebenunddreißig37 Jahren das erste Mal zu Besuch hat?« Detlef erwartete offensichtlich keine Antwort, sondern drückte Gabi vier Sektgläser in die Hand. »Hier, bring die schon mal rüber zu den beiden ins Wohnzimmer, ich komme gleich mit der Flasche nach.«

Im Wohnzimmer saßen sich Roland und Christine am Tisch gegenüber und unterhielten sich über das ungemütliche Vorweihnachtswetter. Die beiden hatten sich gerade eben erst kennengelernt. Vor zehn Minuten waren Gabi und ihr Mann nach regnerischer Fahrt von Hürthen ins vierzig40 Kilometer entfernte Schrambeck bei Detlef und Christine angekommen.

Seit der Beerdigung waren nun schon zwei Wochen vergangen. So viel Zeit hatte Gabi gebraucht, um sich nach dem für sie so aufwühlenden Ereignis wieder zu sammeln, bevor sie Detlef wieder treffen konnte. Neben der Trauer um ihren leiblichen Vater musste sie erst einmal verarbeiten, dass dieser schreckliche Tag eine so unerwartete Wendung genommen hatte: Plötzlich gab es in ihrem Leben einen Bruder, der sich für sie interessierte, der genau wie sie selbst über »die Sache« reden wollte und der ihr die Zuwendung bot, die ihr ihre leiblichen Eltern ihr so erbarmungslos verweigert hatten. Vor zwei Tagen dann hatte sie Detlef das erste Mal angerufen, und sofort hatte er sie und Roland für diesen Samstagabend eingeladen.

Nun saßen sie zu viert am Tisch und hoben die Gläser.

»Auf meine Schwester!«, sagte Detlef und prostete der ihm gegenüber sitzenden Gabi zu.

»Und auf meinen Bruder!«, antwortete Gabi lächelnd.

Dann stießen sie alle miteinander an.

»Es ist einfach zu unglaublich, diese ganze Geschichte«, ergriff Christine als erste das Wort, nachdem sie einen Schluck getrunken und die Gläser wieder abgesetzt hatten. »Ich hätte nie für möglich gehalten, dass wir jemals in dieser Runde hier sitzen könnten. Dass nach so vielen Jahren alles noch herauskommt … Gabi, du musst doch so viele Fragen haben. Die Hilde wird mit dir ja nicht über die Sache geredet haben. Sie hat uns zwar nicht erzählt, was sich genau abgespielt hat, als du zu ihr gegangen bist, aber wir können es uns vorstellen. Wir wissen ja schließlich seit Jahr und Tag, wie sie sich verhält, wenn es um die Vertauschung geht.«

»Seit Jahr und Tag …«, wiederholte Gabi langsam. »Was bedeutet das: seit Jahr und Tag? Das begreife ich jetzt gar nicht. Wie lange wisst ihr von der Sache denn schon?«

Christine und Detlef sahen sich an. Christine räusperte sich.

»Ja, vielleicht fang ich mal mit meiner Geschichte an«, sagte sie. »Detlef und ich haben es nämlich zu unterschiedlichen Zeiten erfahren. Ich weiß es seit ungefähr zwanzig Jahren.«

Gabi holte erschrocken Luft und schlug die Hand vor den Mund. Christine legte ihre Hand auf Gabis Arm.

»Ja, das ist für dich sicher ein Schock. Du hast wahrscheinlich gedacht, die Hilde hätte uns von der Vertauschung erst im letzten Jahr erzählt, nachdem du bei ihr warst. Weil ihr Geheimnis durch dich aufgeflogen war und sie dann Angst haben musste, dass du zu Detlef gehen und ihm alles erzählen würdest. Und dass sie dir deshalb zuvorkommen wollte.«

Gabi nickte stumm. Christine hatte recht, so ungefähr hatte sie sich die Dinge zusammengereimt.

Aber Christine schüttelte den Kopf. ›Nein, so war es nicht‹, sagte diese Geste. Dann erzählte sie weiter.

»Ich war damals ganz frisch mit Detlef zusammen, höchstens zwei Monate. Hilde war mir gegenüber gleich sehr aufgeschlossen und hat mich überall mit hingenommen, als Detlefs neue Freundin. Und so waren wir eines Abends zusammen bei ihrer Kegelrunde. Monika war auch mit von der Partie, und als sie dran war mit dem Kegeln, da haben Hilde und ich ihr dabei zugesehen. Und plötzlich beugt sich Hilde zu mir rüber und raunt mir ins Ohr: ›Du, ich muss dir was sagen: Die Monika ist gar nicht meine Tochter! Die ist als Baby vertauscht worden! Mit dem Kind unserer damaligen Nachbarin!‹ Ich war so schockiert, dass ich überhaupt nicht wusste, was ich sagen oder machen sollte. Und irgendwann hab ich dann so herumgestammelt: ›Ja, aber … wenn das wirklich wahr ist … dann musst du doch etwas unternehmen.‹ Und da zuckt die Hilde nur mit den Schultern, dreht mir den Rücken zu und ruft quer über den Tisch einer Kegelschwester zu: ›Trudi, wie geht´s denn eigentlich deinem Fritz? Hat er immer noch mit der Galle zu tun?‹ Das werde ich nie vergessen, wie sie mich mit diesem Schock einfach alleingelassen und sich weggedreht hat. Hinterher kam es mir fast so vor, als hätte ich das alles nur geträumt. Es war so unwirklich! Zu Hause habe ich Detlef natürlich sofort darauf angesprochen. Seine Mutter hätte mir eine völlig verrückte Geschichte erzählt von vertauschten Babys. Da hätte sie sich mit mir doch wohl einen schlechten Witz erlaubt. Davon war ich inzwischen schon beinahe überzeugt. Aber leider … «

Nun räusperte sich Detlef.

»Ja, leider hat sie die Wahrheit gesagt. Gabi, ich will jetzt gar nicht lange drum herum reden. Ich weiß seit meinem zehnten Lebensjahr, dass du meine Schwester bist. Da wart ihr beide drei Jahre alt, Monika und du.«

»Nein! Das gibt es doch nicht!«, rief Gabi. Sie wollte aufspringen, aber Roland legte schnell den Arm um ihre Schulter und hielt sie fest. Dann sah er zu Detlef.

»Und seit wann weiß eure Mutter es selbst?«, fragte er mit rauer Stimme.

»Das weiß ich nicht. Im Grunde weiß ich nicht mehr als du, Gabi. Nur, dass ihr beide vertauscht worden seid. Diesen Satz hat Mutter mir damals einfach so an den Kopf geworfen.«

Und dann erzählte Detlef davon, wie er es erfahren hatte. Die Szene auf der Küchenbank stand noch immer so lebendig vor ihm, als hätte sie sich gestern abgespielt.

»Ja, und danach haben wir nie wieder darüber gesprochen. Bis heute nicht. Ich habe diese Geschichte auch sonst niemandem anvertraut – außer Christine. Vielleicht hätte ich es nicht einmal ihr gesagt, wenn sie nicht von sich aus damit gekommen wäre.«

»Aber warum hast du denn nie bei deinen Eltern nachgefragt? Dass du als Zehnjähriger überfordert warst, das kann ich verstehen. Aber später, als Erwachsener … Hattest du denn nie den Wunsch, mehr darüber zu erfahren?«, fragte Gabi fassungslos.

»Als Kind und als Jugendlicher – definitiv nein. Diese ganze Angelegenheit war für mich so unbegreiflich, dass ich sie weitgehend verdrängt habe. Es war nicht so, dass ich nicht wahrhaben wollte, was Mutter da behauptete. Geglaubt habe ich es sofort, man glaubt seiner Mutter schließlich. Ich habe es zur Kenntnis genommen und dann einfach … ja, weggesperrt. Aus meinem Leben verbannt. Nicht mehr drüber nachgedacht. Ich weiß, das hört sich seltsam an, aber durch meinen Beruf weiß ich inzwischen, dass die Psyche die merkwürdigsten Dinge vollführt, um sich zu schützen.«

Gabi nickte zustimmend. Sie wusste genau, was er meinte. In den vergangenen Monaten hatte sie viel über sich selbst nachgedacht, hatte sich wieder und wieder gefragt, was denn nur mit ihr los gewesen war. Warum hatte sie nicht viel eher gemerkt hatte, dass in ihrem Leben etwas ganz grundsätzlich nicht stimmte? Es waren doch deutliche Anzeichen da gewesen. Allein die unglaubliche Ähnlichkeit zwischen Rudi und Monika und die immer wiederkehrenden Erlebnisse mit Leuten, die diese beiden für Geschwister hielten, hätten sie doch mehr als stutzig machen müssen. Sie konnte es nicht fassen, dass sie der Sache damals nicht auf den Grund gegangen war, sondern das aufkommende Unbehagen einfach immer nur weggelacht hatte. Aber es musste auch bei ihr so gewesen sein, wie Detlef es gerade beschrieb: Es war eine Art Selbstschutzmechanismus, der das Nachdenken über bestimmte Dinge einfach verhinderte.

»Inzwischen sieht die Sache ganz anders aus«, sprach Detlef weiter. »Heute habe ich unendlich viele Fragen, die ich Mutter nur zu gern stellen würde. Aber ich weiß ja, wie sie reagiert, wenn jemand auch nur ansatzweise versucht, irgendetwas Näheres über die Vertauschung herauszufinden. Dann schreit sie gleich los: ›Nein, belaste mich nicht! Ich will nicht darüber reden!‹ und rennt aus dem Zimmer. Das habe ich nun schon x-mal miterlebt. Ich bin mir sicher, dass es mir nicht anders ergehen würde als all den anderen.«

»Halt, Stopp, Moment mal, das geht mir jetzt alles zu schnell … Welche anderen meinst du denn? Was heißt, du hast es schon x-mal miterlebt? Soll das etwa bedeuten, dass …?« Gabi brach fassungslos ab.

Detlef sah wieder zu Christine. Die schüttelte leicht den Kopf. ›Nein, nicht die ganze Wahrheit‹, bedeutete sie ihm damit. Offensichtlich hatten sie Gabi überfordert. Sie beide, Detlef und Christine, wussten schließlich seit Jahren, dass die Vertauschung alles andere als ein Geheimnis war. So absurd es war, dass praktisch alle außer den beiden Vertauschten selbst Bescheid wussten – sie beide hatten sich daran gewöhnt. Aber für Gabi musste diese Erkenntnis jetzt natürlich ein gewaltiger Schock sein. Sie mussten unbedingt ein paar Gänge zurückschalten. Nicht alles auf einmal auf sie einprasseln lassen.

Christine wusste, dass Detlef überglücklich war, endlich Kontakt zu seiner leiblichen Schwester zu haben. Nach der Beerdigung hatte er zu Christine gesagt, er wisse erst jetzt, wie sehr er sich nach dieser Begegnung gesehnt hatte. Und nun brachen bei ihm alle Dämme. Alles, was sich über Jahrzehnte aufgestaut hatte, wollte ans Licht.

Aber bei allem Verständnis dafür – Gabis Gefühle standen erst einmal im Vordergrund.

»Ach … ja … na ja …«, sagte Christine in abwiegelndem Ton. »Die engste Familie hat davon gewusst, da hatte die Hilde wohl das Bedürfnis, die Wahrheit zu sagen. Aber sie hat nie jemandem mehr erzählt als die Tatsache, dass ihr beide vertauscht worden seid. Und direkt danach hat sie dann immer sofort abgeblockt. Bei jedem.«

Christine nahm ihr Glas und trank einen Schluck. Dann sprach sie schnell weiter.

»Ich kann mir so gut vorstellen, was in dir vor sich geht, Gabi, wahrscheinlich kann ich das besser als die meisten. Unsere Geschichten lassen sich nicht wirklich vergleichen, aber ich bin auch unter falschen Voraussetzungen aufgewachsen. Ich wurde als Baby adoptiert. Und niemand hat es mir gesagt. Nie im Leben wäre ich auf die Idee gekommen, dass meine Eltern nicht meine Eltern sein könnten. Nie!«

Sie schüttelte den Kopf, als könnte sie es noch immer nicht ganz glauben.

»Tja, und dann gingen wir eines Tages auf Klassenfahrt. Da war ich zwölf. Bei einem Spaziergang lief ich zufällig neben unserer Klassenlehrerin, und da sagte die aus heiterem Himmel zu mir, so ganz nebenbei: ›Ach ja, du bist ja auch so ein Adoptivkind.‹«

»Wie bitte?« Gabi riss entgeistert ihre Augen auf, und auch Roland sah Christine fassungslos an.

»Du kannst dir nicht vorstellen, was ich da gefühlt habe. Ich kann es selbst heute noch nicht beschreiben. Man sagt ja immer, dass in solchen Momenten eine Welt zusammenbricht, und das klingt für Außenstehende dann so übertrieben. Aber genauso war es. Es war ein solcher Schlag! Die Lehrerin hat an meinem schockierten Blick dann wohl gesehen, dass ich nicht das Geringste gewusst habe, und stand dann wohl selbst unter Schock. Jedenfalls hat sie nur ›Oh!‹ gesagt und ist einfach schnell weitergegangen. Und hat mich armes kleines Mädchen ganz allein gelassen mit dieser bitteren Wahrheit. Ich war absolut nicht in der Lage, mit irgendjemandem darüber zu reden. Und meinen Eltern habe ich auch nicht gesagt, dass ich es weiß. Komisch, ich hab immer gedacht, das kann ich ihnen nicht antun.«

Christine hielt in ihrer Erzählung kurz inne, und Gabi nickte verständnisvoll.

»Aber es gibt ja in praktisch allen Adoptionsfällen das eine klassische Ereignis, bei dem die Sache spätestens herauskommt«, fuhr Christine fort. »Und das ist der Zeitpunkt, wenn man heiraten will und die Geburtsurkunde benötigt. Meine Mutter bot mir an, die Urkunde zu besorgen, und rief dann ein paar Tage später bei mir im Büro an und sagte, die Papiere seien gekommen. Ich wusste sofort, was meine Eltern beim Nachhausekommen zu mir sagen würden: ›Christine, wir müssen reden.‹ Und da habe ich sie dann überrascht und gesagt: ›Keine Panik, ich weiß es längst, es ist alles gut.‹ Sie sind fast aus allen Wolken gefallen. Und waren überglücklich, dass ich nicht böse war. Im Gegenteil. Ich hatte solch ein schönes Zuhause bei den beiden, ich bin ihnen bis heute dankbar. Denn garantiert waren die Zustände bei meinen leiblichen Eltern oder bei meiner leiblichen Mutter nicht so rosig.«

»Weißt du denn darüber gar nichts? Hast du nie versucht, etwas über deine Mutter herauszufinden?«, wollte Gabi wissen.

»Nein, nicht ernsthaft. Ein einziges Mal habe ich einen halbherzigen Versuch unternommen. Der Name meiner Mutter stand ja in der Geburtsurkunde, genau wie mein Geburtsort Bottrop. Und als ich dort zufällig mal zu tun hatte, habe ich ins Telefonbuch gesehen. Aber ihren Namen habe ich da nicht gefunden, und darüber war ich ehrlich gesagt ziemlich erleichtert. Wer weiß, was ich bei einer Begegnung mit ihr vorgefunden hätte. Vielleicht stamme ich aus völlig asozialen Verhältnissen, vielleicht ist meine Mutter Trinkerin oder nimmt Drogen oder ist in der Psychiatrie gelandet. Dann müsste ich mich damit auseinandersetzen, ob ich solche Anlagen vielleicht auch in mir trage. Oder stell dir mal vor, ich würde erfahren, dass ich durch eine Vergewaltigung entstanden bin. Da würde ich mich vielleicht am Ende noch vor mir selbst ekeln. Nein, wirklich, ich bin froh, dass ich das alles nicht weiß.«

Eine ganze Weile sagte niemand etwas. Dann stand Christine auf und schenkte jedem nach.

»Wisst ihr was, jetzt lasst uns doch einfach feiern, dass ihr beide euch endlich gefunden habt! Keine tiefschürfenden Gedanken mehr heute Abend. Die kommen sowieso noch, schließlich ist es ja heute nicht das letzte Mal, dass wir uns treffen.«

»Mit Sicherheit nicht!«, sagte Gabi so inbrünstig, dass alle lachen mussten. Noch einmal stießen sie an, und dann begannen sie, sich über ihre Kinder, ihre Arbeit und Urlaubsreisen zu unterhalten – so wie man es üblicherweise macht, wenn man sich gerade erst kennengelernt hat.

Kapitel 22

»Mutter, es nützt nichts, Monika muss endlich die Wahrheit erfahren«, sagte Detlef zu Hilde Siebeck beim gemeinsamen Mittagessen am zweiten Weihnachtstag.

»Nein, das will ich nicht!«, kam es wie aus der Pistole geschossen. »Das kannst du der Monika wirklich nicht zumuten. Wie soll sie das denn verkraften?«

Detlef hatte mit genau dieser Antwort gerechnet und sich schon darauf eingestellt. Er würde sich auf keine Diskussion einlassen und sich auch nicht mit einem »Ja, ja, irgendwann einmal« vertrösten lassen. Für ihn war es einfach unumgänglich, so bald wie möglich mit Monika zu reden.

»Ich weiß, dass du Monika beschützen möchtest – so wie du es schon ihr ganzes Leben lang gemacht hast. Aber die Dinge haben sich geändert. So viele Leute wissen inzwischen von der Vertauschung, und wenn wir beide es ihr nicht sagen, wird es ihr garantiert früher oder später auf anderem Wege zu Ohren kommen. Und was meinst du wohl, was das dann für einen Schock bei ihr auslöst? Nein, sie muss es von uns erfahren. Wir beide müssen zusammen zu ihr gehen, das ist ganz wichtig. Und wir müssen uns ganz genau überlegen, wie wir es ihr beibringen. Ganz langsam und schonend, Schritt für Schritt, damit sie es auch begreift.«

»Aber wir könnten doch auch einfach mit den Leuten reden und ihnen sagen, dass sie es für sich behalten sollen …«

»Mutter, bitte!«, fuhr Detlef sie scharf an. »Es würde allein schon reichen, wenn Monika zufällig an Gabis Haus vorbeikommt und mein Auto davor stehen sieht, wenn ich dort gerade zu Besuch bin. Dann würde sie mich am Abend sofort anrufen und fragen, was ich denn mit der Gabi zu tun habe.? Und was sollte ich dann deiner Meinung nach sagen?«

»Wieso musst du denn unbedingt ...«, setzte Hilde Siebeck an.

»Wieso ich unbedingt Gabi besuchen muss? Das wolltest du doch bestimmt fragen.? Das kann ich dir sagen: Weil sie meine Schwester ist. Punkt. Nach so vielen Jahren kann ich endlich dazu stehen, und ich muss dir auch sagen, dass ich es wirklich genieße, Gabi als Schwester zu haben, mit ihr zu reden, mich mit ihr auszutauschen. Ich kenne sie ja nun erst seit kurzer Zeit, aber ich habe wirklich das Gefühl, dass wir beide auf einer Welle liegen. Wir verstehen uns einfach.«

Hilde Siebeck schnappte nach Luft, aber Detlef ließ sich nicht unterbrechen.

»Das heißt nicht, dass ich die Monika deshalb weniger gern hätte. Ich bin mit ihr aufgewachsen, habe mich immer um sie gekümmert, und das wird sich auch nicht ändern. Monika bleibt meine Schwester, aber Gabi hat jetzt denselben Stellenwert in meinem Leben.«

»Ach, mein Gott, Junge ...«, seufzte Hilde Siebeck und schüttelte den Kopf. »Musst du mich denn so belasten? Meinst du nicht, dass ich schon genug gelitten habe unter der ganzen Situation? Warum tust du mir das alles denn jetzt an?«

Mit solchen Vorwürfen hatte Detlef ebenfalls gerechnet, und er hatte sich vorgenommen, darauf schlichtweg nicht zu reagieren. Schweigend sah er seine Mutter einfach nur an.

Schließlich warf sich Hilde Siebeck in ihrem Stuhl zurück und zuckte mit den Schultern.

»Na gut, du willst es also erzwingen. Du wirst schon sehen, dass nichts Gutes dabei herauskommen wird. Aber bitte, du willst es nicht anders. Dann gehen wir zu ihr. Wann?«

»Lass uns warten bis Anfang Januar. Ich möchte erst noch einmal mit einem Kollegen aus der Klinik sprechen, einem Psychologen. Der kann mir mit Sicherheit noch ein paar Tipps geben, wie man so etwas am besten angeht, gerade bei so einem Menschen wie Monika.«

»Na ja, gut, meinetwegen, dann machen wir es so.«

Am nächsten Abend klingelte das Telefon bei Detlef Siebeck.

»Hallo Detlef, hier ist deine Mutter.«

»Ach, hallo, das ist ja eine Überraschung, dass du schon wieder …«

»Es ist alles genauso gekommen, wie ich es mir gedacht habe!«, fiel Hilde Siebeck ihrem Sohn ins Wort.

»Wie, wovon redest du denn?«

»Ich komme gerade zurück von Monika. Ich habe es ihr gesagt. Das sollte ich doch schließlich. Du wolltest das ja unbedingt.«

»Wie bitte?! Das wollte ich überhaupt nicht! Wir wollten doch zusammen zu ihr gehen! Und noch nicht jetzt! Erst im Januar! Das haben wir doch ganz klar so abgesprochen!«

Detlef schrie fast vor Empörung. Christine kam aus dem Wohnzimmer in den Flur gelaufen und sah ihren Mann mit rotem Kopf neben dem Telefon stehen.

»Ach, was heißt hier abgesprochen …«, sagte Hilde Siebeck verächtlich. »Ist doch jetzt auch völlig egal. Monika ist jedenfalls am Boden zerstört. Sie hat so geweint! Ganz schlimm! ›Dann habe ich jetzt auch noch den Detlef verloren!‹, hat sie gerufen. ›Erst ist mein

Papa gestorben, und nun habe ich auch keinen Bruder mehr!‹ Das hat sie gesagt, das arme Kind. So geschluchzt hat das Mädchen!«

»Das hast du ja ganz toll hinbekommen, Mutter.« Detlef zitterte vor Wut.

»Wieso ich, es war doch deine Idee!«

Seine Mutter war schon immer eine Meisterin darin gewesen, die Dinge so zu verdrehen, dass am Ende immer die anderen schuld waren. Doch bisher war noch nie er selbst ihr Opfer gewesen. Detlef fühlte sich vollkommen hilflos. Auf der einen Seite wusste er genau, was sie vereinbart hatten, und auf der anderen Seite wusste er ebenso genau, dass es sinnlos war, noch weiter zu diskutieren. Sie würde ohnehin nicht zugeben, dass sie gegen ihre Abmachung verstoßen hatte. Und dass sie einen Fehler gemacht hatte. Vor allem aber war nicht rückgängig zu machen, was sie getan hatte.

»Die Monika will dich jetzt erst einmal nicht sehen. Und mit der Gabi will sie erst recht nichts zu tun haben. Die soll bloß nicht auf die Idee kommen und einfach bei Monika vor der Tür stehen. Das soll ich dir ausrichten, damit du es weitergibst«, setzte Hilde Siebeck jetzt sogar noch triumphierend nach.

Detlef merkte, dass er seine Wut nicht mehr zügeln konnte. Wenn er jetzt das Gespräch nicht beendete, würde er vielleicht Dinge zu seiner Mutter sagen, die nie mehr gutzumachen wären.

»Mutter, ich lege jetzt auf«, sagte er deshalb mit erstickter Stimme. Ihre Reaktion wartete er nicht einmal mehr ab.

»Sie ist einfach zu Monika hingerannt und hat es ihr gesagt«, erklärte er Christine, die ihn fragend ansah.

»Oh nein! Dann kann man sich ja vorstellen, wie sie das gemacht hat. So wie immer. Ohne Vorwarnung. ›Übrigens, du bist vertauscht worden. Die Gabi ist meine richtige Tochter.‹«

»Und dann hat Mutter wahrscheinlich auch noch so etwas gesagt wie ›Und der Detlef hält jetzt zu Gabi, weil sie ja seine richtige Schwester ist.‹ Jedenfalls glaubt Monika, dass sie mich verloren hätte. So ein Blödsinn! Ich kann mir nicht vorstellen, dass sie von sich aus auf so einen Gedanken kommen würde. Mit Sicherheit hat Mutter sie in diese Richtung beeinflusst. Und nun will Monika mich angeblich nicht mehr sehen.«

Detlef sah Christine hilfesuchend an.

»Was mache ich denn jetzt?«

»Wenn Monika so durcheinander ist, dann denke ich, dass heute und auch in den nächsten Tagen kein vernünftiges Gespräch mit ihr zu führen ist. Du weißt ja, wie sie in solchen Situationen reagiert. Lass ihr etwas Zeit, damit sie sich beruhigen kann. Und dann rufst du sie an und fragst ganz normal wie sonst auch, ob sie nicht mal wieder mit den Kindern vorbeikommen will. Oder wir bei ihnen. Ich kann mir nicht vorstellen, dass sie Nein sagt. Schließlich ist Juliane unser Patenkind. Das wird sie ihr nicht antun, dass sie keinen Kontakt mehr zu uns haben soll. Und wenn wir dann mit Monika zusammensitzen, dann sehen wir ja, ob und wie wir uns an dieses Thema mit der Vertauschung rantasten können.«

Schon zwei Wochen später saßen Detlef und Christine sonntags bei Monika und ihrer Familie am Mittagstisch. Monika war am Telefon etwas verhalten gewesen, aber Detlef hatte nicht das Gefühl gehabt, unwillkommen zu sein und nur um der Kinder willen eingeladen zu werden. Die Atmosphäre bei Tisch war auch wie immer: Detlef und Christine redeten mit Monika über Belanglosigkeiten, die Mädchen erzählten aus der Schule, und Jürgen saß stumm dabei. Kaum hatte er zu Ende gegessen, stand er auf, setzte sich an seinen Computer und drehte den Gästen den Rücken zu. So wie immer.

Detlef und Christine halfen Monika beim Abräumen und trugen das Geschirr in die Küche. Christine nickte Detlef kurz zu.

»Ich gehe mal mit den Mädchen nach oben, die neuen Pferdeposter ansehen, von denen Juliane vorhin erzählt hat«, sagte sie und ließ Detlef und Monika allein in der Küche.

»Komm her, Monika, ich helfe dir beim Abtrocknen.« Detlef nahm das Geschirrtuch vom Haken, während Monika heißes Wasser ins Spülbecken einließ und begann, die Gläser abzuspülen.

»Ja, also, Monika, Mutter war ja neulich bei dir und hat mit dir geredet«, fing Detlef an. Monika hob ein Glas gegen das Licht, um zu sehen, ob es sauber war. Dann stellte sie es auf das Abtropfbrett und spülte das nächste Glas.

»So kurz nach Weihnachten war das«, versuchte Detlef es weiter. »Daran kannst du dich ja sicher erinnern.«

Monika hielt auch das nächste Glas hoch und betrachtete es.

»Mist!«, murmelte sie, legte es zurück ins Wasser und wischte heftig daran herum.

»Monika?«, fragte Detlef vorsichtig.

»Was willst du von mir?« Sie drehte sich mit einem Ruck zu ihm herum. »Ich will von diesem Blödsinn nichts hören, das hat Mutter dir doch wohl gesagt. Lass mich damit in Ruhe! Und jetzt geh raus, ich mach allein hier weiter!«

Erschrocken legte Detlef das Geschirrtuch aus der Hand und ging in den Flur. Als er Christines Stimme von oben hörte, stieg er die Treppe hoch und ging in Julianes Zimmer.

»Hallo, ich wollte mir auch mal die neuen Poster ansehen«, sagte er und hörte, wie unecht fröhlich seine Stimme klang. Die Mädchen merkten es nicht und nahmen ihn sofort in Beschlag. Aber an Christines Blick erkannte er, dass sie Bescheid wusste: Das Vorhaben, ein verständiges Gespräch mit Monika zu führen, war gründlich gescheitert.

Als sie wieder nach unten gingen, taten alle so, als wäre nichts gewesen. Man unterhielt sich über dies und das, trank noch einen Kaffee, und dann verabschiedeten sich Detlef und Christine freundlich.

»Vielen Dank für alles, und dann bis demnächst.«

Sie setzen sich in ihr Auto, schlugen die Autotüren zu und sahen sich an.

»Der Psychologe bei uns in der Klinik hat mir ja schon gesagt, dass es in einem solchen Vertauschungsfall für die beiden Betroffenen im Prinzip zwei Wege gibt, damit umzugehen: Entweder versucht man herauszufinden, wie das passieren konnte, und setzt alles daran, die Hintergründe zu erfahren – oder man ignoriert die ganze Sache einfach, aus Selbstschutz.«

Detlef seufzte tief.

»Tja, offensichtlich hat sich Monika für das Ignorieren entschieden. Ganz in Mutters Sinne. Einfach so tun, als wäre nichts. Ich habe wirklich nicht die leiseste Ahnung, wie das alles weitergehen soll.«

Gabi hatte den anderen Weg eingeschlagen. Sie wollte sich nicht damit abfinden, so gut wie nichts über ihre seltsame Vergangenheit zu wissen. Es ging ihr nicht darum, ihre Eltern und ihre leibliche Mutter zu beschuldigen und ihnen Vorwürfe zu machen. Die Wut und die Trauer um ihr verlorenes Leben bei den richtigen Eltern hatten sich im Laufe der vergangen Monate immer mehr gelegt. Sie hatte aufgehört, sich ständig zu fragen, wer sie hätte sein können. Sie war nun einmal, wer sie war: Gabi Hoffmann, geborene Siebeck, vertauschte Knappe. Die Geschichte ihrer Vertauschung war ein Teil ihrer Lebensgeschichte. Und genau diesen Teil wollte sie einfach verstehen. Um sich eines Tages mit ihrem Schicksal wirklich aussöhnen zu können, musste sie sich ein Bild davon machen, was in den ersten Tagen ihres Lebens geschehen war. Wie war es denn überhaupt möglich gewesen, Monika und sie zu vertauschen? Hatten die Babys denn damals keine Namensarmbändchen getragen, so wie sie selbst es von ihren eigenen Kindern kannte? Hatte man den Müttern damals ihre Babys vielleicht gar nicht direkt nach der Geburt gezeigt, so wie es heute üblich war, sondern erst nach ein oder zwei Tagen, wenn sie sich erholt hatten? Hatten Hilde und Margot ihr richtiges Kind vielleicht nie im Arm gehabt? Hatten sie die Verwechslung gar nicht bemerken können?

Wenn sie Hilde Siebeck ganz freundlich und ohne jeden Vorwurf gegenübertrat, dann musste es doch möglich sein, auf diese Fragen eine Antwort zu bekommen. Außerdem hatte Frau Siebeck doch durch die Einladung zur Beerdigung schon einen deutlichen Schritt auf Gabi zu gemacht. Mit dem Tod ihres Mannes schien sie offener geworden zu sein. Und nun hatte sie sogar Monika die Wahrheit gesagt – auch wenn das Ganze nach Detlefs Erzählungen eher unglücklich verlaufen war. Gabi war sich sicher, dass sich ihre leibliche Mutter ihr gegenüber längst nicht mehr so verschlossen zeigen würdet, wenn sie nun erneut den Kontakt zu ihr suchte.

Doch sie sollte sich täuschen. Zwar ließ sich Hilde Siebeck nicht lange bitten, zu Gabi zu einem Kaffeetrinken zu kommen, und sie zeigte sich auch gutgelaunt und bot Gabi an, sie doch nun endlich zu duzen und »Hilde« zu nennen. Aber als Gabi irgendwann vorsichtig anfing: »Wie war denn das damals, als …«, da versteinerte Hilde Siebecks gerade noch so fröhliche Miene augenblicklich, und sofort fiel sie Gabi laut ins Wort.

»Du, erzähl mir doch mal von deinen Kindern. Wie alt ist denn Sven inzwischen? Ach Gott, wenn ich daran denke, wie du damals weinend vor mir gesessen hastwarst, als du schwanger warst …«

Natürlich durchschaute Gabi das Ablenkungsmanöver, aber sie ließ es zu und ging darauf ein. So wichtig es ihr auch war, Antworten zu bekommen – noch wichtiger war es ihr, den so überaus empfindlichen Kontakt zu ihrer leiblichen Mutter nicht zu gefährden. Sie durfte Hilde nicht zu sehr bedrängen. Vielleicht brauchte sie einfach mehr Zeit, nach all den Jahren, die sie ihr Wissen mit sich herumgetragen hatte.

Doch bei keinem ihrer Treffen der nächsten Wochen kam Hilde ihrer leiblichen Tochter auch nur einen Schritt entgegen. Es blieb stets beim Geplauder über das Wetter, den Garten, Kochrezepte und gemeinsame Bekannte. Es waren Gespräche, wie man sie auch bei einem Besuch irgendeiner x-beliebigen Nachbarin führte. Sobald Gabi auch nur im Ansatz den Versuch unternahm, die Vergangenheit anzusprechen, lenkte Hilde das Gespräch blitzartig auf ein anderes Thema oder sie stand auf und ging mit den Worten »Ich muss mich kurz entschuldigen« ins Badezimmer.

Nur ein einziges Mal sprach sie »die Sache« von sich aus an – und das auch nur indirekt. Es war kurz bevor sie Sven und Tanja zum ersten Mal treffen sollte.

»Wissen die beiden denn, dass ich ihre leibliche Großmutter bin?«, wollte sie von Gabi wissen.

»Ja, ich habe es ihnen gesagt. Aber die ganze Geschichte interessiert sie nicht besonders. Sie sind gerade schwer mit sich selbst und ihrem Erwachsenwerden beschäftigt. Aber mit Sicherheit werden sie dich nicht ›Großmutter‹ oder ›Oma‹ nennen. Ich denke, am besten stellst du dich einfach mit ›Hilde‹ vor.«

»Ja, sicher, so hatte ich das auch vor.«

Gabi lächelte Hilde zu, schließlich waren sie ja einer Meinung. Tatsächlich aber war sie furchtbar enttäuscht, dass ihre leibliche Mutter anscheinend nicht den geringsten Wunsch verspürte, von ihren eigenen Enkelkindern als Oma anerkannt zu werden.

Sven und Tanja befanden Hilde Siebeck am Abend nach dem Besuch als »nett« und »ziemlich sympathisch« und »irgendwie ganz lustig«. Sie redeten so beiläufig über ihre leibliche Großmutter, als sei sie nur eine alte Schulfreundin ihrer Mutter, die nach langen Jahren zufällig einmal vorbeigekommen war. Gabi konnte es ihnen nicht verdenken, denn tatsächlich hatte sich Hilde Gabis Kindern gegenüber so freundlich-distanziert verhalten, wie es irgendwelche Bekannte auch tun würden. Sie hatte an Hilde nicht das kleinste Anzeichen dafür erkennen können, dass sie ihre Enkelkinder viel lieber in den Arm nehmen würde als ihnen nur die Hand zu schütteln.

Erst im Nachhinein konnte sich Gabi eingestehen, wie viel mehr sie sich von dieser Begegnung versprochen hatte. Insgeheim hatte sie geglaubt, der Anblick ihrer leiblichen Enkelkinder würde etwas in Hilde auslösen, würde endlich diesen unsichtbaren Panzer aufbrechen, den Gabi immer so deutlich spürte. Doch diese Hoffnung war vergebens gewesen. Nichts hatte sich geändert.

»Mensch Gabi, warum versuchst du es denn nicht noch mal bei deinen Eltern, wenn diese Frau Siebeck dich immer nur auflaufen lässt?«, fragte Brigitte.

»Ich hab dir doch erzählt, wie das abgelaufen ist. Papa leugnet, Mama weint. Das will ich ehrlich gesagt nicht noch einmal erleben.«

»Dann versuche ich es eben. Wenn du das nächste Mal zu ihnen willst, fahre ich dich hin und komme mit zu ihnen rein. Wann willst du denn wieder zu ihnen?«

»Übermorgen, am späten Nachmittag«, sagte Gabi völlig perplex.

»Ist gut, ich hole dich ab. Und ich lasse mir irgendetwas einfallen, wie ich etwas rausbekomme.«

Auf der Fahrt nach Hilmen hatte Brigitte ständig geheimnisvoll von ihrer »ausgefeilten Strategie« gesprochen, aber seit sie im Haus der Knappes waren, fragte sich Gabi, ob ihre Freundin vielleicht vergessen hatte, warum sie überhaupt hier war. Bisher saß Brigitte nur mit Rudolf auf dem Sofa und amüsierte sich mit ihm über ihre früheren Jugendstreiche, von denen sie anscheinend unendlich viele auf Lager hatte. Gabi half ihrer Mutter Margot währenddessen, die frisch gewaschenen Gardinen wieder aufzuhängen.

»Und kennen Sie eigentlich die Geschichte, als Gabi und ich mal mit dem Bus schwarzgefahren sind?«, fragte Brigitte jetzt.

»Hör ich zum ersten Mal. Kann ich mir ja gar nicht vorstellen, unsere brave Gabi. Wann soll das denn gewesen sein?«

»Als wir fünfzehn15 waren. Gabi wollte ja auch gar nicht, ich habe sie dazu angestiftet. Und wie das dann so ist, wenn brave Mädchen mal etwas ausfressen – wir sind natürlich sofort erwischt worden. Und der Kontrolleur hatte kein Erbarmen. Wir sollten jede zwanzig20 Mark bezahlen.«

Rudolf Knappe lachte.

»Na, geschieht euch recht. Hattet ihr denn so viel? Ich weiß schon gar nicht mehr … Hat Gabi überhaupt Taschengeld bekommen?«

»Nein, wir hatten beide keine zwanzig20 Mark. Aber wir sollten sie schon am nächsten Tag vorbeibringen, sonst wollte er nämlich die Eltern verständigen. Und das wollten wir natürlich beide nicht. Sie hätten Gabi ja wohl auch ganz schön zusammengestaucht.«

»Na, das kannst du glauben! Und von mir hätte sie keinen Pfennig bekommen!«

»Ja, das war ihr klar. Bei mir war das mit dem Geld kein Problem, mich hat bei solchen Sachen immer meine Oma gerettet. Ich wusste, dass ich mich auf sie verlassen kann. Tja, und da hat Gabi gedacht, dass ihre Oma ihr auch helfen würde. Oma Gertrud meine ich damit, Herr Knappe, Ihre Mutter. Also sind wir mit unseren Rädern nach Hilmen gefahren, haben geklingelt, die Oma hat aufgemacht und Gabi hat ihr kurz das Problem erzählt. Ich glaube, sie hat sogar geweint dabei.«

Brigitte warf einen fragenden Blick hoch zu Gabi, die auf der Trittleiter stand und zustimmend nickte.

»Und dann dachte ich, ich höre nicht richtig. Sagt die Oma zu der armen Gabi ›Ich geb dir doch kein Geld! Wo kommen wir denn da hin? Das kannst du schön selbst ausbaden!‹ Und dann knallt die uns die Tür vor der Nase zu.«

Rudolf Knappe grinste stumm.

»Da hab ich Gabi gefragt, was mit dieser Frau denn wohl los sei. So verhält sich doch eine Oma nicht zu ihrem Enkelkind. Und dann hat Gabi mir erzählt, dass die Oma sie ihr ganzes Leben lang schon nicht leiden konnte.«

Brigitte rutschte mit einem Schwung nach vorne, drehte sich zur Seite und sah Rudolf Knappe direkt ins Gesicht.

»Die hat doch gewusst, dass die Gabi nicht ihr richtiges Enkelkind ist! Die hat gewusst, dass Gabi vertauscht ist!«, rief sie in einem derart aggressiven Ton, dass Rudolf Knappe zusammenzuckte.

Er schüttelte den Kopf.

»Nein, so ein Blödsinn, das …«, fing er an.

Im selben Moment drehte sich Margot Knappe zu Brigitte um.

»Ja, das stimmt. Sie hat es gewusst!«, sagte sie mit so fester Stimme, wie Gabi sie seit Langem nicht mehr von ihrer Mutter gehört hatte.

Rudolf Knappe verstummte und sah seine Frau fassungslos an.

»Ja, doch, ich sag das jetzt«, sagte Margot. »Dass deine Mutter es gewusst hat. Ganz lange schon gewusst. Seit die Gabi ganz klein war … so ungefähr … ich glaube, drei Jahre alt.«

Niemand sagte etwas. Gabi sah Brigitte an. An deren erschrockenem Gesicht sah sie, dass ihre Freundin mit dieser Offenbarung überhaupt nicht gerechnet hatte.

Dann schluchzte Margot Knappe plötzlich auf und rannte aus dem Wohnzimmer.

»Na, ganz hervorragend! Jetzt hab ich hier wieder das heulende Elend, und die feinen Damen fahren schön gemütlich nach Hause, nachdem sie hier alles durcheinandergebracht haben«, schnauzte Rudolf und sah Gabi wütend an. »Los, ihr hängt jetzt hier die Gardinen zu Ende auf und dann haut ihr einfach ab. Ich kümmere mich jetzt um deine Mutter.«

Mit einem letzten anklagenden Blick in Gabis Richtung ging auch er aus dem Zimmer.

»Ach herrje, das tut mir ja jetzt leid«, sagte Brigitte ganz geknickt. »Über deine Mutter habe ich bei der ganzen Sache gar nicht nachgedacht. Ich wollte nur deinen Vater irgendwie provozieren und so vielleicht irgendetwas rausbekommen. Na ja, hat ja auch geklappt.« Sie lachte einmal trocken auf.

»Hmm«, machtebrummelte Gabi geistesabwesend, die noch immer auf der Leiter stand.

»Worüber denkst du nach?«, fragte Brigitte.

»Wie viele Personen es wohl noch gibt, die mir mein Leben lang gegenübersaßen und genau wussten, dass ich gar nicht dazugehöre.? Die genau wussten, dass ich in der falschen Familie gelandet bin.«

Sie schnaubte.

»Wenn ich daran denke, wie ich mich immer um die Oma bemüht habe. Ich wollte so gern, dass sie mich genauso lieb hat wie Rudi und

Markus. Und dabei hätte ich mir ein Bein ausreißen können. Das hätte nichts genützt. Ich war eben einfach nicht ihr leibliches Enkelkind.«

»Was meinst du denn, wer es ihr gesagt hat?«

»Da würde ich auf Papa tippen. Ich schätze, Oma Gertrud hat sich darüber gewundert, dass ich so anders aussehe, und dann hat er es ihr garantiert gestanden. Er hatte ja immer Angst vor seiner Mutter und hätte sich nie getraut, sie anzulügen. Und wahrscheinlich hat sie deshalb Mama auch immer so schlecht behandelt. Weil sie ihr die Schuld daran gab, dass sie das falsche Kind mit nach Hause gebracht hat.«

Brigitte schüttelte stumm den Kopf.

»Meinst du, dass dir deine Eltern jetzt noch mehr erzählen? Jetzt, wo die erste Wahrheit ausgesprochen ist?«, fragte sie nach einer Weile.

Gabi zuckte die Schultern.

»Ehrlich gesagt glaube ich es nicht. Mama wird sich wieder zurückziehen. Mir kam das gerade eher vor wie ein … ja, wie eine Art lichter Moment, den sie hatte,, bevor sie dann wieder zurückgeht in ihre eigene Welt. Sie redet schon seit so langer Zeit kaum noch, ist immer nur für sich, und man weiß gar nicht, was in ihr vorgeht. Das wird sich nicht geändert haben durch diesen kurzen Augenblick gerade. Ihre Depression ist ja schließlich eine ernsthafte Krankheit, so etwas löst sich nicht einfach in Luft auf. Und Papa … Er hat ja im Prinzip gar nichts zugegeben. Du hast ja gehört, dass er schon wieder anfangen wollte, alles zu leugnen. Würde mich nicht wundern, wenn er dabei bleibt, dass zumindest er nichts gewusst hat.«

Gabi sollte recht behalten. Wann immer sie versuchte, mit ihren Eltern über »die Sache« zu reden, fingen bei Margot nur wieder die Tränen an zu fließen, und Gabi beschloss schließlich, es gut sein zu lassen. Sie wollte ihre Mutter nicht weiter quälen. Vielleicht war die Vertauschung der Grund für die Depression ihrer Mutter, vielleicht hatte das jahrzehntelange Schweigen sie so sehr belastet, dass ihre Seele schließlich streikte. Und wenn Gabi nun immer wieder fragte und bohrte, würde ihre Mutter es vielleicht nicht mehr aushalten und sich etwas antun. Das Risiko durfte Gabi einfach nicht eingehen.

Rudolf blieb beharrlich bei seiner Behauptung: »Ich habe von nichts gewusst!« Als Gabi fragte, wie denn das möglich sei, wenn doch sogar seine Mutter Bescheid gewusste hat, zuckte er nur gleichgültig die Schultern. Und Gabi kannte ihren Vater gut genug, um zu wissen, dass weitere Fragen keinen Sinn hatten. Er hatte sich auf die Rolle des Ahnungslosen festgelegt und würde dabei bleiben – auch wenn Gabi ihm noch so deutlich zu verstehen gab, dass sie ihm kein Wort glaubte.

Sie würde hier keine Antworten mehr bekommen. Im Haus ihrer Eltern war der Vorhang des Schweigens endgültig gefallen.

Kapitel 23

»Ich glaube, ich gebe lieber auf, Detlef«, sagte Gabi eine Woche später beim nächsten Treffen mit ihrem Bruder. »Ich habe ja gedacht, wenn ich nur hartnäckig genug bin und immer wieder versuche, etwas über die Vertauschung herauszubekommen, dann würde es schon irgendwann klappen. Aber langsam bin ich wirklich müde. Du hast ja die Hilde inzwischen auch schon mehr als einmal auf die ganze Sache angesprochen und bist jedes Mal genauso abgeblitzt wie ich. Und als wir neulich dann auch noch zusammen bei ihr aufgetaucht sind – da war sie ja so dermaßen angespannt, dass man es kaum ertragen konnte. Sie muss richtig Angst gehabt haben, dass wir sie nun zu zweit in die Zange nehmen und etwas aus ihr herauspressen wollen.«

»Und dabei wollten wir doch wirklich nur ganz harmlos mit ihr Kaffee trinken. Die Mutter mit ihren beiden leiblichen Kindern. Ich dachte, es wäre für sie schön, wenn sie sieht, wie gut ihre beiden Kinder sich verstehen. Das muss eine Mutter doch freuen. Aber sie hat unseren Besuch wieder nur als Angriff gegen sich verstanden. Und dann gleich als Erstes wieder diese Frage: ›Wieso ist denn Monika nicht dabei? Warum schließt ihr sie aus?‹ Dabei hatte dieser Besuch doch mit Monika gar nichts zu tun.«

»Aber für Hilde scheint nun einmal alles etwas mit Monika zu tun zu haben. Das müssen wir einfach akzeptieren.«

Detlef schüttelte unwilligruhig den Kopf.

»Du glaubst nicht, wie satt ich es habe. Seit ich denken kann, heißt es immer nur: ›Monika hier, Monika da‹. Das ist doch nicht normal, dass Mutter so extrem auf dieses Mädchen fixiert ist. Vor allem, wenn sie schon so lange weiß, dass es gar nicht ihre richtige Tochter ist. Ich möchte zu gern begreifen, was es damit auf sich hat.«

»Weißt du was, Detlef, ich glaube wirklich, wir sollten die Vergangenheit erst einmal ruhen lassen. Im Moment bekommen wir keine Antworten. Das ist Fakt. Vielleicht ändert sich das irgendwann einmal. Bis dahin sollten wir uns lieber damit befassen, wie es mit uns allen weitergehen soll. Für mich wäre es das Schönste, wenn wir irgendwie zu einer großen Familie zusammenwachsen könnten. Wenn ich nachts wach liege, habe ich immer ein bestimmtes Bild vor Augen: Monika, du und ich, jeweils mit unseren Ehepartnern, dazu unsere fünf Kinder – wir alle sitzen an einem großen Tisch. Und am Kopf dieses Tisches sitzt unsere Mutter und lächelt stolz. Wenn das wahr werden könnte, dann wäre ich einfach nur glücklich.«

Zwei Monate später saßen sie sich in Hilde Siebecks Wohnzimmer gegenüber: Gabi und Detlef nebeneinander auf der einen Seite des Tisches, Hilde und Monika ihnen gegenüber auf der anderen Seite. Detlef hatte nicht lockergelassen, hatte seine Mutter wieder und wieder gebeten, einem solchen Treffen zuzustimmen: einer Familienkonferenz, wie er es nannte. Er hatte ihr versprechen müssen, keine Fragen über die Vergangenheit zu stellen und nichts zu tun oder zu sagen, was Monika belasten könnte. Und er musste ihr zusagen, dass sich auch Gabi entsprechend verhalten würde.

»Das ist ja so, als würde man einen Interviewtermin mit der Königin von England vereinbaren. Da wird einem ja auch vorher genau gesagt, was man alles nicht sagen und fragen darf«, hatte er zu Christine gesagt. »Ich werde mich richtig konzentrieren müssen, um nichts falsch zu machen.«

Doch vielleicht beging er schon einen Fehler, indem er Gabi abholte und mit ihr zusammen das Haus seiner Mutter betrat. Vielleicht symbolisierte ihre gemeinsame Ankunft einfach zu sehr ihren Zusammenhalt: ›Seht her, hier sind wir beide, die leiblichen Geschwister.‹

Aber vielleicht war es auch einfach Hildes und Monikas grundsätzliche Unwilligkeit, die dieses von Gabi und Detlef mit viel Hoffnung erwartete Treffen von vornherein zum Scheitern verurteilte. Als Detlef die beiden vor sich sah, Monika mit ihrem verschlossenen Gesicht und Hilde, die sich mit verschränkten Armen zurücklehnte, als wollte sie sagen: »Na, nun mach mal schön«, da wusste er eigentlich schon, dass alle Bemühungen vergebens sein würden.

Trotzdem redete er sich um Kopf und Kragen, sprach von der großen Familie, zu der man zusammenwachsen könnte, von regelmäßigen Treffen bei Kaffee und Kuchen, verstieg sich sogar zu der Idee von gemeinsamen Wochenendreisen.

Als er endlich eine Pause machte, herrschte Schweigen. Detlef warf einen kurzen Seitenblick auf Gabi. Sie hatte bisher kaum ein Wort gesagt und wartete nun mit angespannter Miene auf Hildes Reaktion. Auch Monika war die ganze Zeit über stumm geblieben und hatte auf ihren Kuchenteller gestarrt. Jetzt hob sie ihren Kopf langsam und sah ebenfalls zu Hilde.

»Aha«, sagte Hilde Siebeck. »Und ich soll dann wohl jedes Mal bei diesen Treffen den Kuchen für so viele Leute kaufen, oder wie stellst du dir das vor? Tut mir leid, das kann ich mir nicht leisten, ich bin nur eine arme Rentnerin.«

Detlef schüttelte resigniert den Kopf.

»Nein, Mutter, den Kuchen würden wir dann schon mitbringen«, sagte er seufzend. Natürlich ging es überhaupt nicht um den Kuchen, dieser Einwand war ja geradezu lächerlich. Seine Mutter wollte ein solches Treffen einfach nicht, doch das würde sie niemals offen zugeben.

»Ich weiß ja wirklich nicht, was das alles bringen soll, was ihr da wollt. Aber bitte sehr, wenn ihr das meint, dann machen wir das eben, irgendwann einmal. Muss ja wohl nicht gleich morgen sein«, sagte Hilde Siebeck.

Detlef musste gegen seinen Willen beinahe lachen. Dieses Verhalten war so typisch für seine Mutter. Ein glasklares »Nein« meinen, aber ein schwammiges »Ja« sagen und die ganze Sache dann im Sande verlaufen lassen. Trotzdem verkniff er sich die ironische Bemerkung, die ihm auf den Lippen lag. Den kleinen Rest von Hoffnung auf einen Sinneswandel bei seiner Mutter wollte er nicht durch einen dummen Spruch zunichtemachen.

Doch als Gabi auf der Rückfahrt nüchtern sagte: »Sie will es nicht. Sie will einfach nicht, dass ich zu ihrer Familie gehöre«, da konnte er nicht anders als zustimmend nicken.

»Ich glaube schon, dass sie mich eigentlich mag. All die Zuwendung, die sie mir früher gegeben hat – das war nicht gespielt«, fuhr Gabi nachdenklich fort. »Aber als ihre Tochter kann oder will sie mich einfach nicht akzeptieren. Und als deine Schwester auch nicht. Deshalb musste unsere Idee mit der großen Familie einfach scheitern. Wir hätten es eigentlich wissen müssen.«

»Aber ich akzeptiere dich voll und ganz als meine Schwester. Ich bin wirklich stolz auf dich, vor allem darauf, wie du die ganze Situation jetzt meisterst. Ich kann einfach nicht begreifen, wieso Mutter nicht auch stolz ist auf eine solche Tochter wie dich. Vielleicht hat sie ihre Gründe, und vielleicht werden wir sie eines Tages verstehen. Aber auch wenn sie nicht will, dass du zu ihrer Familie gehörst – zu meiner Familie jedenfalls gehörst du felsenfest dazu.«

Immer hatte Hilde befürchtet, Detlef würde sich eines Tages von Monika abwenden. Dabei hatte er ihr nie auch nur den geringsten Anlass zu dieser Sorge gegeben. Doch nun führte Hildes und Monikas eigenes Verhalten dazu, dass tatsächlich eine Kluft entstand – die immer tiefer wurde.

Natürlich hatte Detlef Verständnis dafür, dass Monika durch die neue Situation zutiefst verunsichert war. Gerade jemanden wie sie musste es vollkommen aus der Bahn werfen, wenn die Grundlage seines ihres Lebens plötzlich wegbrach. Detlef konnte allerdings nur ahnen, wie es in Monika aussah, denn nach wie vor weigerte sie sich rigoros, mit ihm über die Sache zu sprechen. So sehr er sich auch um sie bemühte, sie ließ ihn auflaufen und begann sogar, sich ihm gegenüber ungebührlich aufzuführen. Mehrfach hatte Christine schon gefragt, wie lange er sich Monikas unverschämten Ton noch bieten lassen wolle, doch er hatte sie immer besänftigt. Monika würde einfach noch Zeit brauchen. Bei einigen Menschen würde sich Verunsicherung eben durch Aggression ausdrücken. Aber das würde sich sicher geben.

Doch als Monika ihm und Christine sogar einen ganzen Tag verdarb, da reichte es auch Detlef. Sie hatten sich einen Wohnwagen für die Wochenenden zugelegt, mit festem Standplatz auf einem Campingplatz rund fünfzig Kilometer von Hürthen entfernt. Mit viel Mühe hatten sie sich alles hübsch zurechtgemacht, und nun wollten sie dort mit Hilde und Monika einen schönen Tag verbringen. Aber Monika lief nur mit verschränkten Armen umher und sah sich mit angewiderter Miene um.

»So einen Wohnwagen könntest du mir schenken«, spuckte sie schließlich verächtlich aus. Danach hörte man aus ihrem Mund nichts mehr. Stumm hockte sie mit mürrischer Miene neben den anderen und sorgte für eine angespannte Stimmung. Alle fühlten sich sichtlich unwohl. Dann fing sie aus heiterem Himmel laut zu weinen an, sprang auf und rannte aus dem Wohnwagen. Hilde lief ihr sofort hinterher, doch sie kam allein wieder.

»Monika hat sich schon ins Auto gesetzt. Sie will hier nicht mehr reinkommen.«

»Weißt du was Mutter, sag ihr einen schönen Gruß und richte ihr aus, dass ich auch ganz bestimmt keinen Wert mehr auf ihre Gesellschaft lege«, brach es aus Detlef heraus.

Natürlich ließ Hilde Siebeck das so nicht stehen. Auf Detlef prasselte ein Wortschwall nieder, in dem seine Mutter »die arme Monika« in Schutz nahm, um »Verständnis für ihre schreckliche Lage« rang und ihn anflehte, sie doch bitte »nicht im Stich zu lassen«. Und trotz seines eigenen Widerwillens und Christines Kopfschütteln versprach Detlef seiner Mutter wieder einmal, sich nicht von Monika abzuwenden.

Schließlich war es Hilde selbst, die einen endgültigen Keil zwischen Detlef und Monika trieb. Monika hatte sie alle zum Essen zu sich nach Hause eingeladen. Hinterher nahmen Detlef und Christine Hilde im Auto mit.

»Du, Hilde, sag mal …«, schnitt Christine ein etwas unangenehmes Thema an. »Es ist mir schon öfter aufgefallen, und ich habe den Eindruck, es wird immer schlimmer: Bei der Monika ist es so schmutzig. Ich mag da schon gar nichts mehr anfassen, alles ist irgendwie so klebrig …«

»Ja, da hast du absolut recht!«, stimmte Hilde überraschend zu. »Ich gehe da auch überhaupt nicht mehr gern hin. Meistens lade ich Monika deshalb ja schon zu mir ein. Ich dachte nur, ich wäre vielleicht ein bisschen zu penibel. Aber wenn ihr das auch so empfindet …«

»Kannst du denn nicht mal mit ihr reden? Schon allein wegen der Kinder …«

»Ja, ich muss dir da wirklich zustimmen, Christine, so geht es nicht weiter. Ich spreche sie mal darauf an.«

Kaum zu Hause angekommen, rief Hilde bei Monika an.

»Der Detlef und die Christine wollen nicht mehr zu dir kommen. Denen ist es bei dir zu dreckig.«

Hellauf empört rief Monika bei Detlef an. Dass er beteuerte, Hilde habe das Gespräch falsch wiedergegeben, nützte nichts. Monika lud ihn und Christine nie wieder ein und schlug auch deren Einladungen zu sich nach Hause aus.

Natürlich brach damit auch Detlefs und Christines Kontakt zu ihren Nichten ab. Geschenke zum Geburtstag und zu Weihnachten wurden fortan per Post verschickt. Christine startete noch einen telefonischen Versuch, doch als sie Monika fragte, warum die Mädchen sich nicht einmal für die Geschenke bedankten, legte Monika einfach auf.

Auch eine weitere Beerdigung in der Familie brachte keine Versöhnung. Onkel Arthur, der Mann von Hildes Schwester Gisela, war gestorben. Nach Absprache mit seiner Tante Gisela nahm Detlef Gabi mit zu der Trauerfeier. Natürlich solle die Gabi kommen, hatte Tante Gisela gesagt, sie sei herzlich willkommen. Schließlich solle sie sich wenigstens von Arthur verabschieden können, wenn sie ihn schon zu seinen Lebzeiten nicht hatte kennenlernen können. Und nach der Beerdigung nahm Gisela ihre leibliche Nichte sogar in den Arm – eine Geste, die Gabi zutiefst rührte.

Doch Hilde und Monika schienen Gabis Anwesenheit erneut als einen Angriff zu empfinden. Hilde immerhin gab ihr die Hand, doch Monika stellte sich demonstrativ mit verschränkten Armen weit abseits.

»Wie Monika mich angesehen hat, als wir mit Gabi zusammen bei Tante Gisela standen«, sagte Detlef auf der Rückfahrt zu Christine. »Wenn Blicke töten könnten … Dabei wäre das doch eine gute Gelegenheit gewesen, wieder aufeinander zuzugehen. Gerade wenn jemand gestorben ist und einem vor Augen geführt wird, wie schnell alles vorbei sein kann, dann hat man doch den Wunsch, wieder ins Reine zu kommen. Mir geht es jedenfalls so.«

Christine legte ihre Hand auf seinen Arm. Sie wusste, wie nahe ihm die Probleme mit seiner Familie gingen.

»Ich habe mir überlegt, dass ich es vielleicht mit einem Brief versuchen sollte«, fuhr Detlef fort. »Einem Brief an Mutter. Wenn wir reden, dann hört sie mir ja nie richtig zu, oder besser gesagt, sie hört nur, was sie hören will. Aber wenn sie sich einmal hinsetzt und in aller Ruhe liest, was mich bewegt, ohne dass sie mir die Worte im Mund verdrehen kann … Wer weiß. Einen Versuch ist es jedenfalls wert.«

Kapitel 24

Schrambeck, März 2001

Hallo Mama,

dass Du heute von mir diesen Brief bekommst, bedeutet, dass ich Dich liebe.

Es gibt so vieles, was unausgesprochen bleibt. Viele Briefe habe ich Dir nicht geschrieben, und viel geredet haben wir auch nicht. Jedenfalls nicht geredet im Sinne von: Ansprechen von Problemen, Zuhören, Akzeptieren und Vertrauen. Nachholen kann man es nicht, leider, damit werde ich leben müssen. Aber Gedanken kann man nicht abschalten, Geschehnisse können nicht einfach in eine Schublade gelegt werden.

Ob Deine Augen wirklich über diesen Brief fliegen werden, weiß ich nicht. Dennoch muss ich meine Gedanken aufschreiben, ein Ventil öffnen. Es ist ein persönlicher Brief, also nur für Dich.

Bevor ich aber beginne, möchte ich sagen, dass Du mir sehr wichtig bist. Wenn es nicht so wäre, würde ich diesen Brief nicht formulieren.

Ich gebe die Hoffnung nicht auf. Der Wecker schellt zwar oft, aber Du wirst nicht wach. Nimm doch endlich die Scheuklappen ab, damit Du die Realität siehst.

Das Jahr 1959 hätte für unsere Familie eigentlich ein gutes Jahr sein können. Es war der 21. November. Du hast die Geburt überstanden und eine gesunde Tochter zur Welt gebracht, was natürlich ein freudi-

ges Ereignis ist. Du hast aber festgestellt, dass Dein Kind vertauscht wurde. Mit wem hast Du gesprochen, mit Deiner Zimmernachbarin (mit Frau Knappe?), mit der Kinderkrankenschwester oder Nonne, mit Deinem Mann? Oder hast Du überhaupt nicht darüber geredet? »Ich habe es bemerkt, behalte es aber für mich«? Wie auch immer, eine tragische Angelegenheit. Sicherlich habt ihr darunter gelitten, wusstet nicht, was ihr machen solltet. Ich kann mir vorstellen, dass ihr die Angelegenheit verdrängt habt, ihr habt wahrscheinlich gedacht, es kann nicht sein, besonders Papa wollte davon nichts wissen: Was sollen denn die Leute denken? Du konntest wahrscheinlich nicht mit ihm darüber reden; eine Lösung, ein Weg konnte nicht gefunden werden. Auch die Familie Knappe hat geschwiegen, nehme ich an, sonst hätte man ja etwas mitbekommen. Du hast keinen Ausweg gefunden, deshalb blieb nur noch die Möglichkeit, mit anderen, mit nicht unmittelbar Betroffenen, zu sprechen. Es war für Dich bestimmt eine Erleichterung, überhaupt darüber zu reden. Aber ein Signal: »Ich brauche Hilfe, was kann ich tun?« – das kam von Dir nicht.

Obwohl Du hundertprozentig davon überzeugt bist, dass Monika und Gabi vertauscht wurden, versuchst Du es zu verdrängen. Angst hast Du, dass Monika verletzt wird. Du möchtest sie schützen, merkst aber nicht, dass gerade Dein Verhalten genau das Gegenteil bewirkt. Monika verschwindet langsam aber sicher in einem großen Loch, sie entfernt sich immer weiter von uns. Der Graben, den Du gräbst, wird immer tiefer.

Du hast Angst, dass Monika unter der Situation leiden muss. Aber Gedanken an uns, an Gabi und mich, Gedanken darüber, wie wir uns fühlen und was wir denken, die kommen Dir nicht in den Sinn. Ob ich leide, ist Dir egal. Monika bekommt von Dir alles, und damit meine ich nicht finanzielle Unterstützung. Es gibt Wichtigeres, was ein Kind von der Mutter benötigt: Verstehen, Vertrauen, Akzeptanz, Ehrlichkeit, Fragen, Zuhören, Verzeihen, Liebe. Das alles bekommt Monika von Dir. Ich bekomme nur zehn Prozent, Gabi null Prozent. Wir sind die Verlierer.

Ich versuche, mich in Deine Situation hineinzuversetzen. Eine Mutter muss doch darunter leiden, dass ihr eigenes Kind nicht in ihren Armen liegt. Das Wissen, die eigene Tochter, das eigene Fleisch und Blut, wohnt nicht weit entfernt und ist doch unerreichbar – das schmerzt. Wie geht es meinem Kind, braucht es Hilfe? Und gleichzeitig denkst Du in diesem Moment an Monika. Was ist mit ihr? Deine ganze Energie, Deine ganze Kraft und Liebe steckt in der Erziehung von Monika. Du hast dich so verausgabt, um Dich von den Problemen abzulenken, nicht nachdenken zu müssen. Weil Monika schwierig war und besonders viel Zuwendung haben musste, hast Du so Dein Gewissen erleichtert: Ich tue ja etwas Gutes, muss es für das arme Kind ja tun. Und auch jetzt noch willst Du Monika immer ständig beschützen. Auch vor uns muss sie geschützt werden, meinst Du, und wie schon gesagt, das Loch ist schon tief.

Du hattest vielleicht wenig Möglichkeiten, etwas zu ändern. Der richtige Zeitpunkt ist aber nun gekommen. Nur: Wenn Du nicht aufpasst, ist er sehr schnell wieder vorbei.

Bald wirst Du siebzig Jahre alt. Du hast fast jede Lebenssituation gut überstanden, hast Dein Leben gelebt, bist immer auf dem richtigen Weg geblieben und Du hast eine Familie, auf die Du stolz sein kannst.

Wenn es in der Familie Schwierigkeiten gab, warst Du da. Ich bin stolz auf Dich. Genau wie Du kann ich Ungerechtigkeiten nicht akzeptieren, schon gar nicht, wenn sie in der eigenen Familie vorkommen. Meine Probleme habe ich häufig selbst lösen müssen, ich war oft allein; wahrscheinlich hast Du mir zugetraut, mit jeder Lebenssituation klarzukommen. Klargekommen bin ich dann auch, musste ich auch. Ein Gespräch, ein Anruf von Dir hätte mir aber die Sache erleichtert und mir Deine Liebe bewiesen.

Vorgenommen habe ich mir, nicht mehr »darüber« zu reden. Du bist jetzt in ein Alter gekommen, in dem man Dir zugesteht, weiterhin in Ruhe zu leben. Das heißt aber nicht, dass alles in Ordnung ist. So viele Dinge wurden nicht geregelt und können auch nicht geregelt werden. Meine Probleme werden bleiben, und die Reaktion meiner Eltern und jetzt meiner Mutter werde ich nie verstehen. Mit vielen Leuten habe ich geredet, mit Ärzten, Psychologen, Psychotherapeuten und Geistlichen. Es waren sehr viele, und ich höre nicht auf, die Lösung aller Probleme zu suchen.

Mit diesem Brief möchte ich mir auch meinen Frust von der Seele schreiben. Deinen bist du immer bei mir losgeworden. Solange ich die negativen Seiten in unserer Familie angesprochen habe, Papa wie ein Mündel behandeln musste, war alles in Ordnung. Sicherlich hattest du auch zu einem großen Teil recht, und es war für Dich nicht einfach.

Aber es konnte so nicht funktionieren. Jedes Mal, wenn ich bei euch war, jedes Mal, wenn du angerufen hast, gab es Probleme. Wie hat sich wohl Papa jedes Mal gefühlt? Leider hat er sich nie ausgesprochen.

Söhne sind auch dazu da, um zu helfen, sicher. Aber es ist nicht möglich, dass immer nur ein Ehepartner recht hat und schuldlos ist. Eheprobleme können nicht von den Kindern gelöst werden. Es ist falsch, sie ständig damit zu konfrontieren. Mit Kindern kann man Probleme besprechen, man darf sie aber nicht gegen den eigenen Mann einsetzen. Und Deine Vorwürfe, ich hätte mich nicht mehr für Dich eingesetzt, sind einfach ungerecht.

Du bist meine Mutter, und ich wünsche mir eine enge, vertrauenswürdige Beziehung zu Dir. Der Grund ist nicht, weil es sich so gehört, sondern weil ich Dich liebe.

Die Situation, die wir zurzeit haben, sieht so aus: Die Probleme wurden angesprochen und Lösungswege aufgezeigt, aber von Dir und Monika nicht befolgt. Gabi wird als Tochter, als Schwester nicht akzeptiert. Monika zieht sich zurück, wird von Dir unterstützt. Ihr Verhalten wird von Dir ständig entschuldigt.

Wie fühlt sich Monika? Sie ist gekränkt, kann es nicht verstehen und begreifen. Sie hat Angst, ihre Familie zu verlieren.

Keiner, aber auch keiner möchte, dass sich die Beziehung zu Monika ändert. Dass Monika nicht vor Freude gejubet hatn wird, alswenn sie es erfuhrährt, istwar wohl klar. Es ist ganz normal, dass sie sich am Anfang zurückgezogen hat. Besonders die Art und Weise, wie sie alles erfahren hat, war falsch, und daraus entstanden viele Schwierigkeiten, die nicht mehr reparabel sind. Monika hat sich zurückgezogen und meidet uns jetzt schon bewusst. Was sie sich auf dem Campingplatz geleistet hat, war schon ein starkes Stück und eine Frechheit. Bei jeder anderen Person hätten wir sofort den Kontakt abgebrochen. Es waren mehrere Vorfälle, bei denen uns Monika ganz deutlich gezeigt hat, dass sie auf uns keine Lust hat. Statt das einfach zuzugeben, hast Du Monika noch entschuldigt und ihr Verhalten verteidigt.

Dass Du Monika bevorzugst, ist offensichtlich, das bemerken auch Außenstehende. Du bist davon überzeugt, dass Du mich liebst, aber keiner merkt es. Dein ständiger Kampf, die Sorge um Anerkennung für Monika haben Dich blind gemacht. Es geht teilweise so weit, dass Du mich kränkst, beleidigst, nur damit Monika gut dasteht. Du merkst es nicht einmal.

Gabi und ich haben uns häufig gefragt: »Was wäre gewesen, wenn wir zusammen aufgewachsen wären?« Was hat Gabi versäumt, nicht erlebt? Der Gedanke, andere Eltern zu haben, kann doch nicht einfach so abgelegt werden. Sie hat unsere Gene, unser Erbgut. Du hast Gabi neun Monate in Dir getragen, sie geboren. Sie sieht Dir ähnlich, Eure Gestik, Sprache usw. Sie sorgt dafür, dass unsere Familie in Sven und Tanja weiterlebt. Aber Du erkennst Dein Fleisch und Blut nicht an, das Kind, das Dir neun Monate Kummer, Schmerzen und Freude bereitet hat.

Du hast gar nichts akzeptiert und verstanden. Den Beweis dafür sahen wir auf Onkel Arthurs Beerdigung. Ein sicheres Zeichen, dass Du Gabi anerkennst, wäre gewesen, sie zu benachrichtigen. Du darfst nicht vergessen, er war auch ihr Onkel, auch wenn sie ihn kaum gekannt hat. Sie hätte sich gefreut, wenn Du sie informiert hättest. Das wäre das Mindeste gewesen. Der wirkliche Beweis Deiner Anerkennung wäre aber gewesen, wenn auf der Kondolenzschleife nicht gestanden hätte: »Hilde, Monika und Detlef«, sondern: »Hilde und Familie.«

Das hätte Gabi eingeschlossen. Denn Gabi gehört auch zur Familie. Monika hat sich bei der Beerdigung auch wieder total danebenbenommen, wollte uns noch nicht einmal die Hand geben. Gut war, dass Tante Gisela Gabi herzlich in den Arm genommen hat. Das war Akzeptieren, Freude und Anerkennung.

So, jetzt komme ich zum Schluss. Dass ich Dich wachgerüttelt habe, glaube ich nicht. Leider. Auch wenn man älter ist, kann man dazulernen, man darf nicht stehen bleiben, man muss interessiert sein. Aber mit Scheuklappen geht es nicht, weil man dann nichts sieht außer Monika, Monika, Monika …

Viele Grüße von Detlef, Deinem leiblichen Sohn

Kapitel 25

Noch am Briefkasten zögerte Detlef. Sollte er diesen Brief wirklich einwerfen? Waren seine Worte nicht doch zu hart? Würden sie womöglich zum endgültigen Bruch mit seiner Mutter führen – und damit zum genauen Gegenteil dessen, was er eigentlich wollte? Aber die ganze Situation konnte doch auch nicht so bleiben, wie sie war, mit all dem Unausgesprochenen, was zwischen ihnen stand. Und hatte er denn eine andere Möglichkeit als einen solchen Brief, um ihr mitzuteilen, was er empfand? Alle Gespräche waren schließlich mehr als unbefriedigend verlaufen, und er glaubte nicht, dass ein erneuter Anlauf etwas anderes ergeben würde. Er musste diesen neuen Weg einschlagen – oder ganz aufgeben.

Detlef gab sich einen Ruck und schob den Brief durch die Klappe.

Wann immer das Telefon in den nächsten Tagen klingelte, sprang er auf und beeilte sich, den Hörer abzunehmen, bevor Christine es tun konnte. Er wollte verhindern, dass seine Mutter auf seine Frau losging, nur weil diese zufällig als Erste am Apparat war. Sein Brief konnte Hilde einfach nicht kaltgelassen haben, und mit Sicherheit würde sie mit einem Gefühlsausbruch darauf reagieren. Tränen, Wutgeschrei, bittere Vorwürfe – er war auf alles gefasst und war bereit, sich dem zu stellen.

Doch keiner der Anrufer war seine Mutter.

Sie meldete sich erst nach einer Woche, am Sonntagnachmittag gegen fünf, so wie sie jeden Sonntagnachmittag gegen fünf anrief. Und wie jeden Sonntag plauderte sie über dies und das und beschwerte sich über die neuen Nachbarn.

Irgendwann fragte Detlef mit rauer Stimme einfach dazwischen: »Hast du meinen Brief bekommen?«

»Äh … ja, habe ich bekommen. Aber ich war doch mit meiner Geschichte von den Webers von nebenan noch gar nicht fertig. Du glaubst ja nicht, was die gemacht haben, nachdem Herr Schneider die überhängenden Zweige einfach abgeschnitten hat …«

Sie schwatzte ohne Punkt und Komma weiter. Über den Brief verlor sie kein Wort.

Detlef wusste, dass es sinnlos war nachzufragen. Er kannte seine Mutter zu gut. Wenn sie nicht von sich aus darüber reden wollte, würde sie nur wieder auf ihre altbekannten Strategien des Abblockens und Ablenkens zurückgreifen.

Er war bitter enttäuscht von seiner Mutter. Sicher, im Grunde hätte er wissen müssen, dass sie sich einer Auseinandersetzung einfach durch Schweigen entziehen würde. Aber er hatte wirklich gedacht, sein Brief würde so viel in ihr auslösen, dass sie einfach reagieren müsste. Er hatte sich geirrt.

Trotzdem bereute er es nicht, all die Stunden am Schreibtisch gesessen und um Formulierungen für den Brief gerungen zu haben. Er hatte sich alles von der Seele geschrieben, und wenn seine Mutter selbst jetzt nicht erkannte, wie viel ihm an ihr lag und wie sehr ihn die ganze Situation belastete, dann konnte er nichts mehr tun. Dies war sein letzter Versuch gewesen, seiner Mutter nahezukommen. Wenn sie den Rest ihres Lebens nur noch mit banalen Gesprächen bestreiten wollte, musste er es akzeptieren. Genauso wie sie es würde hinnehmen müssen, dass er keinen Wert auf reinen Smallt Talk mit seiner eigenen Mutter legte.

»Der Abend gestern war für mich überhaupt nicht schön«, beschwerte sich Hilde Siebeck einen Monat später am Telefon bei Christine. »Der Detlef hat sich kein bisschen um mich gekümmert. Nur ›Hallo‹ gesagt hat er und kurz gefragt, wie es geht, und dann hat er mich da einfach allein sitzen lassen.«

Am Abend zuvor hatte Roland seinen 50. Geburtstag gefeiert, und er hatte auch Hilde dazu eingeladen. Zum Erstaunen aller war sie tatsächlich gekommen. Allerdings hatte sie sich gleich zu Beginn der Feier an einen Tisch in der hintersten Ecke gesetzt und war dann bis zum Schluss nicht mehr aufgestanden.

»Ja, aber Hilde, das musst du doch verstehen, er wollte schließlich auch einmal die Freunde von Gabi und Roland kennenlernen. Und außerdem haben sich doch Sven und Tanja zu dir gesetzt, und Gabi habe ich auch eine lange Zeit bei dir sitzen gesehen«, sagte Christine.

»Ja, ja, das schon … Aber mein eigener Sohn … Was die Leute wohl gedacht haben? Es muss ja so ausgesehen haben, als wenn er nichts mit mir zu tun haben wollte …«

»Hilde, was soll ich jetzt dazu sagen? Du hättest ja auch zu ihm gehen können. Er hätte dich sicher gern den anderen Leuten vorgestellt und dich ins Gespräch mit einbezogen.«

»Tut mir leid, aber ich finde, es gehört sich nun einmal, dass der Sohn zur Mutter kommt.«

Christine atmete einmal tief durch, um sich eine freche Antwort zu verkneifen, und wechselte dann einfach das Thema. Am liebsten hätte sie Hilde gesagt, dass sie doch froh sein solle, von ihren leiblichen Kindern überhaupt eingeladen zu werden. Christine konnte Hildes herzloses Verhalten schon lange nicht mehr nachvollziehen. Ihr anfängliches Mitleid für die Frau, deren Kind vertauscht worden war, war längst verflogen. Gabi und Detlef hatten sich so um ihre Mutter bemüht, und sie hatte die beiden mit einer derartigen Gefühlskälte abgewiesen. Christine war sogar dafür, Hilde zu Detlefs ebenfalls bald anstehendem 50. Geburtstag nicht einzuladen. Doch Detlef hatte davon nichts wissen wollen. Trotz aller Enttäuschungen hielt er noch immer zu seiner Mutter.

»Und wo ist Monika?«, fragte Hilde in anklagendem Ton.

Detlef sah seine Mutter irritiert an. Sie hatte ihm doch selbst gesagt, dass Monika nicht zu seinem Geburtstag kommen würde – weil sie erst heute aus dem Urlaub zurückgekommen sei und eine Feier dann natürlich zu anstrengend wäre. Warum also fragte Hilde ihn nun nach Monika?

Dann sah er, was sie meinte. Seine Mutter stand vor der Fotowand, die Detlef extra für seine Party zusammengestellt hatte. Alle Gäste waren dort auf Bildern aus den vergangenen dreißig30 Jahren zu sehen. Sie waren begeistert von der tollen Idee und hatten ihn bewundert für die viele Arbeit, die er investierte hatte; und sie hatten viel gelacht über die Frisuren und die Kleidung der siebziger70er- und achtziger80er-Jahre auf den Bildern.

Nur Hilde Siebeck fand kein positives Wort. Sie hatte wieder nur den einen Gedanken: »Monika!«

»Hier, Mutter, hier ist Monika.«

Detlef deutete auf Monikas Foto. Dann drehte er sich um und ließ seine Mutter einfach stehen. Sonst würde sie ihn womöglich noch fragen, warum dieses Bild nicht einen besonderen Platz genau in der Mitte der Wand hatte, und er würde ihr eine patzige Antwort geben. Detlef hatte sich vorgenommen, seine Mutter mit offenen Armen zu empfangen – wäre er dazu nicht bereit, hätte er sie gar nicht erst einladen dürfen. Aber er hatte sich auch vorgenommen, sich von ihr nicht den Abend verderben zu lassen. Nun hatte diese eine Frage schon wieder ausgereicht, um seine Laune schlagartig in den Keller sinken zu lassen. Auch wenn sie sich hinterher wieder beschweren würde – er würde sich heute nicht mehr um sie kümmern.

Und tatsächlich hielt er es den restlichen Abend durch, sie weitestgehend zu ignorieren und ihren anklagenden Blicken auszuweichen, ohne dabei ein schlechtes Gewissen zu haben.

Bei anderen Gelegenheiten fragte sich Detlef dann wieder, ob er nicht seiner Mutter gegenüber manchmal vielleicht ungerecht war.

Eigentlich war es doch schön, wenn sie sich zum Beispiel über alle Maßen freute, dass Christines Sohn Thorsten heiratete und kurz darauf auch Vater wurde.

»Ist das herrlich! Nun werde ich sogar Urgroßmutter!«, jubelte sie, und als Detlef und Christine mit ihr zu Thorsten und seiner kleinen Familie in die Eifel fuhren, brachte sie sich beinahe um vor Begeisterung über den Nachwuchs.

Nach außen hin lächelte Detlef über seine Mutter, doch insgeheim fand er ihr Verhalten völlig übertrieben. Schließlich war Thorsten nicht ihr leiblicher Enkel, auch wenn er für Detlef mit der Zeit wie ein Sohn geworden war, und das Baby war nicht ihr leibliches Urenkelkind. Sie war nicht wirklich Urgroßmutter geworden.

»Was ist denn mit deinen leiblichen Enkeln? Was ist mit Sven und Tanja? Warum freust du dich über die beiden denn nicht mindestens genauso?«, hätte er am liebsten ausgerufen, als sie über und über mit Geschenken bepackt in sein Auto stieg.

Sicher, sie war freundlich zu Gabis Kindern. Mehr aber auch nicht. Kein Außenstehender wäre auf die Idee gekommen, sie könne die Großmutter der beiden sein. Sven und Tanja schienen nicht sonderlich darunter zu leiden, doch für Gabi hätte es einfach sehr viel bedeutet, wenn ihre leibliche Mutter wenigstens zu ihren Enkelkindern ein herzliches Verhältnis aufgebaut hätte – wenn sie es schon zu ihrer Tochter nicht konnte.

Detlef konnte einfach nicht begreifen, warum seine Mutter für die Kinder anderer Leute eine solche Zuneigung empfinden konnte und zugleich ihrem eigenen Fleisch und Blut gegenüber so gleichgültig war. Was konnte nur dahinterstecken?

Kapitel 26

»Vielleicht bin ich ja gar nicht vertauscht worden«, sagte Gabi zu Detlef, als er wieder einmal zum Kaffeetrinken bei ihr war. Inzwischen vereinbarten sie ihre Treffen meist ohne Christine und Roland. Die beiden hatten es langsam satt, immer und immer über Hilde, Monika, die Vertauschung und das große Warum zu reden. Schließlich gab es in dieser ganzen Angelegenheit nichts Neues. Alles drehte sich nur im Kreis.

Doch Gabi und Detlef konnten die Sache einfach nicht abschließen. Beide suchten nach wie vor eine Erklärung dafür, warum sie nicht als Geschwister hatten aufwachsen dürfen.

»Ach so, nicht vertauscht. S, sondern?«, fragte Detlef leicht amüsiert mit hochgezogenen Augenbrauen.

»Vielleicht wollten sie einen Seitensprung vertuschen! Oder genauer gesagt zwei Seitensprünge.«

Detlef öffnete den Mund, doch Gabi winkte ab.

»Hör erst mal zu. Also, ich hab mir Folgendes überlegt: Es wäre doch möglich, dass Margot in Wirklichkeit doch meine richtige Mutter ist, aber mein Vater ist der Kurt. Und Hilde ist wirklich die Mutter von Monika, und der dazugehörige Vater ist Rudolf. Also kurz gesagt: Die Mütter sind richtig, die Väter falsch. Alle haben gedacht, dass das nie herauskommt, aber dann sahen sich plötzlich Rudi und Monika so ähnlich. Und um das zu erklären, haben sie sich die Sache mit der Vertauschung ausgedacht.«

»Also Gabi, bei allem Respekt, aber das ist ja nun wirklich Blödsinn«, rief Detlef entgeistert. »Du glaubst doch nicht im Ernst, dass die Hilde was mit Rudolf Knappe angefangen hätte. Ich hab dir doch erzählt, wie unmöglich sie ihn immer fand. Ich kann mich noch gut daran erinnern, dass sie ihm auf keinen Fall begegnen wollte, wenn wir damals deine Mutter und dich besucht haben. Sie hat auch immer ganz schlecht über ihn geredet.«

»Aber ich musste da aufwachsen, bei diesem Mann, den sie so furchtbar fand! Mich hat sie einfach dagelassen!«, rief Gabi, und ihr Gesicht verdunkelte sich. Sie sah aus dem Fenster. Dann atmete sie tief durch und schüttelte sich.

»Na ja, was soll´s. Ist ja Vergangenheit. Und wenn ich so darüber nachdenke … Das spricht doch sogar für meine Theorie. Sie kann einfach nicht meine Mutter sein. Wenn sie wirklich meine Mutter wäre, wie hätte sie es denn dann fertigbringen können, mich so einem Menschen auszusetzen?«

»Ja, das ist ja auch für mich das Unbegreiflichste an der ganzen Angelegenheit. Aber dass sie etwas mit Rudolf Knappe gehabt haben soll – das ist doch völlig ausgeschlossen.«

»Vielleicht hat sie erst erkannt, was für ein Mensch er ist, als sie ihn näher kennenlernte. Meine Eltern, also Margot und Rudolf, sind doch erst Anfang 1959 in die Junkerstraße gezogen. Und ich muss schon kurz darauf, im Februar, entstanden sein. Wahrscheinlich hatte Rudolf damals noch gar nicht diesen schlechten Ruf in der Nachbarschaft, man kannte ihn ja erst ganz kurz. Und man kann über ihn ja sagen, was man will, aber unattraktiv war er sicherlich nicht.«

»Trotzdem … Die Hilde ist doch gar nicht der Typ für eine Affäre. Und dann meinst du ja auch noch, dass deine Mutter was mit meinem Vater hatte. Also, das ist doch nun wirklich absurd!«

»Ich meine gar nicht, dass das jeweils richtige Affären waren. Wie gesagt bin ich doch im Februar gezeugt worden. Und was ist meistens im Februar? Karneval! Irgendwo in der Nachbarschaft war eine Feier. Es wurde viel getrunken, man war verkleidet, man verlor die Kontrolle, und dann ist die Hilde mit dem Rudolf und die Margot mit dem Kurt irgendwohin verschwunden. Partnertausch. Soll es ja geben, so was.«

Detlef lachte.

»Also, entschuldige mal. Das glaubst du doch nicht wirklich?!«

»Ich glaube alles und gar nichts. Ich versuche einfach nur zu verstehen, warum sich alle weigern, auch nur ein Wort über die Sache zu verlieren. Irgendetwas muss doch dahinterstecken!«

»Ja, aber dann müssten ja auch beide Frauen sofort bei diesem einen Mal schwanger geworden sein. Und dann auch noch fast gleichzeitig entbunden haben. Meinst du nicht, das ist ein bisschen viel Zufall auf einmal? Und überhaupt finde ich die ganze Idee wirklich abwegig. Solche Hallodris sind doch alle vier nicht. Ja, gut, der Rudolf vielleicht … Aber die Vorstellung, dass Margot und Kurt … Also nein …«

Nun musste auch Gabi lachen. Tatsächlich glaubte auch sie nicht wirklich, dass die ganze Sache so abgelaufen sein könnte. Und trotzdem begann sie, sich in den Gedanken hineinzusteigern, Hilde Siebeck sei entgegen ihrer eigenen Behauptung doch nicht ihre Mutter.

»Gabi, ich sage dir doch, ich bin deine Mutter! Du brauchst keinen DNA-Test. Das ist reine Geldverschwendung!«, sagte Hilde Siebeck zwei Wochen später.

»Ich will es einfach schwarz auf weiß. Ich will den Beweis!«, antwortete Gabi energisch. Sie würde sich nicht wieder abweisen lassen.

»Na meinetwegen, wenn du dein Geld für so etwas verschleudern willst … Glaub aber nicht, dass ich dir etwas dazugebe. 720 Mark! Als wenn man damit nicht etwas Sinnvolleres anstellen könnte!«

»Für mich gibt es nichts Sinnvolleres, als zu wissen, wer ich wirklich bin. Und da du mir ja keine Antworten geben willst …«

»Mein Gott, geht das schon wieder los. Gut, dann komm nächste Woche Dienstag mit deinem Wattestäbchen vorbei, dann bekommst du deine Speichelprobe. Ich stelle mich da sicher nicht quer. Aber wie gesagt, das Ergebnis kann ich dir schon jetzt sagen: Du bist meine Tochter.«

25. März 2003

Gutachten zur Mutterschafts-Feststellung

Sehr geehrte Frau Hoffmann,

mit Untersuchungsauftrag vom 19.03.03 beauftragten Sie unser Labor mit der Erstellung eines Abstammungsgutachtens mittels einer DNA-Analyse für u.g. Personen. Wir möchten Ihnen hiermit das Ergebnis der Analyse mitteilen.

Für diese Untersuchung haben Sie uns Mundschleimhaut der u.g. Personen eingesandt.

Mutter: Hilde Siebeck
Kind: Gabi Hoffmann

Untersuchungsergebnis:
Die Begutachtung erfolgte über die Analyse von 16 Einzel-Locus-DNA-Systemen (STR-Loci).
Wir fanden unter den 16 untersuchten DNA-Abschnitten (DNA-Loci) keine Ausschlusskonstellationen für Sie als untersuchtes Kind. Sie, Frau Hoffmann, sind jeweils in allen 15 Systemen eingeschlossen. Das 16. System ist ein geschlechtsspezifischer Marker (Amelogenin).
Die Mutterschaft von Hilde Siebeck ist somit für Sie erwiesen.

Damit ist praktisch bewiesen, dass Sie, Frau Hoffmann, das Kind von Hilde Siebeck sind.

»So viel also zu deiner Theorie«, sagte Detlef, als Gabi ihm den Test auf den Tisch legte. »Hilde ist die Frau, die dich geboren hat. Das steht ja nun fest. Und da du nicht bei ihr aufgewachsen bist, musst du vertauscht worden sein. Von wegen doppelter Seitensprung …«

»Halt, stopp, Moment mal. Nur weil man uns vertauscht hat, muss die Idee mit den Seitensprüngen trotzdem nicht falsch sein. Also, noch mal angenommen, die Hilde mit dem Rudolf und die Margot mit dem Kurt. So. Und nun sagen die Männer: Das Kind, das ich gezeugt habe, das soll gefälligst auch bei mir aufwachsen!«

»Gabi, du spinnst! Dann haben Rudolf und Kurt die Kinder in der Säuglingsstation ausgetauscht, oder wie stellst du dir das vor?«

»Entweder das, oder sie haben Hilde und Margot dazu gebracht, es zu tun. Margot hat ja ihr Leben lang vor Rudolf gekuscht, die hätte auch in diesem Fall gehorcht. Und Hilde fand vielleicht inzwischen Rudolf schon so abstoßend, dass sie das Kind, das sie von ihm bekommen hatte, also mich, gar nicht aufziehen wollte.«

Detlef schüttelte den Kopf.

»Ich hätte gar nicht gedacht, dass du so viel Fantasie hast. Das ist ja die reinste Räuberpistole, die du mir hier auftischst.«

Gabi lachte.

»Ja, ich weiß selbst, dass es völlig absurd klingt, und ich würde selbst nicht einen Cent darauf setzen, dass ich recht haben könnte. Aber ich komme einfach nicht zur Ruhe in dieser ganzen Sache, und deshalb schlägt mein Gehirn eben die reinsten Kapriolen.«

»Ich kann dich gut verstehen, ich denke schließlich auch immer wieder nach und versuche, alles nachzuvollziehen, vor allem Mutters Verhalten. Aber eine Sache spricht absolut gegen deine Theorie: dass Monika und Rudi so unfassbar gleich aussehen. Die müssen doch wirklich dasselbe Elternpaar haben und nicht nur dieselbe Mutter. Nein, Monika ist eindeutig voll und ganz eine Knappe.«

»Hm«, machte Gabi. »Sekunde mal ...«

Detlef musste beinahe schmunzeln, als er sah, wie Gabi ihre Stirn angestrengt in Falten legte.

»Und wenn nun Monika wirklich die Tochter von Rudolf und Margot ist, und ich durch einen Seitensprung von Hilde mit Rudolf entstanden wäre … Kommt das denn hin?«, fragte sie schließlich.

»Nein, das ist jetzt wirklich Blödsinn. Warum sollte man euch denn dann vertauschen?«

Gabi lachte.

»Stimmt! Ich muss jetzt damit aufhören. Ich bin ja schon ganz benebelt. Dann scheint es tatsächlich so zu sein: Monika und ich sind schlicht und ergreifend aus Versehen vertauscht worden.«

»Damit wären wir also wieder am Anfang. Und bei der Frage: Wie konnte das überhaupt passieren? Wie können zwei Babys einfach so vertauscht werden?«

»Meinst du, es ist sinnvoll, wenn ich es mal im Krankenhaus versuche? Ich habe schon öfter darüber nachgedacht, aber ich hatte ja bisher überhaupt keine Beweise, dass ich nicht das Kind von Margot Knappe bin. Aber jetzt, mit dem Test …«

»Ja, natürlich! Mensch, wieso bin ich darauf denn nicht selbst gekommen! Die müssen doch irgendwelche Unterlagen haben!«

»Weißt du was, ich hab morgen frei, ich gehe gleich morgen früh hin.«

»Wann soll das gewesen sein? 1959 sagen Sie? Also, da kann ich Ihnen keine großen Hoffnungen machen. Patientenunterlagen werden grundsätzlich nach dreißig30 Jahren vernichtet, das ist gesetzlich so geregelt, und daran halten wir uns. Und Ihr Fall liegt ja nun schon beinahe fünfundvierzig 45 Jahre zurück«, sagte die zuständige Dame der Krankenhausverwaltung.

»Da hätte ich ja spätestens 1989 zu Ihnen kommen müssen. Zu der Zeit hab ich ja noch nicht mal etwas geahnt. Na ja, wenigstens brauche ich mir keine Vorwürfe zu machen, dass ich aus eigener Schuld um ein oder zwei Jahre zu spät gekommen bin. Aber trotzdem bin ich natürlich enttäuscht. Ich hatte wirklich gedacht, ich würde hier etwas über die seltsamen Umstände meiner Geburt finden.«

»Ja, das kann ich mir vorstellen, dass Sie enttäuscht sind. Das ist ja eine ganz unglaubliche Geschichte, die Sie da erzählen …«

»Arbeiten denn vielleicht noch Nonnen oder Krankenschwestern aus dieser Zeit hier? Vielleicht gab es damals ja irgendwelche besonderen Umstände, an die sich jemand erinnert.«

»Mit ziemlicher Sicherheit nicht. Nach so vielen Jahren … Aber wissen Sie was, ich höre mich mal um, ob ich noch jemanden aus der damaligen Zeit auftreiben kann. Vielleicht haben wir noch Listen mit den Namen der Angestellten von damals. Und ich schicke auch noch jemanden ins Archiv. Vielleicht liegen ja in irgendeiner Ecke doch noch Unterlagen. Lassen Sie mir mal Ihre Telefonnummer hier, ich rufe Sie an, sobald ich etwas weiß.«

Die freundliche Dame meldete sich tatsächlich ein paar Tage später, doch sie hatte nichts herausfinden können. Keine Unterlagen, keine Namen von ehemaligen Angestellten. Der so vielversprechend wirkende Weg hatte in eine Sackgasse geführt. Sie mussten sich also noch etwas anderes überlegen, um endlich Antworten zu bekommen.

Kapitel 27

Tante Gisela strahlte über das ganze Gesicht.

»Detlef und Gabi! Ist das schön, dass ihr beide mich besucht. Kommt doch rein. Michaela ist auch da.«

Detlef hatte Gabi schon oft vorgeschlagen, mit ihr gemeinsam auf Verwandtenbesuch zu gehen. Er wusste, dass sie sich sehr für ihre leiblichen Tanten und Onkel und deren Kinder interessierte und sie alle brennend gern näher kennenlernen würde. Aber irgendetwas hatte Gabi davor immer zurückscheuen lassen. Erst kürzlich war ihr klar geworden, was der Grund dafür war: Ganz tief in ihrem Innern hatte sie immer noch Zweifel gehabt, ob sie wirklich Hildes Tochter warist. Doch seit dem DNA-Test war sie endlich davon überzeugt, und seit sie dieses Dokument besaß, begann sie sich tatsächlich auch als ein Teil der Familie ihrer leiblichen Mutter zu fühlen.

Nach einem allgemeinen Geplauder bei Kaffee und Kuchen begann sich Detlef zu räuspern.

»Tante Gisela, wir sind ja in erster Linie zu dir gekommen, damit Gabi dich endlich einmal richtig kennenlernen kann. Aber wir haben auch die Hoffnung, dass du uns beiden vielleicht weiterhelfen kannst. Es geht natürlich um die Geschichte mit der Vertauschung.«

Tante Gisela nickte ihm aufmunternd zu.

»Du weißt ja vielleicht, dass Mutter uns gegenüber vollkommen blockt. Sie weigert sich, uns auch nur die kleinste Information zu geben. Wir wissen im Prinzip nur, dass Gabi und Monika vertauscht worden sind. Aber wie und warum das passieren konnte, und warum sich alle so seltsam verhalten – da stehen wir noch immer vor einem Rätsel. Kannst du uns nicht irgendetwas erzählen, was uns vielleicht weiterhilft?«

»Ach, Junge, natürlich kann ich euch viel erzählen. Stundenlang könnte ich aufzählen, wie oft ich immer wieder auf meine Schwester eingeredet habe. Dass sie etwas unternehmen muss. Dass die Mädchen es erfahren müssen. Dass sie ihrer leiblichen Tochter ein großes Unrecht antut, wenn sie sie bei diesen Leuten aufwachsen lässt. Aber Hilde hat mich immer nur angeschrieen. ›Nein, der Kurt will das nicht!‹, hat sie immer gerufen. Ich war manchmal so verzweifelt, weil es einfach so falsch war, was da lief. Aber ich konnte doch nicht einfach eingreifen. Gabi und Monika waren ja nun einmal nicht meine Kinder. Ich hab mich so hilflos gefühlt!«

Ihr stiegen die Tränen in die Augen. Michaela legte den Arm um die Schulter ihrer Mutter.

»Jetzt reg dich nicht so auf, Mama, du bist nicht schuld. Du hast wirklich alles versucht, ich war ja selbst oft genug dabei.«

»Seit wann hast du es denn eigentlich gewusst, Michaela?«, fragte Detlef seine Cousine.

»Seit einem Kindergeburtstag bei einer unserer Cousinen. Erinnerst du dich noch, Gabi? Da hat deine Mutter, also die Frau Knappe, dich abgeholt. Ich hatte sie noch nie vorher gesehen, und dann stand sie durch Zufall neben Monika, und auf der anderen Seite stand Tante Hilde, und ich war total schockiert, wie ähnlich Monika dieser fremden Frau sah. Mir war vorher nie aufgefallen, dass sie Tante Hilde überhaupt nicht ähnelt, aber als ich die drei da so nebeneinander sah … Das war wie ein Schlag. An demselben Abend bin ich sofort zu Mama gelaufen und hab gesagt: ›Du, da ist was ganz komisch. Die Mutter von der Gabi Knappe, die sieht aus, als wäre sie eigentlich die Mutter von Monika.‹«

»Ich hatte zwar meiner Schwester Hilde immer wieder versprechen müssen, über die Sache zu schweigen – aber mein eigenes Kind zu belügen kam für mich einfach nicht infrage. Ich habe Michaela sofort die Wahrheit erzählt. Und gleich am nächsten Tag sind wir zusammen zu Hilde gegangen. ›Hilde, jetzt musst du endlich etwas machen. Wenn schon die Kinder es sehen können …‹, hab ich zu ihr gesagt. Aber nein, da wurde wieder der Kurt vorgeschoben. Und dann musste auch die kleine Michaela versprechen, niemandem etwas zu sagen. Dass ich das überhaupt zugelassen habe!« Tante Gisela schüttelte den Kopf.

»Was meinst du, wie schwer das für mich war, Gabi!«, sagte Michaela. »Ich mochte dich so gern, und wir waren ja eine Zeit lang auch richtig befreundet. Aber immer hatte ich im Hinterkopf: ›Verplapper dich bloß nicht!‹ Na ja, und dann kam die Geschichte mit Monika und Rudi. Als wir die beiden da auf dem Bett gesehen haben. Erst hab ich mir noch gar nichts gedacht, aber als du gesagt hast, die zwei wären wohl verliebt, da hätte ich um ein Haar losgeschrien. Weil ich doch wusste, dass sie Geschwister sind! Deshalb bin ich dann auch sofort mit Monika nach Hause gegangen. Und am selben Abend bin ich zu Tante Hilde gelaufen und habe ihr erzählt, was da los war. Ich weiß noch, dass ich zu ihr gesagt habe: ›Du musst Monika die Wahrheit sagen. Sie liebt ihren eigenen Bruder!‹ Da muss ich heute fast lachen, weil ich mich so dramatisch ausgedrückt habtte, aber es war damals für mich wirklich eine Katastrophe. Und da hat Tante Hilde dann zu mir gesagt: ›Ja, ich werde etwas unternehmen.‹«

»Hat sie dann ja offensichtlich auch gemacht«, sagte Gabi. »Sie hat Monika anscheinend verboten, jemals noch ein einziges Wort mit Rudi zu wechseln. Deshalb war Monika eine Zeit lang fast panisch, wenn sie nur in die Nähe unseres Hauses kam. Und vorsichtshalber hat Hilde auch noch dafür gesorgt, dass Monikas Freundschaft zu mir so langsam, aber sicher abbricht.«

»Und dann hat Tante Hilde noch etwas ganz Unglaubliches von mir verlangt«, fuhr Michaela fort. »Sie wollte mir das Versprechen abnehmen, dass ich nach ihrem Tod zu dir, Gabi, und zu Monika gehe und euch die Wahrheit sage! Ich war fassungslos. Wie sie sich das denn vorstelle, habe ich sie gefragt. Sie würde doch wohl noch mindestens dreißig30 oder vierzig40 Jahre leben, und sie habe doch wohl nicht ernsthaft vor, noch so lange zu schweigen! Da hat sie nur mit den Achseln gezuckt. So als wollte sie sagen: ›Doch, natürlich, genau das habe ich vor.‹ Aber ich habe ihr klipp und klar gesagt, dass ich das auf keinen Fall machen werde.«

»Ich kann es nicht fassen!«, rief Detlef. »Immer hat sie gesagt, man dürfe sie nicht belasten. Und dabei hat sie selbst so viele andere Menschen mit ihrem Zeug belastet!«

»Das kannst du wohl sagen«, nickte Michaela. »Ich war richtig erschüttert, als ich mitbekommen habe, wer alles von der Sache wusste und von Hilde zum Schweigen verdammt worden war. Selbst zu eurer Lehrerin Frau Rosenbaum ist sie hingerannt, und dann auch noch zu ...«

»Ach lass mal, Michaela. Ehrlich gesagt möchte ich gar nicht wissen, wer noch alles die Wahrheit kannte. Genau dieser Punkt ist für mich wahnsinnig schwer zu verkraften. Dass mir die Leute in mein argloses Gesicht gesehen haben und dabei etwas über mich wussten, was ich nicht einmal im Entferntesten geahnt habe. Ich fühle mich so … so verraten. Aber ich möchte mich damit nicht weiter auseinandersetzen. Ich will nicht bei jedem Menschen denken: ›Du hast es doch auch gewusst!‹ Das einzige, was mich interessiert: Warum hat Hilde es so vielen Leuten erzählt?«

»Ich glaube, sie wollte auf diese Weise einfach ihr Gewissen erleichtern«, sagte Detlef.

»Oder vielleicht hat sie insgeheim gehofft, irgendjemand würde es euch beiden sagen?«, fragte Michaela und wiegte ihren Kopf, als würde sie ihrer Mutmaßung selbst nicht trauen.

»Aber warum hätte sie denn dann von den Leuten verlangen sollen, es für sich zu behalten? Das ist doch widersinnig«, sagte Gabi.

»Ja und Nein. So hätte sie auf alle Fälle jegliche Verantwortung von sich weisen können. Stell dir vor, jemand hätte euch gesagt, dass ihr vertauscht worden seid, und eine von euch hätte diese Wahrheit einfach nicht verkraftet. Hätte vielleicht einen psychischen Schaden bekommen oder sich sogar etwas angetan. Könnte ja sein, dass man ganz heftig reagiert, wenn man etwas so Ungeheuerliches als Kind oder in der Pubertät erfährt. Dann hätte niemand Hilde einen Vorwurf machen können! Sie hatte doch schließlich allen verboten hat, es den Mädchen zu sagen.«

»Puh, das ist ja schon Psychologie für Fortgeschrittene«, sagte Detlef und lachte verhalten. »Wenn Mutter wüsste, wie viele Stunden wir schon damit verbracht haben, ihre Verhaltensweisen zu verstehen … Und am Ende bleiben trotzdem nichts als reine Mutmaßungen.«

Er wandte sich an seine Tante.

»Tante Gisela, du hast doch Mutter damals bestimmt im Krankenhaus besucht. Gab es da irgendeinen Hinweis darauf, dass etwas nicht stimmen könnte?«

»Und ob es den gab! Ich habe deiner Mutter auf den Kopf zu gesagt, dass sie das falsche Kind im Arm hat!«

»Wie bitte?« Detlef starrte seine Tante mit aufgerissenen Augen an, während Gabi nach Luft schnappte.

»Ja, das war, als ich sie das zweite Mal besucht habe. Das erste Mal war ich kurz nach der Geburt dort, ich glaube, direkt am Tag danach. Und da hatte sie ihr Baby im Arm. Kurz nachdem ich angekommen war, haben die Nonnen es allerdings weggeholt und wieder in die Säuglingsstation gebracht, deshalb habe ich es nur kurz gesehen. Aber trotzdem hatte ich doch einen ungefähren Eindruck davon, wie meine neue kleine Nichte aussieht. Ein bisschen rundlich und mehr oder weniger glatzköpfig. Ja, und dann kam ich zwei oder drei Tage später wieder, diesmal zusammen mit Arthur. Und Hilde hatte wieder ein Baby im Arm, und es sah einfach vollkommen anders aus. Mit dunklen Haaren. Ich habe sofort ausgerufen: ›Hilde, das ist doch nicht dein Kind! Du hattest neulich ein anderes Kind im Arm!‹«

»Ja, und was hat Mutter gesagt?« Detlef hielt es kaum auf seinem Stuhl.

»Sie hat ganz barsch reagiert, hat eine ganz verächtliche, wegwerfende Handbewegung gemacht und mich dabei angeschnauzt: ›Mein Gott, was du immer hast. So ein Blödsinn!‹ Und dann fing Arthur auch an: ›Gisela, bist du verrückt geworden, was redest du denn da?

Das wird die Hilde ja wohl besser wissen als du. Eine Mutter erkennt doch schließlich ihr eigenes Kind!‹ Tja, und da hab ich dann nichts mehr gesagt.«

»Das gibt es doch nicht«, sagte Detlef erschüttert. »Sie muss der Sache doch nachgegangen sein, selbst wenn sie aus irgendwelchen unerfindlichen Gründen nicht gemerkt hat, dass sie das falsche Kind bekommen hat. Wenn die eigene Schwester einen solchen Verdacht äußert, dann überlegt man doch zumindest, ob nicht etwas dran sein könnte. Gerade eine so energische Person wie die Hilde … Es ist einfach unbegreiflich. Und du, Tante Gisela, hast du versucht, etwas herauszufinden?«

»Nein, ich war so schockiert von dem, was ich da ohne Nachdenken ausgerufen hatte, dass ich es plötzlich selbst nicht mehr glaubte. Ich habe mir eingeredet, ich hätte mir das Aussehen des Babys eben falsch eingeprägt.«

»Ich kann das alles einfach nicht fassen. Jede andere Mutter wäre doch zutiefst beunruhigt gewesen, wäre herumgelaufen, hätte sich die Babys der anderen angesehen, hätte bei den Krankenschwestern nachgefragt, ob da etwas schiefgegangen sein könnte …« Detlef schüttelte den Kopf.

»Nein, nicht jede andere Mutter«, sagte Gabi. Die anderen sahen sie verblüfft an. Gabi hatte schon längere Zeit nichts mehr gesagt und nachdenklich vor sich hingestarrt.

»Meine Mutter hat auch schon im Krankenhaus gemerkt, dass sie das falsche Kind hat, und sie hat es der Nonne auch gesagt, aber dann hat sie sich mit einer völlig absurden Erklärung abspeisen lassen.«

Gabi schüttelte den Kopf.

»Ich verstehe nicht, wieso ich diese Geschichte vergessen konnte. Es ist schon ewig her, Sven war gerade erst geboren, da hat Mama bei einem Kaffeekränzchen erzählt, sie hätte zu der Nonne gesagt, das sei nicht ihr Kind, das man ihr da gebracht hat. Sie hätte doch ein schwarzhaariges Baby und keines mit Glatze. Die Nonne hätte geantwortet, doch, alles sei in Ordnung, dem Baby seien schlichtweg über Nacht die Haare ausgefallen. Und Mama hat das geglaubt. Sie ist auch nicht herumgelaufen und hat überprüft, ob da etwas faul ist.«

Gabi zuckte mit den Achseln.

»Unglaublich, das hatte ich einfach vergessen. Oder verdrängt, was weiß ich. Das war für mich damals einfach nur eine Anekdote. Die anderen Frauen in der Runde haben auch alle irgendetwas über die Haare von Neugeborenen zum Besten gegeben, und die Geschichte meiner Mutter war einfach nur eine von vielen. Die anderen haben alle herzlich gelacht, und dann ging es schon weiter mit der nächsten Story.«

»Aber zu dem Zeitpunkt wusste Margot doch längst, dass du wirklich vertauscht warst. Wie konnte sie das denn einfach so erzählen, während du daneben gesessen hastbist? Du wusstest damals doch noch von nichts. Da hätte ja alles rauskommen können, wenn du angefangen hättest, Fragen zu stellen«, sagte Michaela entgeistert.

»Hm …«, sagte Detlef nachdenklich. »Es gibt auch extreme Fälle von Verdrängung. Vielleicht hat Margot irgendwann einfach verdrängt, dass ihr Kind vertauscht worden ist. Sie ist ja selbst heute nicht in der Lage, es zuzugeben. Und dann kann es möglich sein, dass sie diese Episode aus dem Krankenhaus sozusagen abgespalten hat von dem, was wirklich dahintersteckte. Versteht ihr, was ich meine?«

Tante Gisela schüttelte den Kopf, und Michaela machte eine vage Handbewegung.

»Also, es könnte folgendermaßen sein: Sie hat diese Erklärung mit den ausgefallenen Haaren wirklich geglaubt, hat vielleicht sogar über sich selbst gelacht und die ganze Geschichte als lustige Erinnerung gespeichert. Als sich dann später herausstellte, dass ihr Kind wirklich vertauscht worden ist, kam sie mit dieser Wahrheit nicht zurecht und verdrängte sie komplett. Für sie war Gabi weiterhin das Kind, dem die Haare ausgefallen waren. Zwischen diesen beiden Ereignissen hat sie keinen Bezug hergestellt. Und deshalb konnte sie diese Krankenhausanekdote auch in Gabis Beisein erzählen.«

»Meine Güte«, sagte Gabi. »Das ist dann aber jetzt schon Psychologie für Profis. Ich komm da jedenfalls nicht mehr so ganz mit. Aber dass meine Mama der Nonne geglaubt hat, davon bin ich auch überzeugt. Sie war ja immer so naiv, und sie hätte niemals etwas angezweifelt, was von der ›Obrigkeit‹ gesagt wurde. Hildes Verhalten ist für mich viel rätselhafter. Meine Mama hat doch schließlich auch sofort gesehen, dass das Kind in ihrem Arm plötzlich ganz anders aussieht. Hilde hätte sich doch auch wundern müssen, wieso ihr Kind plötzlich so viele schwarze Haare hat. Und wenn du es ihr auch noch gesagt hast, Tante Gisela … «

»Kinder, ich wünschte wirklich, ich könnte euch mehr sagen. Aber mehr weiß ich einfach nicht. Ihr könnt mir glauben, ich habe auch schon Stunde um Stunde darüber nachgedacht, was in meiner

Schwester damals vor sich gegangen ist – und was heute in ihr vorgeht. Ich kann nicht begreifen, warum sie dich nicht als Tochter akzeptieren kann, Gabi, beim besten Willen nicht.«

»Wann und wie hast du denn dann eigentlich erfahren, dass die Kinder tatsächlich vertauscht waren?«, fragte Detlef.

»Hilde hat es mir gesagt, als die Mädchen so ungefähr drei Jahre alt waren. Sie hat aber mit keinem Wort erwähnt, dass ich sie damals im Krankenhaus schon darauf angesprochen hatte. Und ich habe mir verkniffen, das noch einmal zu erwähnen. Es spielte ja auch keine Rolle mehr.«

»Und weißt du, ob sie mal darüber nachgedacht haben, die Kinder zurückzutauschen?«

»Nein, das weiß ich nicht. Ich konnte schon damals mit Hilde genauso wenig über das alles reden wie ihr heute. Das, was ich euch gerade erzählt habe, ist alles. Mehr kann ich nicht dazu beitragen. Leider.«

»Aber das war ja eine echte Neuigkeit für uns, dass du sie schon im Krankenhaus auf den Irrtum angesprochen hast. Wieder ein Mosaiksteinchen mehr, auch wenn ich es erst einmal überhaupt nicht einordnen kann. Aber ich gebe die Hoffnung nicht auf, dass wir noch irgendein Detail herausfinden, das all die Bruchstücke, die wir bisher haben, plötzlich zu einem nachvollziehbaren Gesamtbild verbindet.«

»Habt ihr denn schon mal darüber nachgedacht, ob die Hilde die Babys vielleicht absichtlich vertauscht hat?«, fragte Michaela.

Gabi und Detlef sahen sich an.

»Na ja, wir haben schon wilde Theorien aufgestellt über irgendwelche Seitensprünge, die vertuscht werden sollten. Aber das passte alles nicht so richtig zusammen, irgendwo hakte es immer. Meinst du denn, Hilde hätte irgendeinen Grund, so etwas zu tun?«, fragte Detlef seine Cousine.

»Vielleicht ist das jetzt wirklich etwas weit hergeholt, aber … Hildes Vater war doch schizophren. Und vielleicht hatte sie eine panische Angst, dass ihr Kind das geerbt haben könnte, und wollte es deshalb nicht haben. Dann hat sie es einfach gegen irgendein anderes vertauscht. Dass es ausgerechnet das Kind der Nachbarn war, wusste sie vielleicht gar nicht.«

»Ach, du liebe Güte! Kind, was hast du dir denn da zurechtgereimt?« Tante Gisela sah ihre Tochter kopfschüttelnd an.

»Das finde ich ehrlich gesagt auch nicht logisch«, sagte Detlef nach kurzem Nachdenken. »Diese Angst hätte sie ja auch schon bei meiner Geburt haben müssen. Warum hat sie denn mich nicht vertauscht?«

»Wer sagt das denn?«, rief Gabi. »Vielleicht bist du ja auch vertauscht?«

Für einen kurzen Moment sahen sich die vier an, dann brachen alle in ein Gelächter aus.

»Nein, Kinder, nun ist aber Schluss hier mit dem Unfug!« Tante Gisela stand ächzend auf. »Ich hol uns jetzt erst mal einen schönen Likör, und dann trinken wir darauf, dass wir Gabi endlich hier bei uns haben! Darauf haben wir so lange gewartet!«

»Ich wollte vorhin die Stimmung nicht kaputt machen, es war so schön bei Tante Gisela«, sagte Gabi auf der Rückfahrt zu Detlef. »Aber Michaelas Gedanke, dass Hilde mich nicht haben wollte und deshalb absichtlich vertauscht hat, hat mich auf eine neue Theorie gebracht. Eine ziemlich schreckliche allerdings.«

Sie warf einen prüfenden Blick auf Detlef. Wollte er ihre Idee überhaupt hören? Er nickte ihr aufmunternd zu.

»Vielleicht hat Rudolf Hilde ja … vergewaltigt. Und durch mich wäre sie immer an diese Tat erinnert worden. Deshalb wollte sie mich unbedingt loswerden und hat mich einfach vertauscht.«

»Oh mein Gott!« Detlef war sprachlos.

»Traust du Rudolf denn so etwas zu?«, fragte er schließlich. Gabi zuckte die Achseln und sah dann stumm zur Seite.

»Hm«, machte Detlef zweifelnd. »Er ist ja ein unmöglicher Typ, aber ein Vergewaltiger? Ich weiß nicht so recht. Aber davon mal abgesehen … Findest du es denn logisch, dass Hilde sich dann ausgerechnet das Kind nimmt, das von demselben Mann gezeugt wurde, der sie vergewaltigt hat?«

»Vielleicht waren Monika und ich die einzigen Mädchen, die zu der Zeit auf der Säuglingsstation lagen. Gegen einen Jungen hätte sie mich ja schlecht eintauschen können.«

»Also, ich weiß ja nicht«, sagte Detlef gedehnt. »Und warum hat sie Margot und dich dann so oft besucht in der ersten Zeit? Man geht doch nicht freiwillig in das Haus seines Vergewaltigers. Und warum hat sie sich dann später so sehr um dich gekümmert und hatte dich so gern um sich? Nein, Gabi, ich finde, bei dieser Theorie passen zu viele Dinge nicht zusammen. Du könntest dir natürlich trotzdem

Klarheit verschaffen durch einen Vaterschaftstest. Kostet aber wieder viel Geld, der Stress mit Rudolf ist vorprogrammiert, und vor allem musst du dir die Frage stellen, ob du überhaupt damit leben könntest, aus einer Vergewaltigung zu stammen.«

Gabi sah eine Weile aus dem Seitenfenster.

»Ja, das müsste ich wirklich gut überlegen. Wahrscheinlich wäre das noch deutlich schwerer zu ertragen als alles Bisherige. Und ich denke, du hast sowieso recht; es spricht einfach grundsätzlich zu vieles dagegen, und ich würde einfach nur unnötigen Ärger produzieren, ganz abgesehen von den Kosten. Nein, ich verfolge das nicht weiter. Ich will lieber versuchen, nach vorn zu sehen und so schöne Momente mit solch lieben Menschen wie Tante Gisela und Michaela zu genießen.«

»Und wer weiß, vielleicht sitzen eines Tages Mutter und Monika an einem solchen Nachmittag auch wieder mit dabei. Ich habe die Hoffnung auf die große Familie noch immer nicht aufgegeben.«

Kapitel 28

Nach der großen Party im Vorjahr ließ Detlef seinen 51. Geburtstag ganz ruhig angehen. Er saß mit Christine bei einem Glas Wein auf dem Sofa und freute sich über die vielen Anrufe, auch wenn Christine inzwischen schon stöhnte. Nun klingelte es wieder.

»Hallo Detlef, hier ist deine Mutter. Alles Gute zu deinem Geburtstag und vor allem Gesundheit und Zufriedenheit!«

Detlef bedankte sich, und dann plauderten sie ein wenig darüber, wer schon angerufen oder eine Karte geschickt hatte, was seine Kollegen veranstaltet hatten und was Christine ihm geschenkt hatte.

»Ja, Detlef, ich wusste gar nicht, ob ich dich überhaupt anrufen soll«, sagte Hilde Siebeck dann.

»Wieso, was meinst du damit? Warum solltest du mich denn nicht anrufen? Warst du dir nicht sicher, ob ich heute wirklich Geburtstag habe?«, fragte Detlef lachend.

»Doch, das war ich. Aber ich möchte keinen Kontakt mehr zu dir haben.«

Detlef fiel nichts ein, was er antworten könnte. Er wartete. Gleich würde sicher wieder einmal eine Schimpftirade auf ihn niederprasseln. Irgendetwas zum Thema Gabi und Monika, irgendetwas, was er in diesem Zusammenhang wieder verbrochen haben sollte.

»Mach es gut«, sagte Hilde Siebeck zu ihrem Sohn, dann hörte er nur noch das Tuten in der Leitung.

Mit dem Hörer in der Hand blieb er regungslos auf dem Sofa sitzen.

»Mein Gott, Detlef, was ist denn mit dir? Du bist ja schneeweiß!«, rief Christine.

»Mutter will nichts mehr mit mir zu tun haben.«

»Was? Ihr habt doch gerade ganz normal miteinander gesprochen. Ich hab zwar kaum hingehört, es war ja nicht besonders interessant, aber ihr habt euch doch nicht einmal gestritten.«

»Nein, sie hat einfach so gesagt, sie wolle keinen Kontakt mehr zu mir. Ohne irgendeinen Zusammenhang.«

»Also ehrlich, Detlef, das kann doch nicht sein. Du hast dich verhört! Hundertprozentig. Ruf einfach noch mal an.«

Wie betäubt wählte Detlef die Nummer seiner Mutter. Sie nahm sofort ab.

»Mutter, hast du gerade gesagt, du willst den Kontakt zu mir abbrechen?«

»Ja, das habe ich gesagt.«

»Gut, dann weiß ich Bescheid. Tschüss.«

Er legte auf. Christine und er sahen sich an.

»Das gibt es doch nicht!«, sagte Christine fassungslos. »Und jetzt?«

»Nichts. Jetzt ist nichts mehr. Ich habe nicht die geringste Lust, mir den Kopf zu zerbrechen, was sich in Mutters verdrehtem Seelenleben nun schon wieder abgespielt hat. Vielleicht hat sie erfahren, dass wir bei Tante Gisela waren, und das passt ihr nicht, vielleicht ist es auch irgendetwas ganz anderes. Aber wie dem auch sei, es ist mir egal. Ich bin es einfach leid. Ich bin jetzt einundfünfzig Jahre alt, und ich bin nicht mehr bereit, mein Leben immer noch von den Launen meiner Mutter bestimmen zu lassen. Dann ist jetzt eben Schluss.«

Christine nickte. Natürlich war es schrecklich, von seiner eigenen Mutter so weggestoßen zu werden, aber insgeheim hatte sie schon oft gedacht, dass Detlef der Umgang mit Hilde nicht besonders guttat. Sicher würde er jetzt erst einmal unter dem plötzlichen Bruch leiden, aber auf Dauer würde diese Trennung ihm vielleicht gut bekommen.

Sie sollte recht behalten. In den ersten Tagen und Wochen nach dem Anruf kreisten Detlefs Gedanken ständig um seine Mutter und ihre möglichen Beweggründe, und mehr als einmal hatte er den Hörer in der Hand, um doch noch ein klärendes Gespräch zu führen. Aber mit der Zeit entspannte er sich und dachte nicht mehr im Zorn, sondern mit einer gewissen Gleichgültigkeit an sie.

Ein paar Monate später kam er eines Morgens aufgeregt in die Küche gelaufen.

»Christine, guck mal!« Er streckte ihr seine rechte Hand entgegen.

Sie starrte darauf, konnte aber auf die Schnelle nichts Ungewöhnliches entdecken.

»Siehst du das denn nicht? Ich habe Fingernägel! Zum ersten Mal in meinem Leben habe ich richtige Fingernägel!«

Nun sah Christine es auch. Seit sie Detlef kannte, waren alle seine Nägel immer vollständig heruntergekaut gewesen. Sie hatte es nie anders bei ihm gesehen. »Stress!«, hatte er immer zur Erklärung gesagt, und so unschön er auch selbst das Nagelkauen gefunden hatte, er hatte diese Angewohnheit nicht abstellen können. Und nun war an allen Fingernägeln plötzlich ein deutlich weißer Rand entstanden.

»Mein Gott«, murmelte er. »Sollte tatsächlich nur Mutter der Auslöser für meine ständige Nervosität gewesen sein?«

Kopfschüttelnd ging er zurück ins Bad. Christine blieb seufzend in der Küche zurück. Ob es irgendwann einmal so sein würde, dass Hilde Siebeck keine Rolle mehr in ihrem Leben spielte?

Gabi opferte sich für ihre Eltern auf. Täglich fuhr sie nach Hilmen, um Margot und Rudolf zu pflegen. Ihre Mutter war aufgrund ihrer Depressionen einfach nicht mehr in der Lage, den Haushalt auch nur einigermaßen zu versorgen, und Rudolf dachte nicht im Traum daran, ihr etwas von der »Frauenarbeit« abzunehmen. Stattdessen verbrachte er seine Tage mit Rudi im Wintergarten, wo sich die beiden mittlerweile täglich betranken. Rudi schien die Hoffnung auf ein geregeltes Leben völlig aufgegeben zu haben. Beinahe jeden Abend ging er in die Spielhalle und verspielte dort das Geld, das sein Vater ihm immer wieder gab. Rudolf hatte von seiner Mutter nicht nur das Haus, sondern auch viel Geld geerbt. Doch für Gabi hatte er nicht einen Cent übrig. Sie bekam nicht einmal ein Wort des Dankes für ihre anstrengende Pflege. Im Gegenteil. Als sie sich einmal über ihre Belastung beschwerte, zuckte Rudolf nur mit den Achseln.

»Wenn es dir zu viel ist, dann soll eben die andere kommen und uns versorgen.«

»Welche andere?«, fragte Gabi stirnrunzelnd.

»Na, die Monika. Mir ist es doch völlig egal, wer mich pflegt.«

Obwohl Gabi Rudolf in diesem Moment so sehr hasste, wie sie es selbst nie für möglich gehalten hätte, schmiss sie entgegen ihrer ersten Regung nicht alles hin, sondern ging nur stumm aus dem Zimmer. So gern sie auch auf Nimmerwiedersehen aus dem Haus gerannt wäre – sie konnte ihre Mutter nicht im Stich lassen. Margot hatte ihr Leben lang unter ihrem Mann gelitten, nun durfte er es nicht auch noch schaffen, ihr die Tochter zu vergraulen.

Wenn Gabi Margot ansah, wie sie fast leblos in ihrem Sessel saß, dann floss ihr Herz über vor Mitleid. Sie war inzwischen überzeugt davon, dass Margot die Sache mit den vertauschten Kindern einfach nicht verkraftet hatte und dass deshalb ihre Seele so krank geworden war. Und sie fühlte sich verantwortlich für diese hilflose kleine Frau, die für sie trotz allem immer noch ihre Mama war.

Rolands Verständnis ließ allerdings mit der Zeit immer mehr nach. Er war selbst Leidtragender der ganzen Situation, denn er brachte Gabi beinahe jeden Abend direkt nach der Arbeit mit dem Auto nach Hilmen und half ihr dort sogar bei der Pflege. Doch der Undank, den man ihnen beiden und vor allem Gabi entgegenbrachte, war für ihn kaum zu ertragen.

»Du bekommst kein Geld, keinen Dank, nicht einmal eine Schachtel Pralinen zum Geburtstag, und dann lässt du dich von Rudolf auch noch verspotten. Dabei ist er nicht einmal dein Vater! Tut mir leid, Gabi, aber ich verstehe dich nicht.«

Roland war der geduldigste Mensch, den Gabi kannte. Durch all ihre schweren Zeiten hatte er unverbrüchlich zu ihr gehalten, auch dann noch, als alle anderen von Gabis Problemen mit ihrer eigenen Identität nichts mehr hören wollten. Er war kein Mensch, der sich schnell einmal über etwas aufregte und hinterher dann wieder abwiegelte. Wenn er tatsächlich einmal ungehalten wurde, dann meinte er es absolut ernst. Und Gabi merkte, dass es ihm wirklich reichte. Sie musste etwas unternehmen. Auf keinen Fall durfte sie ihre Ehe in Gefahr bringen.

Wohl niemand hätte gedacht, dass es mit Margot Knappe gesundheitlich jemals wieder bergauf gehen könnte, doch im Altersheim ging es ihr von Tag zu Tag besser. Gabi hatte sie zunächst im Nachbarort Waldhausen untergebracht und dann, als ein Platz frei wurde, in das Altersheim nach Hürthen geholt. Margot Knappe wirkte wie befreit und konnte sogar ab und zu lächeln. Nur nach draußen wollte sie nicht. Nicht einmal zu einem Gang in den Garten ließ sie sich überreden. Sie schien sich nur im Haus wohl und sicher zu fühlen.

Rudolf Knappe weigerte sich zunächst, sein Haus in Hilmen zu verlassen. Er und Altersheim? Doch nach einer schweren Herzoperation gab er zumindest teilweise nach und ließ sich von Gabi eine kleine Wohnung in Hürthen besorgen, in der Nähe des Altersheims, sodass sich Gabi nun wenigstens ohne Fahrtaufwand um die beiden kümmern konnte. Und schließlich zog auch Rudolf in das Altersheim. Margot weigerte sich allerdings, mit ihm ein Zimmer zu teilen. Sehen wollte sie ihn zwar, mehr aber auch nicht, und dieser Wunsch wurde von der Heimleitung respektiert, auch wenn Rudolf protestierte. Und so wohnten die Eheleute nicht nur in verschiedenen Zimmern, sondern sogar auf verschiedenen Stockwerken.

Bei ihren täglichen Besuchen im Altersheim traf Gabi aber nicht nur ihre Eltern, sondern auch Hilde und Monika. Hilde hatte einige Zeit nach dem Tod ihres Mannes eine Teilzeitstelle in der Cafeteria des Heimes angenommen und dort über mehrere Jahre Kaffee und Kuchen an die Heimbewohner und deren Besucher verkauft. Dann sorgte Hilde dafür, dass auch Monika dort arbeiten konnte. Sie ließ sie erst mithelfen und führte sie auf diese Weise dort ein, dann gab sie ihre eigene Anstellung auf und half nun ihrerseits Monika an den Tagen, an denen besonderer Andrang zu erwarten war.

Gabi fürchtete ein Aufeinandertreffen von Monika und ihren Eltern in der Cafeteria. Sie hatte keine Vorstellung, wer wie reagieren könnte. Vor allem Rudolfs Verhalten konnte sie nicht einschätzen, und so war sie jedes Mal erleichtert, wenn sie eine andere Angestellte dort antrafen. Aber ihre Mutter Margot liebte die Cafeteria, und so war es nur eine Frage der Zeit, bis es zu der ersten Begegnung kommen würde.

Doch Gabis Sorge war unbegründet gewesen. Alle verhielten sich einfach wie Fremde.

»Guten Tag, Herr und Frau Knappe«, sagte Monika, so wie sie jeden anderen Heimbewohner auch mit Namen begrüßte.

Margot und Rudolf sprachen Monika gar nicht mit ihrem Namen an, sondern bestellten einfach neutral ihren Kaffee und Kuchen und sagten Danke und Bitte, wie sie es sonst jeder fremden Angestellten gegenüber auch taten.

Es war so absurd, dass Gabi beinahe aufgelacht hätte, als sie die drei dort am Tresen sah. Monika stand vor dem Mann, der sie gezeugt hatte, und vor der Frau, die sie geboren hatte, und sie nannte sie einfach nur Herr und Frau Knappe und verkaufte ihnen Kaffee und Kuchen. Und Margot und Rudolf standen ihrer eigenen Tochter gegenüber, ihrem eigenen Fleisch und Blut, und ließen mit keiner Geste, mit keiner Mimik vermuten, dass sie auch nur das kleinste bisschen mit dieser Frau verbinden könnte.

Auch sie selbst wurde von Monika vollkommen gleichgültig bedient. Immerhin duzte sie Gabi. Aber niemand hätte auch nur ahnen können, dass sie einmal Freundinnen gewesen waren und dass sie beide ein unglaubliches Schicksal teilten.

Nach mehreren Cafeteriabesuchen dieser Art hatte sich Gabi schon fast daran gewöhnt, in Monika tatsächlich nur die neutrale Angestellte zu sehen. Doch eines Tages waren sie vier ganz allein in der Cafeteria; Margot, Rudolf und Gabi saßen am Tisch und Monika stand allein hinter ihrem Tresen.

»Monika, komm doch auch hierher und setz dich ein bisschen zu uns«, rief Gabi ihr zu, ohne lange darüber nachgedacht zu haben. Zu ihrem Erstaunen folgte Monika dieser Aufforderung tatsächlich. Und zu ihrem noch größeren Erstaunen kam sogar ein nettes Gespräch zustande. Monika erkundigte sich, wie es Herrn und Frau Knappe denn hier im Heim so gefalle, mit wem sie in einem Zimmer untergebracht seien, welche Pflegekräfte auf ihrem Stockwerk arbeiteten. Meist antwortete Rudolf, für seine Verhältnisse ausgesprochen höflich, und Margot hörte aufmerksam zu und versuchte ab und an zu lächeln.

Es ging also doch! Gabi hatte das Gefühl, dass Monika sich wirklich für Margot und Rudolf interessierte. Vielleicht hatte sie sich bisher einfach nicht getraut, auf ihre Eltern zuzugehen. Und vielleicht wartete sie nur darauf, noch weitere Schritte gehen zu dürfen.

Gabi räusperte sich.

»Sag mal, Monika, möchtest du die Familie Knappe denn nicht einmal ein bisschen näher kennenlernen? Markus hat schon ein paar

Mal zu mir gesagt, dass er dich unheimlich gerne treffen würde. Du kannst jederzeit gern zu unseren Familienfeiern kommen, zu Geburtstagen zum Beispiel, und …«

Monika stand abrupt auf.

»Nein! Das will ich nicht!«

Ohne sich noch einmal umzudrehen lief sie in die kleine Küche hinter dem Tresen. Als Gabi und ihre Eltern die Cafeteria kurz darauf verließen, war von Monika nichts zu sehen. Schweigend brachte Gabi Margot und Rudolf in ihre Zimmer. Keiner von ihnen verlor ein Wort über das Geschehene.

Danach war alles wie vorher. Monika und ihre Eltern begegneten sich wie Fremde. Nie wieder fiel ein persönliches Wort zwischen ihnen.

Kapitel 29

»Babys in Recklinghauser Klinik vertauscht«

So lautete die Schlagzeile über dem Zeitungsartikel, der bei Gabi sofort wieder alle Wunden aufriss.

Im Knappschaftskrankenhaus Recklinghausen waren am 10. und 11. Juli 2007 im Abstand von sieben Stunden zwei Mädchen jeweils durch Kaiserschnitt auf die Welt gekommen. Beide Kinder bekamen ein Plastikarmbändchen mit ihrem Namen umgebunden und wurden in ein ebenfalls mit ihrem Namen versehenes Bett gelegt. Wie und wann es dann zur Verwechslung der Mädchen kam, ließ sich nicht aufklären. Fest stand nur, dass einer der beiden Väter eine Woche später bemerkte, dass der Namenszettel am Bett nicht mit dem Namensarmband seiner kleinen Tochter übereinstimmte. Sofort informierte er die Krankenschwestern, doch sie beruhigten ihn: Alles sei in Ordnung, die Kinder würden in den richtigen Betten liegen, nur die Armbänder seien falsch. Daraufhin nahmen sie die Bändchen kurzerhand ab und ersetzten sie durch neue. Erst im Laufe des Tages räumte man vonseiten des Krankenhauses dann doch ein, dass es möglicherweise zu einer Vertauschung gekommen sei. Ein DNA-Test solle Klarheit bringen; auf das Ergebnis würde man allerdings eine Woche warten müssen. Die Eltern wurden nach Hause geschickt – mit ihren vermeintlich richtigen Babys. Eine Woche lang lebten sie mit der Ungewissheit, ob es wirklich ihr eigenes Kind war, und mit der Sorge, wie es wohl dem anderen Kind gehe. Am 24. Juli kam dann der Anruf aus dem Krankenhaus: Der Test habe den schrecklichen Verdacht bestätigt:

Die Kinder seien tatsächlich vertauscht worden. Die beiden Elternpaare wurden in die Klinik gebeten, um die Kinder wieder zurückzutauschen. Nach einer Entschuldigung bei den Eltern war der Fall für das Krankenhaus abgeschlossen. Für die Eltern nicht. Sie kündigten die Forderung von Schmerzensgeld für den erlittenen Schock an.

Gabi konnte nicht begreifen, wie es selbst in dieser hoch technisierten Zeit noch immer zu einer solchen Verwechslung kommen konnte. Erst recht konnte sie nicht verstehen, wieso das Krankenhauspersonal sich so leichtfertig verhielt und einfach die Armbänder austauschte. Und wieso kam das Krankenhaus nicht von sich aus auf die Idee, den Eltern eine Entschädigung anzubieten?

Gabis Empörung schlug jedoch am nächsten Tag in helle Wut um, als sie die Hürthener Tageszeitung aufschlug. Das Marienkrankenhaus, ihr Geburtskrankenhaus, war um eine Stellungnahme zu der Recklinghauser Babyvertauschung gebeten worden. Es handele sich sicherlich um einen tragischen Fall, so äußerte sich die Krankenhausleitung in dem Interview, doch zugleich auch um einen Einzelfall. In Hürthen zumindest habe es so einen Fall noch niemals gegeben.

Ohne nachzudenken griff Gabi zum Hörer und rief die Zeitung an. Sie ließ sich mit dem Journalisten verbinden, der den Artikel geschrieben hatte, und erzählte ihm aufgebracht, dass es in diesem Krankenhaus sehr wohl schon eine Säuglingsvertauschung gegeben habe und dass die Krankenhausverwaltung darüber auch durchaus informiert sei.

Der Journalist fragte, ob Gabi zu einem Interview bereit sei. In einer halben Stunde könne er bei ihr sein. Gabi stimmte zu.

»Mein Gott, was habe ich denn jetzt gemacht?«, fragte sie sich schon in dem Moment, als sie den Hörer auflegte. Sollte sie schnell noch einmal anrufen und den Termin wieder absagen? Aber andererseits – so eine offensichtliche Unwahrheit konnte doch nicht einfach so unkommentiert stehen bleiben.

Der Artikel erschien gleich am nächsten Tag. Auf ihren Wunsch hin hatte der Journalist alle Namen geändert. Trotzdem wusste Hilde Siebeck sofort, um wen es in dem Zeitungsbericht ging.

»Das bist doch du gewesen, gestern in der Zeitung, stimmt`s?«, fragte sie Gabi, als sie sich am nächsten Tag am Eingang des Altersheims begegneten.

»Ja, das stimmt!«, sagte Gabi kämpferisch und schaute ihrer leiblichen Mutter direkt ins Gesicht.

»Muss das denn nun auch noch sein? Unsere privaten Sachen gehen doch wirklich niemanden etwas an. Das können wir doch unter uns ausmachen.«

»Aber Hilde, du bist es doch, die nicht mit uns reden will! Detlef und ich haben doch nun wirklich mehr als einmal versucht, die Sache unter uns auszumachen, wie du es ausdrückst. Aber jedes Mal hast du uns auflaufen lassen. Du bist ja nicht bereit, auch nur eine unserer Fragen zu beantworten!«

»Ach, ja, was soll das denn auch, immer diese alte Geschichte. Daran ist doch sowieso nichts mehr zu ändern.«

Gabi seufzte. Es hatte einfach keinen Sinn. Wenn selbst dieser Artikel Hilde nicht berührt hatte … Offensichtlich ließ es sie kalt, wie ihre leibliche Tochter dort ihre Gefühle von Zerrissenheit und Trauer offenbart hatte. Der Journalist hatte Gabi mit folgenden Worten zitiert: »›Ja, du bist mein Kind‹, hat Mutter gesagt. Aber dennoch liebt sie bis heute die andere.«

Wie konnte eine Mutter es aushalten, so etwas über sich selbst zu lesen? Allen Ernstes hatte Gabi geglaubt, Hilde würde sofort zum Telefon greifen und ihr sagen: »Aber dich liebe ich doch auch, Gabi!« Doch wieder einmal war sie enttäuscht worden.

»Ich muss jetzt weiter, Hilde, Mama wartet sicher schon auf mich. Bis dann.«

Gabi hatte bei ihrem Interview gemerkt, wie gut es ihr tat, über ihr Schicksal auch einmal mit einem neutralen Menschen zu sprechen. Es hatte sie richtiggehend befreit, sich ihre Last von der Seele reden zu können, und so sagte sie auch nicht Nein, als nach Erscheinen des Artikels weitere Presseanfragen an sie gerichtet wurden. Allerdings nahm sie nur solche Termine an, an denen auch Detlef teilnehmen konnte. Mit seiner Unterstützung fühlte sie sich sicherer, und außerdem gehörten ihrer beider Geschichten einfach zusammen.

Bald wurde über die vertauschten Töchter von Hürthen nicht nur in der Presse berichtet, sondern auch im Fernsehen: Der erste Fernsehbeitrag über Gabis Schicksal lief am frühen Abend auf einem Privatsender im Rahmen eines Infomagazins.

Knapp fünf Minuten nach Ende des Berichts klingelte bei Gabi das Telefon.

»Gabi … mein Herz … ich bekomme einen Herzinfarkt«, hörte Gabi Hilde röcheln.

»Mein Gott, Hilde, soll ich kommen?«, rief Gabi entsetzt.

»Ja, mach schnell«, stöhnte Hilde. »Monika kommt auch gleich. Und dann will ich euch auch die Wahrheit sagen.«

Roland fuhr Gabi mit quietschenden Reifen in die Feldstraße. Monika öffnete die Tür. Aus dem Wohnzimmer hörte man einen Aufschrei.

»Hah, mein Herz!«

Monika und Gabi stürzten in das Zimmer, und Monika warf sich vor ihrer Mutter im Sessel auf die Knie.

»Mama, Mama, nein!!«, schrie sie.

Gabi wusste nicht, was sie tun sollte. Sie hatte furchtbare Angst, Hilde könnte tatsächlich einen Herzanfall haben, aber zugleich erschien ihr die ganze Szene wie eine Schmierenkomödie. Sie sah Roland an, aber auch er wusste offensichtlich nicht, was er von all dem halten sollte und zuckte ratlos mit den Schultern.

Als sich Hilde fünf Minuten später mit einem Seufzer zurücklehnte und schwach lächelnd verkündete, nun ginge es ihr schon wieder viel besser, hatte sich die Frage beantwortet. Roland ging kopfschüttelnd wieder nach draußen. Gabi wäre ihm am liebsten gefolgt, doch eine Sache stand ja noch aus.

»Du hast am Telefon davon geredet, dass du jetzt die Wahrheit sagen willst, Hilde.«

»Ja, ach so. Also, mir ist wieder eingefallen, dass damals auf deiner Kommunion etwas vorgefallen ist. Da hat deine Tante Erika zu Margot und mir gesagt, dass ihr vertauscht worden seid.«

»Wie bitte?«, rief Gabi zornig. »DAS wolltest du uns erzählen? Dafür bin ich jetzt gekommen?«

Hilde nickte nur. Während Gabi nach Fassung rang, fing Hilde völlig zusammenhangslos an, Detlef schlecht zu machen, und Monika pflichtete ihr lautstark bei. Detlef habe von Hilde verlangt, sich von Monika loszusagen, behaupteten die beiden. Aber er sei ja schon immer ein schlechter Sohn gewesen. Nie habe er Hilde gegen Kurt unterstützt, und immer sei klar gewesen, dass Monika sich nicht auf ihn würde verlassen können. Und dass er nun einfach den Kontakt zu seiner Familie abgebrochen habe … Aber man habe ja nichts anderes erwarten können.

»Gabi, wenn du jetzt nicht mitkommst, dann fahre ich allein nach Hause. Das ist hier ja nicht auszuhalten!« Roland war in das Wohnzimmer zurückgekommen und machte gleich auf dem Absatz wieder kehrt. Wortlos drehte Gabi sich um und folgte ihrem Mann.

Zwei Wochen später waren Gabi und Detlef mit ihrer Geschichte zu Gast in einer Freitagabend-Talkshow.

Auf Nachfrage der Moderatorin, wann die Mütter die Vertauschung entdeckt hätten, antwortete Detlef, es habe schon im Krankenhaus Anzeichen gegeben.

»Die Schwester meiner Mutter hat ihr gesagt: ›Das ist nicht dein Kind, das du da hast.‹«

Das sollte Folgen haben. Am Tag nach der Sendung klingelte frühmorgens bei Hildes Schwester Gisela das Telefon. Michaela nahm ab. Sie war bei ihrer Mutter, um sie zu versorgen. Gisela war inzwischen schwer an Diabetes erkrankt und litt außerdem an Bluthochdruck.

Hilde Siebeck war am Apparat.

»Gib mir mal deine Mutter«, forderte sie von ihrer Nichte Michaela.

»Das geht jetzt nicht. Sie liegt noch im Bett. Du weißt ja, dass es ihr morgens immer besonders schlecht geht. Aber ich stell mal die Lautsprechertaste an.«

»Ihr habt ja bestimmt gestern auch diese Talkshow gesehen«, sprach Hilde gleich weiter.

»Ja«, sagte Michaela zögerlich angesichts der unterdrückten Wut in der Stimme ihrer Tante.

»Das ist einfach ungeheuerlich, was der Detlef da behauptet hat! Ich soll schon im Krankenhaus von der Vertauschung gewusst haben? Seid ihr verrückt geworden?«, schrie Hilde.

»Aber das stimmt doch. Mama hat das doch damals zu dir gesagt. So hat sie es uns immer erzählt, und Papa hat es bestätigt«, sagte Michaela und sah ihre Mutter fragend an. Gisela nickte.

»Deine Mutter ist eine Lügnerin!«, schrie Hilde weiter. »Und Arthur hat auch gelogen!«

»Ja, aber …« Michaela warf einen besorgten Blick auf ihre Mutter, die mit fassungslosem Gesicht versuchte, sich aufzurichten.

»Und dann dieser Blödsinn, dass Monika und Rudi sich als Jugendliche beinahe verliebt hätten! Wer erzählt denn so etwas?«

»Aber Tante Hilde, das musst du doch noch wissen. Ich hab dir doch damals erzählt, was ich da gesehen habe, auf dem Bett. Und dann hast du selbst dafür gesorgt, dass der Kontakt zwischen den beiden abbricht.«

»Nein, du lügst! Ihr lügt alle, eure ganze Familie! Immer schon habt ihr etwas gegen Monika gehabt, nie habt ihr sie mit einbezogen. Und jetzt erzählt ihr auch noch der ganzen Welt solche Lügengeschichten!«

Michaela legte einfach auf. Ihre Mutter rang nach Luft. Es dauerte Stunden, bis Michaela es geschafft hatte, sie wieder zu beruhigen.

Drei Tage später, am Dienstag, war Gisela tot.

Kapitel 30

»Wenn ich die ganze Situation aus heutiger Sicht betrachte, dann kann ich eigentlich nur sagen: Ich habe dazugewonnen. Meine alte Familie ist mir vollständig erhalten geblieben, und einen tollen Bruder habe ich außerdem noch dazu bekommen«, sagte Gabi und lächelte Detlef über den Tisch hinweg an.

Es war der 22. November 2008, und Gabi feierte bei einem Essen im Restaurant ihren 49. Geburtstag. Sie hatte sich in all den Jahren nie entschließen können, am 21. November, ihrem richtigen Geburtstag, zu feiern.

»Und ich habe jetzt die Schwester, die zu mir passt«, nickte Detlef ihr zu. »Gut, ich habe zu Mutter und Monika keinen Kontakt mehr, und das ist natürlich nicht ideal. Aber so herzlos es auch klingen mag: Mir geht es damit einfach besser. Es war doch zuletzt nichts anderes als eine Verschwendung von Zeit und Nerven, wenn man sich mit den beiden auseinandergesetzt hat. Für mich und vor allem für Gabi ist es doch viel sinnvoller, wenn ich meine Energie in die Ahnenforschung stecke. Dann erfährt Gabi wenigstens auf diese Weise etwas über ihre Wurzeln.«

Gabi nickte.

»Ja, das ist wirklich toll, was du inzwischen alles über unsere Vorfahren herausgefunden hast.«

»Also, es tut mir leid, aber ich finde, ihr macht euch was vor«, fuhr Tanja plötzlich dazwischen. »Ja, natürlich, ihr habt beide etwas dazugewonnen, und die Sache mit der Ahnenforschung finde ich auch klasse, dadurch erfahre ich über meine eigene Herkunft ja schließlich auch sehr viel. Aber trotzdem … Ihr habt doch beide mit dem Kapitel Hilde längst noch nicht abgeschlossen, auch wenn ihr das immer behauptet. Sobald wir mit euch beiden, Detlef und Christine, zusammensitzen, dauert es keine fünf Minuten, bis ihr Name fällt, und dann wird stundenlang über sie gesprochen. Das zeigt doch, wie wichtig sie immer noch für euch ist.«

»Ja, aber …«, setzte Detlef an.

»Ich will Hilde ganz bestimmt nicht verteidigen«, Tanja ließ sich nicht unterbrechen. »Ich finde es auch unmöglich, wie sie sich verhalten hat oder besser gesagt, immer noch verhält. Ich habe es ja am eigenen Leib erlebt, als ich jetzt Anfang des Jahres mit Mama noch einmal zu ihr gefahren bin. Sie dreht einem die Worte im Mund um oder sucht sich aus einem ganzen Zusammenhang nur einen einzigen Aspekt heraus und reitet dann darauf herum. Und wenn sie damit fertig ist, fängt sie an, auf Detlef herumzuhacken. Das ist wirklich alles ziemlich unerträglich, aber …«

Tanja holte tief Luft und sprach dann weiter.

»Hilde ist ja nun nicht mehr die Jüngste, und es kann jederzeit passieren, dass sie plötzlich tot umfällt, Schlaganfall, Herzinfarkt oder sonst etwas. Und dann weiß ich jetzt schon, dass sich Mama ihr Leben lang Vorwürfe machen wird: Hätte man nicht doch noch ein klärendes Gespräch führen können, hätte man sich nicht doch noch aussöhnen können? Ich denke wirklich, ihr beide oder zumindest du, Mama, solltet noch mal mit allen Mitteln versuchen, mit der Hilde ins Reine zu kommen. Wenn es hilft, komme ich auch gerne mit. Ich glaube allerdings, dass Hilde sich grundsätzlich unterlegen fühlt, wenn ihr mehr als eine Person ge-

genübersitzt. Deshalb wäre es sicher besser, ihr allein zu begegnen.«

Gabi sah ihre Tochter nachdenklich an. Dann schüttelte sie den Kopf.

»Auf der einen Seite hast du sicher recht, Tanja. Ich glaube auch, dass es mich unglaublich hart treffen würde, wenn die Hilde plötzlich tot wäre. Ich weiß ja noch, wie ich mit Kurts Tod zu kämpfen hatte, obwohl ich ihn so gut wie gar nicht kannte. Aber auf der anderen Seite – ich wüsste nicht, was ich noch machen sollte. Es ist ja nicht so, dass ich gar keinen Kontakt zu Hilde habe. Ich sehe sie schließlich alle paar Tage im Altersheim. Aber es kommt einfach kein Gespräch mit ihr zustande. Sie fragt zwar, ob es mir gut geht, aber an ihrem Tonfall merke ich schon, dass ich gefälligst mit Ja zu antworten habe. Sie will nicht wirklich wissen, wie es mir geht. Dann macht sie noch eine Bemerkung über das Wetter, und schon dreht sie sich um und verabschiedet sich. Vor ein paar Wochen habe ich mich mal getraut zu fragen, wie es Monika geht. Da hat sie nur mit den Schultern gezuckt und gesagt, das würde mich doch gar nicht wirklich interessieren, warum ich denn überhaupt fragen würde. Und dann ist sie einfach weggegangen. Das war wieder einmal wie eine Ohrfeige. So oft Hilde mich auch schon ungerecht behandelt hat – es tut jedes Mal wieder verdammt weh!«

Alle schwiegen.

»Ehrlich gesagt glaube ich, dass es überhaupt nur noch eine Möglichkeit gibt, um irgendwie mit Mutter ins Reine zu kommen«, sagte Detlef nach einer Weile. »Wir müssten einen neutralen Dritten dazu holen, jemanden, der in der Lage ist, so ein Gespräch zu moderieren und in die richtigen Bahnen zu lenken. Einen Psychotherapeuten oder zumindest jemanden aus dieser beruflichen Richtung. Das habe ich Mutter sogar irgendwann einmal vorgeschlagen, aber ich hatte mir schon vorher gedacht, dass sie ablehnen würde, und genauso kam es natürlich. ›Ich bin doch nicht krank im Kopf, warum soll ich mich denn dann mit so jemandem unterhalten?‹, hat sie völlig empört ausgerufen.«

»Ja, das hätte ich dir auch vorher sagen können. Unsere Hilde hat doch alles im Griff, die braucht doch keinen Seelenklempner!«, sagte Christine mit ironisch verzogenem Mund.

»Aber apropos krank im Kopf«, fuhr Detlef fort. »Da fällt mir eine Sache ein, die ich immer lieber für mich behalten habe, aber ich denke, jetzt kann ich sie ruhig erzählen: Als ich irgendwann einmal allein das Gespräch mit Mutter gesucht habe, da hat sie zu mir gesagt, ich wäre genauso geisteskrank wie ihr Vater Heinrich!«

»Wie bitte?«, rief Christine. »Das ist ja unglaublich! Der war doch schizophren! So eine bodenlose Unverschämtheit von Hilde! Warum hast du mir das denn nie erzählt?«

»Weil du dann mit Sicherheit gesagt hättest, dass du mit einer Frau, die so etwas zu ihrem Sohn sagt, nichts mehr zu tun haben willst.«

»Da hast du allerdings vollkommen recht!«

»Ich wollte damals nicht noch mehr böses Blut erzeugen und dich zu sehr gegen Mutter aufbringen. Zu dem Zeitpunkt hatte ich nämlich noch nicht die Hoffnung aufgegeben, dass sich alles doch wieder einrenken könnte. Inzwischen glaube ich definitiv nicht mehr dran.«

»Man soll ja niemals nie sagen«, schaltete sich nun auch Roland ein. »Aber ich sehe auch nicht, dass sich in dem Verhältnis zu Hilde jemals viel ändern wird. Jedenfalls nicht zum Positiven. Natürlich wäre es schön, wenn alle Menschen in Frieden und Harmonie miteinander leben könnten, aber manchmal gibt es Risse, die zu tief sind, um sie noch kitten zu können. Auf jeden Fall kann ich mich nicht erinnern, dass Gabi nach einem Treffen mit Hilde jemals entspannt nach Hause gekommen wäre. Irgendetwas Negatives war eigentlich immer vorgefallen. Es ist erst besser geworden, seit die beiden sich nur noch flüchtig begegnen und sich ›Guten Tag und guten Weg‹ wünschen. Ich denke, dabei sollte man es belassen. Und ich finde wirklich nicht, Gabi, dass du dir irgendetwas vorzuwerfen hast, wenn Hilde gestorben ist. Du bist deiner leiblichen Mutter offen und mit reinem Herzen entgegengetreten, und du hast wirklich schon alles versucht, um für euch alle das Beste aus der Situation zu machen. Mehr geht nicht.«

Roland hob sein Rotweinglas.

»Bleib einfach bei dem, was du vorhin gesagt hast, Gabi: Du hast dazugewonnen. Und nicht nur du. Schließlich hab ich nun auch einen Schwager, mit dem ich etwas anfangen kann, und eine tolle Schwägerin dazu, und Tanja und Sven verstehen sich doch auch einfach prächtig mit ihrem neuen Onkel und seiner Frau. Lasst uns doch versuchen, vor allem diese positive Seite an der ganzen verdrehten Geschichte zu sehen. Und darauf stoßen wir jetzt an!«

Nachwort der Autorin

Mein letztes Gespräch mit Gabi und Detlef fand ein knappes halbes Jahr nach Gabis 49. Geburtstag an einem Sonntagvormittag im Mai statt. Zum Abschluss saßen wir noch bei einer Tasse Kaffee zusammen. Eine leichte Müdigkeit hatte sich breitgemacht, denn hinter uns lagen ausgesprochen anstrengende Tage. Man konnte wohl mit Fug und Recht von einem regelrechten Gesprächsmarathon sprechen. Nicht nur Gabi und Detlef hatten mir ihre Sicht der Dinge geschildert, sondern auch Roland und Tanja, Christine, Michaela, Brigitte und sogar Rudi. Damit hatte ich im Prinzip jeden getroffen, der aus seiner eigenen Erinnerung heraus etwas zu der ganzen Angelegenheit sagen konnte – jeden außer den Hauptbeteiligten, die nach wie vor eisern schweigen: Hilde, Margot, Rudolf und Monika.

Gabi und Detlef hielten es für völlig ausgeschlossen, dass ich auch nur mit einem von ihnen ein sinnvolles Gespräch führen könnte. Hilde würde erst gar nicht mit mir reden, meinten sie. Einige der Journalisten hätten bereits ihr Glück bei ihr versucht – ohne Erfolg: Einen von ihnen hatte sie beschimpft, bei allen anderen sofort aufgelegt. Auch Monika hatte einmal geäußert, dass sie auf gar keinen Fall in die Öffentlichkeit geraten wolle. Rudolf dagegen hatte kein Problem, sich den Fragen Dritter zu stellen – nur kam dabei nichts heraus. Er behauptete nach wie vor, nichts gewusst zu haben und war mit sich und seiner Situation absolut im Reinen: »Meine Enkelkinder sagen ›Opa‹ zu mir. Was will ich mehr?« Und mit Margot war aufgrund ihrer Krankheit kaum noch eine normale Unterhaltung möglich.

Für mich war der erste Teil meiner Arbeit also abgeschlossen. Alle zugänglichen Informationen über den Fall der vertauschten Töchter von Hürthen hatte ich bekommen, und mit den viele Stunden umfassenden Tonbandaufzeichnungen im Gepäck wollte ich nun bald die Heimreise antreten.

»Ich gehe jetzt gleich ins Altersheim. Mama wäre sonst untröstlich, wenn ich ihr gerade an diesem Tag nicht wenigstens ein Blümchen vorbeibringe«, sagte Gabi, während ich meine Tasche packte.

Es war kein gewöhnlicher Sonntag. Es war Muttertag – ausgerechnet! Passend zum Thema. Oder eher besonders unpassend? An diesem Tag soll man schließlich seine Mutter ehren, aber Detlef und Gabi würden ihrer gemeinsamen Mutter nicht die geringste Ehrung zuteilwerden lassen. Musste es für Hilde Siebeck nicht bitter sein, gerade an einem solchen Tag kein Wort von ihren leiblichen Kindern zu hören?

»Sagen Sie mal«, sprach Gabi weiter. »Was halten Sie davon, wenn Sie mich ins Altersheim begleiten? Ich habe darüber heute Nacht nachgedacht, und ich fände es irgendwie schön, wenn Sie wenigstens meine Mama einmal zu Gesicht bekommen würden. Sie war diese Woche für ihre Verhältnisse ganz gut drauf, und ich denke, dass es gut gehen würde, wenn ich Sie mitbringe. Fragen zu stellen hat sicher keinen Sinn, aber wenn Sie eben einfach nur so dabei sind …?«

Ich stimmte sofort zu. Für jeden zusätzlichen Eindruck, den ich bekommen konnte, war ich dankbar.

Eine knappe Stunde später betraten Gabi und ich das Altersheim. Gleich am Eingang schlug uns eine Wolke aus Desinfektionsmitteln entgegen. Wir stiegen in den Fahrstuhl und fuhren in den dritten Stock. In einem langen Flur war es die dritte Tür auf der linken Seite, an die Gabi klopfte. Nacheinander gingen wir in das Zimmer. Auf der Kante des Bettes gleich rechts an der Wand saß Margot Knappe und sah uns entgegen. Sie war klein und zierlich und hatte kurzes, dunkles Haar – noch immer nicht gefärbt, wie Gabi mir erzählt hatte. Ihr Gesicht war ausdruckslos; ob sie sich über Gabis Besuch freute, war zumindest für mich nicht zu erkennen.

Ich blieb erst einmal am Zimmereingang stehen. Gabi ging auf ihre Mutter zu, umarmte sie, wünschte ihr alles Gute zum Muttertag, stellte die Topfblume auf die Fensterbank und fragte, wie es gehe. Margot ließ alles ungerührt über sich ergehen und sagte die ganze Zeit über kein Wort. Nun sah sie mich mit großen Augen an.

Ich ging auf sie zu, gab ihr die Hand und sagte meinen Namen.

»Sehr schön!«, sagte sie in abgehacktem Ton zu mir. Ich zuckte leicht zusammen, weil es so militärisch klang.

»Ich bin Autorin, ich schreibe Bücher über Lebensgeschichten, und jetzt helfe ich Ihrer Tochter gerade dabei, ihre Geschichte aufzuschreiben.«

Mit leerem Blick sah sie mich stumm an. Sie hatte wohl nicht begriffen, was ich gesagt hatte. Aber ein bisschen unterhalten wollte ich mich trotzdem mit ihr; nur stumm dort zu stehen und sie zu beobachten kam mir einfach zu unhöflich vor.

Ich erkundigte mich nach Margot Knappes Mitbewohnerin, die gerade nicht im Zimmer war. Ich fragte, ob diese heute auch Besuch habe, ob sie Kinder habe, ob Margot sich gut mit ihr verstünde.

Margot Knappe beantwortete jede Frage mit einem abgehackten Ja oder Nein. Vielleicht gehörte dieses Hervorstoßen von Worten zum Krankheitsbild, denn auch auf Gabis anschließende Fragen antwortete sie so hart und knapp.

»Was hat es heute Mittag denn zu essen gegeben?«

»Schweinebraten!«

»Und was hast du zum Nachtisch bekommen?«

»Schaumpudding!«

»Hast du auch heute schon genug getrunken?«

»Ja!«

Für mich etwas unerwartet wechselte Gabi plötzlich das Thema.

»Sag mal, Mama, kannst du nicht etwas aus meinem Leben erzählen?«

»Häh?«, machtesagte Margot ratlos.

»Na ja, wie war ich denn so als Kind?«

»Weiß nicht mehr«, sagte Margot ablehnend.

»Was hab ich zum Beispiel gern gegessen?«

»Alles!«

»Habe ich nicht irgendein Lieblingsessen gehabt?«

»Nein!«

Gabi seufzte. Sie wirkte etwas ungehalten. Dabei bestätigte sich doch nur, was sie angekündigt hatte: Dass mit ihrer Mutter keine normale Unterhaltung möglich war.

Trotzdem ließ Gabi nicht locker.

»Auf meiner Kommunion, da war doch so ein Durcheinander. Daran erinnerst du dich doch sicher.«

»Nein!«

»Wirklich nicht? Das kann doch nicht angehen. Da muss doch ein Riesentheater gewesen sein.«

»Nein!«

»Na gut. Aber eine andere Sache weißt du bestimmt noch. Als du dein Kind bekommen hast … also, das Mädchen meine ich … was hatte es für Haare?«

»Es hatte schwarze Haare. Aber die sind ausgefallen.«

Ich starrte Margot Knappe an. Wieso sprach sie jetzt plötzlich in vollständigen Sätzen?

»Wer hat das gesagt?«, fragte Gabi weiter.

»Nonne.«

»Und hat die Hilde Siebeck bei dir im Zimmer gelegen?«

»Ja.«

»Und die hat das nicht gemerkt? Hat sie nicht irgendwas gesagt?«

»Nein!«

»Kannst du dich noch erinnern, wo das Namensbändchen befestigt war? Am Arm, am Bein?«

»Arm!«

»Und wie sah das aus, das Armband? Mit Perlen?«

»Rosa!«

»Hätte es sein können, dass es vom Arm einfach abfällt?«

»Nein!«

»Wie viele Tage wart ihr denn im Krankenhaus damals?«

»Neun.«

Margot Knappe fing an, gierig aus einem großen Plastikbecher zu trinken. Es war mindestens ein halber Liter, den sie ohne abzusetzen in sich hineinlaufen ließ.

»Und du hast das geglaubt, was die Nonne dir gesagt hat?«, fragte Gabi, nachdem ihre Mutter den Becher wieder hingestellt hatte.

»Mhm«, machtesagte Margot zustimmend.

»Und dann war irgendwann Kommunion, und da hat die Tante Erika dann gesagt, dass ich nicht dein Kind bin.«

»Weiß nicht.«

Margot Knappe stand plötzlich auf und ging ohne ein Wort zur Toilette.

Gabi sagte mir, sie sei überrascht über den extrem guten Zustand ihrer Mutter. Normalerweise hätte sie bei dieser Art von Fragen schon längst zu weinen begonnen.

Ich war noch immer fassungslos über Margot Knappes Veränderung in dem kurzen Augenblick, als sie über die angeblich ausgefallenen Haare sprach.

»Wissen Sie, ich denke, Mama hat der Nonne damals wirklich geglaubt. Dann hat sie nie wieder darüber nachgedacht, und erst bei meiner Kommunion wurde sie dann mit der Wahrheit konfrontiert. Den Schock hat sie wahrscheinlich bis heute nicht verkraftet. Darüber will sie ja partout nicht reden.«

Es klang plausibel, was Gabi sagte, aber es konnte nicht stimmen.

»Aber Ihre Oma, also Rudolfs Mutter, hat doch von der Vertauschung schon erfahren, als Sie drei Jahre alt waren. Dann muss Margot es zu diesem Zeitpunkt doch auch schon gewusst haben«, wandte ich ein.

»Stimmt«, sagte Gabi und lachte freudlos auf. »Sobald man glaubt, wenigstens eine Antwort gefunden zu haben, stößt man sofort wieder auf etwas, was die eigene Theorie widerlegt.«

Sie ging zum Fenster und sah nach unten in den Garten vor dem Altersheim.

»Das gibt es doch nicht, kommen Sie mal schnell her«, rief sie aufgeregt, und ich lief zum Fenster.

»Da unten auf dem weißen Plastikstuhl, die blonde Frau, sehen Sie die?«

Ich nickte.

»Das ist Hilde. Und die Dunkelhaarige auf der Bank, das ist Monika. Dann muss sie wohl gleich arbeiten, und an einem stressigen Tag wie heute hilft ihr Hilde natürlich. Wenn das kein Riesenglück ist! Jetzt bekommen Sie die beiden ja auch noch zu Gesicht. Na ja, zu Gesicht bekommen ist gut. Sehr viel mehr als die Hinterköpfe können Sie von hier aus ja leider nicht sehen.«

Wir mussten beide lachen.

»Sie könnten natürlich auch nachher einfach mal in die Cafeteria gehen und einen näheren Blick auf die beiden werfen. Heute wird da viel los sein, da fallen Sie gar nicht weiter auf«, schlug Gabi dann vor.

Ich nickte zustimmend. Natürlich war ich mehr als neugierig auf die beiden Frauen, über die ich so viel gehört hatte.

Gabi sah mich nachdenklich an.

»Oder …«, fing sie stockend an. »Also, ich weiß ja nicht, ob Sie dazu Lust haben … Und ich habe keine Ahnung, wie Hilde reagieren würde, aber … Sie könnten ja einfach jetzt schnell mit dem Fahrstuhl nach unten fahren und versuchen, mit ihr zu reden.«

Gabi schien alles andere als überzeugt von ihrem eigenen Vorschlag.

»Sind Sie sicher?«, fragte ich. »Wenn Frau Siebeck mich anschreit und wegjagt, dann wäre das für mich zwar alles andere als schön, aber ich setze mich nachher einfach in mein Auto und bin dann weg. Aber für Sie könnte das Theater natürlich wieder von Neuem losgehen. Böse Anrufe oder Beschimpfungen, wenn Sie sich hier im Altersheim wieder begegnen … Sie und Detlef haben mir ja beide versichert, dass es Ihnen besser geht, seit Sie alle sich gegenseitig in Ruhe lassen.«

Gabi schaute aus dem Fenster und beobachtete die beiden Frauen im Garten. Dann hob sie ruckartig den Kopf.

»Doch. Ich möchte, dass Sie es versuchen. Bei dem ganzen Verdruss, den ich schon hatte, macht so ein mögliches Nachspiel auch nichts mehr aus. Ich glaube, ich würde mich sonst viel mehr ärgern, dass man diese günstige Gelegenheit nicht genutzt hat.«

»Also gut, dann geh ich jetzt los. Bevor die beiden weg sind …«

Mir war alles andere als wohl zumute, als ich im Fahrstuhl stand und nach unten fuhr. Die Aussicht, wahrscheinlich gleich angebrüllt zu werden, machte mir jetzt doch ziemlich zu schaffen. Solch eine Situation war ich nicht gewohnt, schließlich kommen die Menschen sonst bereitwillig und gern zu mir, um mir aus ihrem Leben zu erzählen.

Der Fahrstuhl hielt an, ich stieg aus und ging durch die Desinfektionsmittelwolke nach draußen, um dann nach links den kleinen Weg entlang auf die beiden Frauen zuzugehen.

»Suchen Sie sich mal schnell noch einen schönen Platz aus, es wird bestimmt gleich voll hier«, sagte Hilde Siebeck zu mir und deutete vage auf die Stühle und die Bank. Ihre Stimme war ganz rauchig, und passend dazu hielt sie eine Zigarette in der Hand. Ihre Haare waren blond, sehr blond, kurz geschnitten und gelockt. Genau wie Gabi und Detlef trug sie eine Brille. Offensichtlich hielt sie mich für eine Muttertagsbesucherin. Das musste ich jetzt richtigstellen.

»Guten Tag«, lächelte ich sie an. »Ehrlich gesagt bin ich keine Besucherin, sondern ich habe Sie gesucht.«

Sie sah mich fragend an.

»Sie sind doch Frau Siebeck?«

»Ja … ja«, sagte sie zögernd. Ihr Misstrauen war geweckt.

»Und Sie sind Frau Wolff«, wandte ich mich an Monika und sah sie jetzt zum ersten Mal bewusst an. Ihre Ähnlichkeit mit ihrem leiblichen Bruder Rudi erschlug mich fast. Am unglaublichsten war die Übereinstimmung der Körperhaltung. Monika saß vornübergebeugt vorne auf der Kante der Bank, die Beine leicht auseinander, die Unterarme auf den Oberschenkeln aufgestützt, die großen Hände baumelten innen in Kniehöhe, und in der rechten Hand hielt sie eine Zigarette. Haargenauso hatte mir vor ein paar Tagen auch Rudi auf der Sofakante gegenüber gesessen.

Monika starrte mich nur an.

»Ja«, antwortete Hilde an ihrer Stelle, und so wandte ich mich wieder ihr zu.

»Ich bin Autorin und arbeite gerade mit Ihrer … mit Gabi Hoffmann zusammen daran, die …« Ein Brummen von Hilde unterbrach mich. Es klang ausgesprochen ablehnend, aber ich sprach weiter. »… die Lebensgeschichte von Gabi aufzuschreiben. Sie hat den Wunsch, ihr Leben einfach mal zu Papier zu bringen.«

Hilde Siebeck hatte jedes dritte Wort von mir mit diesem Brummen kommentiert und schüttelte jetzt den Kopf.

»Wissen Sie, dazu hab ich einfach keine Nerven mehr«, sagte sie in angewidertem Ton mit ihrer tiefen Stimme.

»Ich wollte Sie auch nicht nerven, ich wollte Sie nur mal kurz kennenlernen. Frau Hoffmann zeigt mir gerade alles, was ihr Leben so ausmacht. Ich habe auch Frau Knappe schon kennengelernt, und vorhin waren wir in der Junkerstraße.« Auf dem Weg zum Altersheim hatten wir einen Umweg gemacht und uns die damaligen Häuser der Familien Knappe und Siebeck von außen angesehen. »Also, nicht dass Sie das falsch verstehen, ich bin nicht von der Presse; mit der Zeitung oder sonstigen Medien habe ich nichts zu tun …«

»Ach so.« Das klang immerhin ein bisschen zugänglicher.

Plötzlich stand Monika auf und murmelte, dass sie jetzt nach unten gehen würde, und sie fragte Hilde, ob sie mitkommen wolle.

»Ja, ja, ich komme mit«, sagte Hilde Siebeck.

Das war es dann wohl für mich, dachte ich.

»Wir gehen auch nach unten«, setzte Frau Siebeck hinzu.

Wir?

»Soll ich mitkommen?«, fragte ich etwas ungläubig.

»Joa.« Begeisterung klang anders, aber es war ein Ja. Ich war fassungslos über diesen plötzlichen Sinneswandel.

»Obwohl ich wahnsinnige Kopfschmerzen habe«, setzte sie allerdings noch hinzu. Damit hatte sie sich vorsorglich einen Notausstieg gesichert, falls ihr die ganze Sache nachher doch nicht passen würde.

Monika war schon gegangen. Hilde Siebeck blieb noch bei einer Frau im Rollstuhl stehen, die gerade von einer Pflegerin in den Garten gefahren worden war. Ob sie denn noch Besuch bekäme heute am Muttertag, fragte Hilde die Frau. Nein, es sei keiner da, der sie abhole. Das sei aber traurig, sagte Hilde in etwas vorwurfsvollem Ton, mit dem sie indirekt wohl die Kinder der Frau rügen wollte. Ach nein, winkte die Frau ab, das würde sie nicht so eng sehen. Hilde klopfte ihr auf die Schulter und kündigte an, später noch weiter mit ihr reden zu wollen.

Genauso hatte Detlef seine Mutter beschrieben: Als eine Frau, die sich leidenschaftlich gern um andere kümmert. Ein Wesenszug, den er an seiner Mutter immer geschätzt hatte – und der ihn umso schwerer begreifen ließ, wie sie sich ihren eigenen Kindern gegenüber verhielt.

Gemeinsam gingen wir den Weg zurück Richtung Altersheim.

»Wie sind Sie denn überhaupt mit der Gabi zusammengekommen? Sie sind von den beiden angerufen worden, oder wie sehe ich das?«, fragte sie.

Ich erzählte, dass es umgekehrt war: dass ich Kontakt zu Gabi aufgenommen hatte, nachdem ich in einem Zeitungsartikel über sie gelesen hatte.

Sie nickte ganz zufrieden. Diese Variante schien ihr eher zuzusagen.

Dann erzählte ich ihr ein bisschen von meiner sonstigen Arbeit, davon, dass ich hauptsächlich private Biografien schreibe, für den Familienkreis. Sie hörte interessiert zu und nickte zwischendurch anerkennend.

Wir gingen eine Treppe nach unten. Die Cafeteria befand sich im Souterrain, aber Hilde Siebeck steuerte auf ein Sofa im Gang zu. Es stand gegenüber der Fahrstuhltür, durch die alle paar Minuten Menschen ein- und ausgingen. Ein unruhiger Ort für eine Unterhaltung, aber sie hatte wohl ihre Gründe, warum wir nicht in die Cafeteria gingen.

Wir hatten uns kaum hingesetzt, da brach es schon aus ihr heraus.

»Wissen Sie was, das geht mir alles so auf den Geist mit dieser Geschichte. Dass da nicht mal Ruhe ist! Wir hätten das doch auch alles unter uns ausmachen können. Mein Sohn hat doch so ein gutes Zuhause gehabt, aber … Wir haben einmal alle zusammengesessen, und da hab ich gesagt: ›Ihr werdet mich quälen bis an mein Lebensende.‹ Und da hat mein Sohn gesagt: ›Ja, und das ist auch richtig so.‹ Da habe ich so geweint. Und dann habe ich gedacht, gut, dann ist es eben so, dann werden sich unsere Wege trennen. Ich habe keine Kraft mehr. Im Jahr 2002, da haben wir eigentlich noch harmoniert, da kamen die beiden auch öfter zu mir, und dann passierte die Sache mit meiner Mutter. Sie war auch hier im Heim, seit 1997. Am 24.4.2002 ist sie gestorben. Ich hab ihren Tod schon ein, zwei Tage vorher kommen sehen, ich habe schon mehrere Todesfälle erlebt. Sie wurde um den Mund herum ganz weiß, und ich stand nur bei ihr am Bett. Dann habe ich den Detlef angerufen und gesagt, die Oma wird wohl bald gehen, und wissen Sie, was er da gesagt hat? ›Wenn die Oma stirbt, mach ich dich dafür verantwortlich!‹ Er ist in den letzten Jahren auch öfter zu meiner Schwester gegangen, was er früher gar nicht gemacht hat, und sie hat ihn wohl gefragt: ›Was machst du denn, wenn deine Mama stirbt?‹ ›Ich werde bestimmt nicht hinterm Sarg hergehen‹, hat er gesagt. Das tut so weh …«

»Ja, das kann ich verstehen«, sagte ich. Ich war ganz erschlagen von dem, was da gerade auf mich eingeprasselt war.

»Wissen Sie, ich habe einfach keine Kraft mehr für so etwas.« Sie schüttelte resigniert den Kopf.

»Aber kann es nicht sein, dass Ihr Sohn auch unter der ganzen Situation leidet?«, fragte ich vorsichtig und hoffte, damit nicht schon zu weit gegangen zu sein. Ich hatte das Gefühl, dass ein falsches Wort von mir das Ende des Gespräches bedeuten konnte. Die Stimmung zwischen Hilde Siebeck und mir war zwar auf der einen Seite seltsam vertraulich, aber auf der anderen Seite auch sehr angespannt.

»Wenn nur ein Monat vergangen wäre und er gesagt hätte: ›Mama, ich hab das nicht so gemeint …‹«

»Ich meinte eigentlich mehr die Situation insgesamt. Ich habe das Gefühl, dass es viele Missverständnisse zwischen Iihnen gibt.«

»Ach, Missverständnisse … Ich habe doch gar nicht mehr viel gesagt, ich habe ja gar keine Kraft mehr.«

Das führte jetzt in eine Sackgasse. Ich musste eine andere Richtung einschlagen.

»Ich befasse mich ja eigentlich vor allem mit dem Leben von Gabi. Ich habe den Eindruck, dass es ihr vor allem darum geht, einfach ihre leibliche Mutter besser kennenzulernen, sie um sich zu haben und …«

»Hätte sie ja haben können!«, rief Hilde Siebeck empört. »Ich hätte das doch auch gewollt, aber irgendwie war ein Keil zwischen uns.«

»Ich glaube, dass Gabi und Detlef einfach gern eine große Familie hätten, auch gemeinsam mit der nächsten Generation, mit Sven und Tanja und …«

»Ja, aber die Gabi immer wieder mit Zeitung, Fernsehen und so weiter. Das hätten wir doch auch unter uns regeln können. Sie hat immer gebohrt, gebohrt und kein Ende gefunden. Auch mein Sohn. Nur gebohrt. Es muss doch einmal auch Schluss sein.«

»Na ja, ich denke, dass einfach viele ungeklärte Dinge zwischen Iihnen stehen.«

»Ich hätte auch Angst vor einem solchen Treffen. Ich würde dann ja natürlich lieb zu Monika sein, sie ist ja schließlich das Kind, das ich großgezogen habe. Und dann wäre doch gleich wieder was los. Eifersucht!«

Eifersucht? Dieses Wort war mir in den vergangenen Tagen nicht ein einziges Mal in den Sinn gekommen.

»Ich glaube, für die beiden ist das größte Problem, dass sie einfach nicht verstehen können, wie es zu der Vertauschung kam und warum nie darüber gesprochen wurde«, wagte ich jetzt einfach einen Vorstoß in die entscheidende Richtung.

»Die Frau Knappe und ich ja auch nicht, wir haben das ja totgeschwiegen, das war ja erst nach ein paar Jahren, und da war es ja viel zu spät, man konnte doch nichts mehr machen, dann hat man so ein Kind doch schon … und mein Mann hat gar nicht darüber gesprochen ... und …«

Sie schien den Faden verloren zu haben und brach ab.

»Wann ist Ihnen denn zum ersten Mal aufgefallen, dass etwas nicht stimmt?«

»Als die beiden so ungefähr drei Jahre alt waren. Da war es dann auffällig mit der Ähnlichkeit von Monika und dem Rudi Knappe. Ich war zur Kur gewesen, war vier Wochen lang weg, und als ich dann wiederkam, da habe ich gestutzt. Wenn man vier Wochen lang nicht zu Hause war, kommt einem die Wohnung ja auch fremd vor, man sieht sie dann mit ganz neuen Augen. Und genauso war das, als ich Monika wiedergesehen habe. Wie ein Schlag war das für mich. Das Kind sieht uns ja gar nicht ähnlich, das sieht dem Rudi Knappe ähnlich. Aber mein Mann sagte: ›Du spinnst doch.‹«

»Und direkt nach der Geburt, da gab es noch keine Anzeichen?«

»Nein, nein! Um Gottes Willen!«, schrie Hilde Siebeck plötzlich los. »Wer würde denn sein eigenes Kind hergeben? Das ist ja hirnverbrannt, so was zu denken!«

Ich war ganz erschrocken über ihren heftigen Ausbruch. Dabei hätte ich ahnen müssen, wie empfindlich sie in diesem Punkt war, nachdem sie ihre Schwester am Telefon wegen genau dieser Sache so beschimpft hatte. Natürlich hätte ich gern gefragt, warum Gisela denn behauptet hatte, Hilde schon im Krankenhaus auf das falsche Kind hingewiesen zu haben, aber ich war mir sicher, dass Hilde Siebeck dann aufstehen und gehen würde. Also sagte ich nichts, und nach kurzer Zeit hatte sie sich wieder beruhigt und sprach mit normaler Stimme weiter.

»Nein, wie gesagt, ich habe es entdeckt, nachdem ich von der Kur wieder zurück war. Und da merkte man plötzlich auch den Unterschied zwischen Monika und Detlef. Mein Sohn war ja so vollkommen anders. Äußerlich, aber auch vom ganzen Charakter her. Ganz anders. Solange Monika noch so klein war, ist mir das nie aufgefallen.«

»Haben Sie denn mit Frau Knappe in einem Zimmer gelegen?«, versuchte ich noch beim Thema Krankenhaus zu bleiben.

»Ja, wir waren zu sechst, alles Entbindungsfälle. Zu den anderen habe ich aber keinen Kontakt, ich weiß gar nicht mehr, wer das so alles war.«

»Und die Frau Knappe haben Sie erst da kennengelernt?«

»Ja. Aber wie das alles so im Einzelnen war, kann ich heute gar nicht mehr sagen. Jedenfalls bin ich öfter mal zu ihr zu Besuch gegangen, als die Kinder da waren. Da haben wir dann zusammengesessen und viel gestrickt.«

»Und als Sie die Vertauschung bemerkt haben, da haben Sie dann alles mit Frau Knappe besprochen?«

»Nee, wie … ach so, ja, das ist dann so gewesen: Als Gabi Kommunion hatte, da war ich eingeladen, um zu helfen. Und dann hat uns die Schwester von Frau Knappe in die Küche geholt: ›Ich kann mir nicht helfen, eure Kinder sind vertauscht.‹ Da ist für mich eine Welt zusammengebrochen. Wir haben beide geweint, aber es waren ja die Besucher da.«

Mir liegt wieder ein ›Ja, aber‹ auf der Zunge. Warum sollte denn für Frau Siebeck eine Welt zusammengebrochen sein? Zu diesem Zeitpunkt hatte sie doch schon seit Jahren von der Vertauschung gewusst, das hatte sie doch gerade selbst erzählt.

»Und die Frau Knappe, die war ja auch so komisch«, fuhr Frau Siebeck fort. »Die ist einfach weggegangen und hat gar nicht reagiert.«

»Und dann haben Sie nie wieder mit ihr darüber gesprochen?«

»Nee.«

»Das ist doch sehr seltsam, das kann man gar nicht verstehen.«

»Ja … ja«, sie zuckte die Achseln.

»Hatten Sie denn Angst, was die anderen Leute sagen könnten, wenn das Ganze vielleicht öffentlich wird?«

»Nee, daran hab ich überhaupt nicht gedacht.«

»Oder hatten Sie Angst, wenn die Sache rauskommt, dass die Behörden sich einmischen und dass Ssie die Kinder zurücktauschen müssten?«

»Vielleicht hat man daran gedacht. Aber das ist schon so lange her … Aber vor allem mein Mann … der war so … na … ach, nee, nee, nee, das ist schon ein ganz schweres Schicksal.«

»Ja, für alle Beteiligten. Die meisten Leute, mit denen ich über das Thema Vertauschung gesprochen habe, sagen: ›Ich würde alles tun, um eine Lösung zu finden. Vielleicht würde ich das Kind nicht unbedingt zurücktauschen, aber doch dafür sorgen, dass ich es so oft wie möglich sehen kann.«

»Ich habe die Gabi ja über alles geliebt! Ich bin sogar mal bei ihr in Recklinghausen gewesen, mit der Monika zusammen, und ich hab sie als Kind ja auch öfter bei mir zu Hause gehabt.«

»Ja, Gabi hat mir erzählt, dass sie in der Schulzeit mit Monika befreundet war und Sie besucht hat.«

»Ja, und auch als sie einen Freund hatte, hab ich gesagt: ›Komm uns doch mal besuchen …‹«

»Und es überkam Sie nie, dass Sie einfach mal so sagen: ›Ich bin deine Mutter?‹«

»Nee.« Sie schüttelte den Kopf.

Die Fahrstuhltür öffnete sich und eine Familie mit zwei schreienden Kindern stieg aus. Wir mussten eine Pause einlegen, weil es einfach zu laut war.

»Ja, ja, der Mensch kann schon viel ertragen, muss viel ertragen können ...«, seufzte Hilde Siebeck, als es wieder still war.

»Ja, ich merke auch, dass Sie das alles sehr belastet«, sagte ich.

»Was meinen Sie, wie mir das alles in der Seele wehtut! Ich habe Angstzustände, dass ich die Monika nicht mehr schützen kann, wenn wir mal wieder alle zusammenkommen ...«, sagte sie und schüttelte den Kopf. »Die beiden werden damit nicht fertig, dass sie mir so viel angetan haben. Aber wenn ich nun hundertprozentig wüsste, dass sie die Monika nicht abschieben ... Ich soll dieses Kind abschieben? Mein Sohn hat damals zu Anfang gesagt, dass er mit Monika nichts mehr zu tun haben will. Jetzt hat Monika keinen Bruder mehr und gar nichts. Und die Gabi hat ihre beiden Brüder und den Detlef noch dazu. Ich hab das ja auch gerne, dass Detlef und Gabi sich gefunden haben. Aber man muss das ja nicht durch Eifersucht kaputt machen.«

»Hm, Eifersucht ...«, sagte ich zweifelnd. »Ich hab eigentlich das Gefühl, dass die beiden vor allem Harmonie zwischen allen Beteiligten wollen.«

»Die können gerne Tag und Nacht zu mir kommen. Aber ich kann einfach nicht mehr so viel reden über alles. Ich habe keine Kraft mehr. Was meinen Sie, wie schlecht es mir nach dem Gespräch mit Ihnen wieder geht!«

Natürlich hatte ich auf der Stelle ein schlechtes Gewissen. Aber andererseits hatte ich sie zu diesem Gespräch nicht gezwungen und sie konnte es jederzeit abbrechen. Außerdem hatte ich den Eindruck, dass sie mein Interesse auf gewisse Art auch genoss.

»Was würden Sie denn davon halten, wenn sich einmal eine neutrale Person mit Ihnen allen zusammensetzt und das Gespräch leitet?

Damit Sie sich nicht gleich wieder gegenseitig Vorwürfe machen?«, schlug ich vor.

»Ich sag mal, die Menschen können vor anderen immer anders reden als sie hinterher denken. Ja, ja, die beiden … Reden können sie beide schön, aber was weiß denn ich, was sie hinterher wieder aushecken. Wissen Sie, ich versteh den Detlef nicht. Wie der sich immer verhält … Dabei ist er gut erzogen worden, hat alles gehabt. Gut, was er nicht wollte, das wollte er nicht, ein bisschen stur war er immer schon. Aber wenn ich ehrlich sein soll, ich liebe ihn ja über alles. Er ist ja auch ein hübscher Mann, und alles andere als dumm …«

»Er hat Ihnen ja einmal einen Brief geschrieben.«

»Ja.«

»Haben Sie den auch einmal gelesen?«

»EIN Mal?« Sie lachte beinahe höhnisch.

»Haben Sie den Brief noch?«

»Ja, aber der ist bei Monika. Detlef hat darin ja alles sehr gut beschrieben. Wenn er sich doch nur selbst dementsprechend benommen hätte …«

»Ich glaube, er hat sich sehr viel Mühe gegeben, all seine Gedanken so niederzuschreiben …«

»Ja …«, sagte sie gedehnt, aber mit ihren Gedanken schien sie schon woanders zu sein. »Detlef wusste von der Vertauschung ja von Anfang an, direkt, nachdem ich es entdeckt hatte. Ich hab ihm das sofort gesagt. Zehn Jahre alt war er da ungefähr. Aber er hat es nie wieder erwähnt. Mir macht er ja immer Vorwürfe. Da habe ich mal zu ihm gesagt: ›Wenn du Kontakt zu Gabi hättest haben wollen, dann hättest du das ja machen können.‹ Ich hab schließlich immer wieder etwas von

Gabi erzählt, was sie so macht und wie es ihr geht. Aber er hat ja auch nichts unternommen! Ich hätte immer gern gehabt, dass der Detlef von sich aus den Kontakt zu der Gabi sucht. Aber gut, ich will ihm keine Schuld geben. Ich habe so viel Schuld auf mich genommen …«

Sie seufzte ganz tief. »Mir haben auch viele Leute gesagt, ich soll zum Therapeuten gehen, aber das bringt ja auch alles nichts. Das Gerede belastet mich mehr, als wenn ich endlich meine Ruhe habe. Oft sitze ich abends alleine zu Hause und weine. Weil mein Leben so verkorkst ist.«

Ihr schossen die Tränen in die Augen. Sie schluckte ein paar Mal, dann sprach sie weiter.

»Aber ich glaube, die beiden wissen genauso gut, dass auch sie schuld daran haben, dass alles auseinander gegangen ist. Ich habe mal zu Gabi gesagt: ›Ich glaube, du fühlst dich auch irgendwie schuldig.‹ Da hat sie sofort Ja gesagt. Aber meine Schwiegertochter, die Christine, die hat einfach mit mir Schluss gemacht. Wir haben uns so gut verstanden. Sie hat mir immer alles anvertraut. Ich verstehe ja, dass sie zu Detlef halten muss. Aber sie kennt mich doch auch und weiß, dass ich so etliches mitgemacht habe. Mein Mann hat ja getrunken. Er war kein schlechter Mensch, hat alles für die Kinder getan, aber der Alkohol hat ihn zugrunde gerichtet.«

Aus der Cafeteria hörte man erneut Kindergeschrei, und neugierig drehte sie sich in diese Richtung. Als nichts zu sehen war, wandte sie sich wieder mir zu.

»Ich habe wirklich Angst, dass ich über jedes Wort, das ich sagen will, nachdenken muss, dass ich vor jedem Wort Angst haben muss. Wenn ich der Monika mal ein lieberes Wort sage …«

»Deshalb denke ich, dass es gut wäre, wenn eine neutrale Person …«

»Ich muss immer daran denken«, unterbrach sie mich, »dass Detlef gesagt hat, dass er nicht zu meiner Beerdigung kommt, wenn ich sterbe. Meine Schwiegermutter hat auch so etwas mitgemacht. Sie lag im Sterben, über Tage, und dann haben sie mich gerufen und gefragt, warum sie wohl nicht sterben kann. Und ich wusste, warum. Weil ihr jüngster Sohn nicht mehr kam. Der konnte es nicht ertragen, seine Mutter so zu sehen. Dann hat mein Mann ihn angerufen. ›Gerhard, du musst jetzt kommen.‹ Gerhard kam, und einen Tag später ist sie gestorben.«

Wieder ging die Fahrstuhltür auf und ein paar Leute polterten an uns vorbei.

Über Monika hatte ich bisher kaum etwas erfahren.

»Sie haben Monika immer sehr gefördert«, fing ich deshalb an, als wieder Ruhe eingekehrt war.

»Ja, das Mädchen hatte ja solche Schwierigkeiten beim Lernen. Sie hat nur begriffen, was sie gleichzeitig gesehen und gehört hat. Wenn man ihr nur etwas vorgelesen hat, konnte sie gar nicht zuhören. Ich habe so gekämpft! Ich hätte ja ein viel leichteres Leben gehabt mit der Gabi.«

»Und umgekehrt hätte Gabi bei Ihnen ja auch ein besseres Leben gehabt. Sie fragt sich natürlich ständig, was wohl aus ihr geworden wäre, wenn sie bei Ihnen aufgewachsen und auch gefördert worden wäre.«

»Ja, ja ...«, sagte Hilde Siebeck geistesabwesend. Darauf schien sie nicht eingehen zu wollen. »Wissen Sie, man darf niemanden zurückstoßen, und eben auch die behinderten Menschen nicht. Das sind ja oft sogar die besseren Menschen. Auch meine Schwester Gisela hatte ja ein behindertes Kind, den Dietmar, der war mongoloid. War der lieb! Ich hab solche Menschen so gern, eigentlich viel lieber als die normalen.«

Die Fahrstuhltür ging auf, und ein Mann mit zwei riesigen Hunden, einem Berner Sennenhund und einem Bernhardiner, kam heraus.

»Ja, und Hunde! Die liebe ich ja auch so sehr. Hunde sind so viel treuer als Menschen!«, rief Hilde begeistert und sprach den Mann darauf an, was für besonders schöne Exemplare er da habe. Sofort entspann sich ein minutenlanges Gespräch über die beiden Hunde.

Als der Mann schließlich weitergegangen war, sagte Hilde Siebeck zu mir, sie wolle jetzt nach oben gehen, noch eine Zigarette rauchen, bevor sie zu Monika in die Cafeteria gehe. Sie fragte, ob ich sie noch begleiten wolle, und ich nickte. So abrupt sollte unser Gespräch schließlich nicht enden.

»Aber ich will jetzt nicht mehr über die Sache sprechen, auch wenn viele Leute im Altersheim darüber Bescheid wissen«, sagte Hilde Siebeck auf dem Weg nach draußen.

Die Frau im Rollstuhl saß noch immer an derselben Stelle, und Hilde schob sie zu der Bank, auf die wir uns wieder setzten. Die beiden fingen sofort an zu plaudern. Es ging um den Singkreis, den Hilde hier leitete, einen italienischen Herrn, der als neuer Bewohner die Sensation für die Damen im Altersheim war, um das Wetter, um den Flieder, der so schön blühte, und um eine Frau Longerich, die von ihren Kindern abgeholt worden war.

Dann stand Hilde Siebeck auf.

»So, ich muss jetzt los, Monika braucht mich unten bestimmt schon längst.«

Ich stand ebenfalls auf, und wir gaben uns die Hand.

»Ja, dann sehen Sie mal zu, was Sie daraus machen«, sagte sie etwas ruppig zu mir.

»Bis zur Tür begleite ich Sie noch, ich muss nach oben fahren und Gabi abholen.«

»Ach, die Gabi ist hier?«, fragte sie etwas verdutzt.

»Ja, sie ist oben bei Frau Knappe.«

Bildete ich es mir ein, oder schien diese Mitteilung Frau Siebeck plötzlich zu erschüttern? Es war Muttertag, und die leibliche Tochter kam nicht einmal für eine kurze Begrüßung vorbei, obwohl sie nur wenige Meter entfernt war. Vielleicht empfand Hilde Siebeck so – vielleicht hatte es aber auch einen ganz anderen Grund, dass ihr Abschiedslächeln mit einem Schlag wie weggewischt war. Doch kurz danach war es schon wieder da, und sie winkte mir noch einmal zu, bevor sie die Treppe zur Cafeteria hinunterging.

Als ich oben ankam, wartete Gabi schon im Gang auf mich.

»Ich kann es ja gar nicht glauben! Ich habe von hier oben beobachtet, wie Sie mit Hilde geredet haben und dann mit ihr mitgegangen sind. Und nun waren Sie fast eine Stunde lang weg. Ich habe sofort Detlef angerufen, er war fast noch aufgeregter als ich. Er will unbedingt dabei sein, wenn Sie erzählen, was Hilde gesagt hat! Er wartet schon in der Wohnung auf uns.«

Wir fuhren zurück, und kurze Zeit später saßen mir die beiden Geschwister mit erwartungsvollen Gesichtern gegenüber. Bevor ich anfing, ihnen von meinem Gespräch mit ihrer Mutter zu berichten, nahm ich gleich vorweg, dass ich leider nicht mit einer sensationellen Enthüllung würde aufwarten können. Das hätten sie auch nicht erwartet, sagte Detlef, für Gabi und ihn sei es Sensation genug, dass ihre Mutter überhaupt mit mir geredet habe.

Sie reagierten unterschiedlich auf das, was ich ihnen erzählte. Detlef fühlte sich vor allem bestätigt: Seine Mutter hatte sich nun einmal für Monika entschieden – und damit gegen ihn und Gabi. Obwohl niemand eine solche Entscheidung von ihr gefordert hatte, hielt sie eisern daran fest, auch wenn sie selbst darunter litt. In ihren Anschuldigungen gegen ihn sah er nichts weiter als ihren Versuch, vor sich selbst zu rechtfertigen, warum sie sich von ihrem eigenen Sohn losgesagt hatte; er musste jetzt eben als Sündenbock herhalten.

Auf die Frage, wie er reagieren würde, wenn seine Mutter von sich aus wieder den Kontakt zu ihm suchen würde, sagte er, zurückweisen würde er sie sicher nicht, schließlich war und blieb sie seine Mutter. Aber dass nach all den Verletzungen ein auch nur halbwegs herzliches Verhältnis jemals wieder möglich sein könnte, das glaubte er einfach nicht.

Gabi dagegen war in erster Linie nachdenklich geworden. Das Bild einer weinenden Hilde, die ihr Leben als verkorkst ansieht, war ihr sehr nahegegangen. Würde ihre leibliche Mutter sich bei ihr melden oder ihre Hilfe brauchen, dann würde Gabi nicht zögern, sofort zu ihr zu gehen. Vielleicht, so hoffte sie, hatte das heutige Gespräch mit mir etwas bei Hilde ausgelöst. Vielleicht würde sie sich doch noch entschließen, auf ihre leibliche Tochter zuzugehen und sie einfach anrufen. Aber ob Gabi es von sich aus noch einmal versuchen sollte – sie wusste es nicht. Darüber nachdenken wollte sie jedenfalls noch einmal. Vermutlich sogar mehr als einmal. Es sei ja wohl ihr Schicksal, ständig nachdenken zu müssen; in den letzten dreizehn13 Jahren sei es praktisch zu ihrer Hauptbeschäftigung geworden, sagte sie lachend und sprach damit eine Art Schlusswort, bevor ich mich tatsächlich auf den Heimweg machte.

Natürlich dachte auch ich noch über die ganze Sache nach, als ich wieder in meinem Auto saß und die zweihundert200 Kilometer nach Hause fuhr.

Bevor ich nach Hürthen gefahren warkam, hatte ich zum Thema Säuglingsvertauschung recherchiert und war dabei auf unerwartet viele Fälle gestoßen. Bis heute kommt es weltweit immer wieder vor, dass Eltern mit dem falschen Kind auf dem Arm das Krankenhaus verlassen – und so gut wie immer tauschen sie die Kinder zurück, wenn der fatale Irrtum ans Licht gekommen ist. Ich hatte nur von einem einzigen Fall gelesen, bei dem die Eltern die Kinder nicht zurücktauschten: Die beidenZwei Jungen im ostfriesischen Wittmund waren fünf Jahre alt, als die Vertauschung herauskam; die Eltern entschieden, alles so zu belassen und das jeweils falsche Kind zu adoptieren. In allen anderen Fällen war die Sehnsucht nach dem eigenen Kind offensichtlich größer als der Schmerz über den Verlust des lieb gewonnenen falschen Kindes – auch wenn dieses schon seit Jahren bei ihnen lebte. So wurden zum Beispiel zwei Mädchen auf Sizilien im Alter von drei Jahren zurückgetauscht, zwei Jungen in Saudi-Arabien im Alter von vier Jahren.

Wieso verspürten die beiden Mütter in Gabis Geschichte diese Sehnsucht nicht? Wie konnten sie einfach mit ansehen, dass ihr eigenes Kind bei fremden Leuten aufwächst, nur ein paar Häuser entfernt?

Bei Margot Knappe konnte man die Sache wohl auf einen einfachen Nenner bringen: Verdrängung. Obwohl sie im Krankenhaus wusste, dass sie das falsche Kind im Arm hatte, ließ sie sich vom Gegenteil überzeugen – und hielt dann an dieser »Wahrheit« unabänderlich fest. Für sie blieb Gabi für immer ihr richtiges Kind, auch als sich später herausstellte, dass ihre Zweifel doch berechtigt gewesen waren.

Aber was war mit Hilde Siebeck? Im Krankenhaus ahnte sie möglicherweise tatsächlich noch nicht, dass die Kinder vertauscht worden waren. Vielleicht stand sie nach der Geburt noch vollkommen neben sich, bemerkte die Verwechslung einfach nicht und fand den Einwand ihrer Schwester Gisela schlichtweg absurd. Oder vielleicht wollte sie das Offensichtliche einfach nicht wahrhaben und erstickte jeden aufkommenden Zweifel im Keim.

Doch drei Jahre später erkannte sie die Wahrheit, das gab sie offen zu. Warum zog sie zu diesem Zeitpunkt einen Rücktausch nicht einmal in Betracht? Konnte es damit zu tun haben, dass Monika solch ein spezielles Kind war?

Vielleicht befürchtete Hilde, dass Monika bei ihren leiblichen Eltern untergehen würde. Dass das Mädchen dort keinerlei Förderung erhalten würde und keine Chance auf ein einigermaßen etabliertes

Leben hätte. Gabi, das starke Kind, würde es auch bei den Knappes schaffen. Monika niemals.

Oder war es vielleicht so, dass Hilde Siebeck ein so schwaches Kind sogar haben wollte? War Hilde vielleicht »neidisch« auf die Anerkennung, die man ihrer Schwester Gisela für die Pflege ihres behinderten Sohnes Dietmar entgegenbrachte? Wollte auch sie dafür bewundert werden, wie rührend sie sich um die schwierige Monika kümmerte und wie viel sie aus diesem Mädchen machte – obwohl es doch nicht einmal ihr eigenes Kind war?

Vielleicht war es so – vielleicht war es aber auch ganz anders. Wie man all die gesammelten Mosaiksteinchen auch zusammensetzt, es will sich einfach kein schlüssiges Gesamtbild ergeben.
Es ist mehr als gut nachzuempfinden, dass Gabi und Detlef den Wunsch nach Klarheit haben, dass sie endlich die Wahrheit wissen wollen. Aber vielleicht gibt es sie gar nicht, die Wahrheit. Vielleicht ist die Verstrickung der Beteiligten in Schuld, Scham und Verdrängung so komplex und vielschichtig, dass sich klare Antworten gar nicht mehr herausfiltern lassen – vor allem nicht nach der langen Zeit. Erinnerungen verändern sich im Laufe der Zeit; Ereignisse und Gefühle werden durch neu hinzugewonnene Erfahrungen rückblickend anders bewertet und gewichtet und in größere Lebenszusammenhänge gestellt.

Selbst wenn Hilde Siebeck eines Tages tatsächlich auf ihre leiblichen Kinder zugehen und sich zu einem klärenden Gespräch bereit erklären sollte, so würden sie von ihr nur die heutige Interpretation des damaligen Geschehens bekommen können. Doch dass es zu einem solchen Gespräch wirklich noch kommt, ist nicht sehr wahrscheinlich.

Die Geschichte von Gabis vertauschtem Leben lässt einen mit einem fassungslosen Kopfschütteln zurück – und zugleich auch mit einem gewissen Mitgefühl für die Beteiligten, die sich aus ihren selbst gewählten Rollen nicht lösen können und in ihnen wohl für den Rest ihres Lebens gefangen bleiben.

Bis heute zumindest ist es zu der von Gabi erhofften Annäherung nicht gekommen. Es gab weder ein Telefonat noch ein persönliches Gespräch. Hilde Siebeck grüßt ihre leibliche Tochter. Mehr nicht.

Foline Ullrich, September 2010

ANMERKUNG

Dieses Buch beruht auf wahren Begebenheiten, aber es erhebt keinen Faktizitätsanspruch. Da die Geschichte ausschließlich auf den Erinnerungen der befragten Personen basiert, kann es sich um deren persönliche Auffassung vom Ablauf der Geschehnisse handeln.

Einige Szenen oder Dialoge wurden dramaturgisch umgestaltet oder fiktionalisiert.

Zum Schutz der Rechte aller vorkommenden Personen wurden außerdem sämtliche Namen sowie Orte und Details verändert.